U0141584

唐浩明——著

壹

張之洞

這是一個成功的人生——

少年解元，青年探花，中年督撫，晚年宰輔。

這也是一個備受奚落的人物——

起居無時，號令無節，行爲乖張，巧於仕宦。

國家圖書館出版品預行編目資料

張之洞／唐浩明著. -- 初版. -- 臺北市：遠流, 2002[民91]
冊； 公分

ISBN 957-32-4712-7(全套：平裝). -- ISBN 957-32-4713-5(第1冊：平裝). -- ISBN 957-32-4714-3(第2冊：平裝). -- ISBN 957-32-4715-1(第3冊：平裝). -- ISBN 957-32-4716-X(第4冊：平裝). -- ISBN 957-32-4717-8(第5冊：平裝). -- ISBN 957-32-4718-6(第6冊：平裝)

857.7 91013621

張之洞（共六冊）

〈壹〉

作者 唐浩明
主編 李佳穎
執行編輯 洪淑暖
封面設計 唐壽南
發行人 王榮文
出版發行 遠流出版事業股份有限公司
臺北市汀州路三段一八四號七樓之五
郵撥：0189456-1 電話：(02)2365-1212
傳真：(02)2365-7979 (02)2365-8989
著作權顧問 蕭雄淋律師
法律顧問 王秀哲律師／董安丹律師
印刷 一展印刷事業有限公司
初版一刷 2002年9月1日
初版二刷 2003年3月15日
ISBN 957-32-4712-7（全套：平裝）
ISBN 957-32-4713-5（第一冊：平裝）
版權所有・翻印必究 Printed in Taiwan
（缺頁、破損或裝訂錯誤，請寄回更換）
YLib 遠流博識網
http://www.ylib.com E-mail:ylib@ylib.com

定價250元

題記

這是一個成功的人生：少年解元，青年探花，中年督撫，晚年宰輔。這也是一個備受奚落的人物：起居無時，號令無節，行為乖張，巧於仕宦。

這是一系列耀眼的業績：打敗法人的入侵，策劃並督建京漢大鐵路，創辦亞洲最大的鋼鐵廠。這也是百年來屢招責罵——好大喜功，糜費揮霍，崇洋媚外，沽名釣譽——的把柄。

為謀求中國的富強，此人嘔心瀝血大刀闊斧地幹了大半生，但直到瞑目的一天，他也沒有看到國家富強的影子。

為調和東西方文化的嚴重衝突，並試圖建立一種新型的文化架構，作為官方大員，此人第一個大力倡導「中體西用」。但他的這個設想，無論其生前還是其身後，都遭到人們的批判和嘲弄。

此人是誰？他就是毛澤東所說過的中國人不應忘記的近代人物張之洞。

張之洞的人生是成功還是失敗？

張之洞的事業是輝煌還是虛幻？

「中體西用」是導中國於現代化的正路，還是引中國於陷阱的歧途？

張之洞的強國之夢為何不能圓，時代的限制和他本人的失誤又在何處？

這些，或許是正在努力與世界接軌的當代中國人有興趣的歷史話題。

翻開這一頁離我們並不太遠的史冊吧，說不定它能給我們某些啟迪。

張之洞

總目錄

上卷（上）
第一章 清流砥柱 001
第二章 燕山聘賢 161
第三章 投石問路 251
上卷（下）
第四章 晉祠知音 317
第五章 清查庫款 361
第六章 觀摹洋技 437
第七章 和耶戰耶 505
第八章 諒山大捷 557

中卷（上）

第一章　試辦洋務——655
第二章　籌議幹線——807
第三章　督建鐵廠——853

中卷（下）

第四章　參劾風波——937
第五章　外賓訪鄂——1017
第六章　署理兩江——1145

下卷（上）

第一章　與時維新——1245
第二章　中體西用——1377
第三章　血濺變法——1489

下卷（下）

第四章　互保東南——1595
第五章　爆炸慘案——1683
第六章　後院起火——1771
第七章　翊贊中樞——1813

目錄

上卷（上）

第一章 清流砥柱

一 張之洞拍案而起，憤怒罵道：崇厚該殺 —— 二
二 京師清流黨集會龍樹寺 —— 一六
三 慈禧看到一個社稷之才 —— 三四
四 慈禧欽點張之洞為癸亥科探花 —— 四六
五 原來張之洞短身寢貌，慈禧打消破格提拔的念頭 —— 六二
六 楊銳向老師訴說東鄉冤案 —— 七〇
七 前四川學政為蜀中父老請命 —— 八八
八 張之萬對堂弟說：做官是有訣竅的 —— 一〇二
九 為藉東鄉之案做文章，醇王在清漪園召見張之洞 —— 一一九
十 慈禧送給妹妹的禮物居然被人踢翻在地 —— 一三一
十一 附子一片，請勿入藥 —— 一四三

第二章　燕山聘賢

一　赴任前夕，張之洞深夜造訪醇王府——一六二
二　王夫人突然難產去世——一七二
三　一位報國心強烈的熱血之士，偏偏年輕時又錯投了主子——一九二
四　出山前夕，桑治平與張之洞約法三章——二〇六
五　來到山西的第一天，張之洞看到的是大片大片的罌粟苗——二二二
六　遭遇的第一個縣令便是鴉片鬼——二四三

第三章　投石問路

一　得知周武王酒爵是徐時霖的禮品，張之洞頓生反感——二五二
二　衛榮光向後任道出山西的弊端——二六〇
三　張之洞決定做出一兩件醒目的大事來——二七三
四　王定安貢獻三條錦囊妙計——二七八
五　解州書院裏藏臥著一位四朝大老——二九三
六　敢參葆庚王定安，看來張香濤不是書呆子——三〇一

第一章 清流砥柱

1 張之洞拍案而起，憤怒罵道：崇厚該殺

深秋的太陽就要落山了，它的最後一縷殘照仍留在人間，給大清帝國灰暗的京師罩上一圈淡黃色的光暈。從西山那邊颳過來的霜風一陣緊過一陣。它將沿途高大的白楊樹吹得颯颯作響，又將街道上的黃土漫天掀起，灰塵裏着敗葉毫無目的地在空中飄飄蕩蕩。淒涼的霜風也將沿途的塔寺和宮殿上的鐵馬，吹得左右晃動，發出清脆悠長的金屬撞擊聲；又將各大城門上高高豎起的大清杏黃龍旗，吹得獵獵作響。這情景酷似這座八百年古都此時的境遇：既陳腐不堪，又帶有幾分神秘性；既處在衰敗破落之際，又似乎有一種厚重的底蘊在頑強地支撐着，決不甘心就此沉淪下去！

隨着夕陽的餘暉漸漸褪去，淡黃色的光暈慢慢地變為灰矇矇的暮靄，京師寂寞而寒冷的秋夜來臨了。張之洞斜靠在病榻上，默默地注視着宇宙間亙古以來便這樣無聲無息周而復始的變化。他已病了七八天，今天下午才開始略覺好點，或許是病體虛弱的緣故吧，面對着天地間時序的推移，他的胸腔裏無端湧出一股惆悵傷感的意緒來。

他已經四十三歲，通籍十六七年了，卻還只是一個洗馬。在數以百計的官名中，洗馬，應該算是最粗俗的一個名稱。不要說普通老百姓，就是許多與官場打交道的人，也不知朝廷中有此種官職。嘉慶朝

便有這樣一個故事。

某洗馬出京赴西北辦事，一天傍晚在甘肅一個驛站落宿。驛吏拿出簿冊來登記，請問他官居何職，那人答：「洗馬。」驛吏想，這一定是替皇宮洗刷馬匹的夫役。又問：「你一天洗多少匹馬？」那人知驛吏誤會了，便和他開玩笑：「沒有定數，忙時多洗，閒時少洗，心情好時多洗，心情不好時少洗。」驛吏確信他是馬伕了，說：「皇上待下人真是寬厚！」便將他安排在最下等的房間裏，不再理睬了，那人也不做聲。過一會，縣令乘大轎來拜訪此人，並把他接到縣衙門裏去住。那人大模大樣地坐在轎裏，縣令則步行跟隨，一面彎着腰恭恭敬敬地與他說話。

驛吏大驚，問縣令的跟班：「他不是一個馬伕嗎，縣太爺怎麼對他這樣客氣？」跟班斥道：「甚麼馬伕！他是縣太爺的恩師。十年前，縣太爺就是在他手裏中的舉，五年前會試時，他又是縣太爺的房師。」驛吏明白了，「洗馬」不是馬伕，但他始終不知道「洗馬」究竟是個多大的官兒。

原來，洗馬是司經局的主管官員。司經局的職責是掌管書籍典冊，隸屬詹事府。詹事府原是太子的屬官。康熙晚年決定不立太子，並作為定制傳下來，詹事府因此一度廢棄，後來又恢復，以備翰林院的官員遷升之用。洗馬的品級為從五品，來到地方上，品級既比正七品的縣令要高，又加之有師恩這一層在內，故那位縣令對洗馬優禮有加；然而在京師，洗馬實在是一個無權無勢的閒散小官。

若說無才無德倒也罷了，偏偏是無論做史官，還是做學使，張之洞都比別人做得有聲有色，可就是官升不上去，真叫人沮喪。他是個志大才大自視甚高的人，從小起就盼望着今後能經天緯地出將入相，給青史留下幾頁輝煌的記載。然而時至今日還只是一個從五品，年過不惑，精力日衰，這一生的宏大抱負能有實現的一天嗎？

張之洞為自己愁慮，更為國事愁慮，他覺得他好像天生就是一個憂國憂民的命似的。國家發生的事情，無論是對外還是對內，無論是任人行政還是用兵打仗，也無論他本人是身處京師還是遠在邊鄙，只要讓他知道了，他就非得過問不可。他常常難以理解的是，朝廷辦出的事為何總是那樣不盡人意，許多原本易於處置的事情，為何總是辦得那樣乖謬？唉，真個是朝中無人！倘若自己握秉朝綱，國家決不是眼下這等一團亂麻似的不可收拾。張之洞常常這樣想着想着，便免不了在心裏發起牢騷來。

近日就有一件事令他憂慮。

十多年前，趁西北內亂時，浩罕王國的阿古柏帶兵侵佔了新疆，並與英國和沙俄勾結，企圖長期統治這塊廣闊的土地。沙俄也對新疆懷有野心，藉口保護僑民，出兵佔領重鎮伊犁。光緒二年，左宗棠率部出關，很快便打敗阿古柏，收復新疆，但沙俄卻拒不歸還伊犁，朝廷決定派崇厚去俄國會商此事。

崇厚是個洋務派，跟外國人關係密切。同治九年，天津教案發生，時任三口通商大臣的崇厚，就極力主張嚴辦天津地方官以取悅法國。後來奉旨到巴黎道歉，又在法國人面前竭盡討好之能事。官場和士林中許多人都討厭這個油嘴滑舌八面玲瓏的軟骨頭，張之洞尤其痛恨，他認為不能委派崇厚辦這樣的大事。

朝廷諭旨已下達，當然不可更改。張之洞於是上疏，請太后命令崇厚走西北陸路進俄國，以便在途中實地考察新疆特別是伊犁一帶的地理人情，從而做到心裏有數，以免上俄國人的當。但崇厚怕吃苦，不肯走陸路，堅持要坐海船；又聲稱已對新疆瞭如指掌，此行決不會讓國家吃虧。慈禧終於答應了崇厚。為此，張之洞又添一重顧慮。

於是，他決定自己來研究整個新疆的輿地，隨時準備為朝廷提供行之有效的方略。就是因為過度勞累於此，一向不太強健的張之洞病倒了。

這時，他又想起這件事來，伊犁城四周的山川地貌頓時出現在腦子裏。「伊犁城南邊的那條河，叫個甚麼名字來着？」張之洞拍打着腦門，想了很久想不起來。他掀開被子下床，擎起窗台上的油燈，想到隔壁書房裏去查一查地圖。

「四爺！」聽到房間裏有響動，正在廚房和女僕春蘭一起收拾東西的夫人王氏忙推門進來。王夫人的年紀比丈夫小得多，不便直呼其名。張之洞在兄弟輩中排行第四，她便以這種尊稱來叫丈夫。「你要到哪裏去？」

「我想到書房裏去查看一下地圖。」

「外面風大，剛好一點，不要再受涼了。」王夫人接過丈夫手中的油燈，扶着他回到床邊，說，「你依舊坐到床上去，我去給你把圖拿過來。」

王夫人從隔壁房間裏把那張標着《皇朝輿地圖》的圖紙拿了過來，攤開在桌面上。地圖很大，把一張桌面全部遮住了。張之洞將油燈移到地圖的西北角。

「特克斯！」他抬起頭來，一邊摺地圖，一邊重複着，「特克斯。是的，就是特克斯！」

王夫人幫他把地圖收好，問：「特克斯是甚麼？」

「伊犁城南邊的一條河。」張之洞自己掀開被子，重新坐到床上，自嘲地說，「我怕真的是老了，很熟的一個名字，一下子就想不起來。」

王夫人安慰道：「這不能怪你，只能怪它名字沒取好。甚麼特克斯、特克斯的，多難記，若是取一個像淮河、漢水一樣的名字，不一下子就記住了嗎？」

張之洞哈哈大笑起來。夫人這句話把他逗樂了，連聲說：「是的，是的，夫人說得對，不能怪我記性不好，而是它的名字沒取好！」

王夫人也笑了起來，她給丈夫把四周的被角壓好，說：「不要再想這些事了，這幾天都是讓甚麼伊犁呀、特克斯呀把你累病的，安安穩穩地靜靜心吧，等康復了再說。二哥說明天上午還會來號號脈，開張單子。」

「廉生的醫道是越來越精了。大前年我在成都也是得的這種病，川中名醫龍運甫給我開的藥方，見效也沒有這樣快。我看要不了幾年，他的醫術會比太醫院裏那幾個只會開平安單方的老太醫還要高明。」

張之洞說的廉生，就是王夫人的胞兄王懿榮，懂得點文字學史的人都不會對這個名字陌生。

十多年後，就是這個王懿榮，憑着他對醫藥學的興趣和深厚的文字學根底，因一個偶然機會，發現了商朝時期我們的祖先刻在龜板和牛胛骨上用以記事的文字，為中華民族文明史的研究作出了不可估量的貢獻，從而被尊稱為甲骨文之父。但現在他只是翰林院的檢討，一個七品小京官。

「二哥反覆說了，要靜心休養，不要勞神。」

「我一直在養病，沒有勞神。」

「沒有勞神？」王夫人嗔道，「沒有勞神，怎麼又會想起特克斯了呢？」

「唉！」張之洞歎了一口氣，眼睛盯着對面的牆壁，好長一會兒沒有做聲。

牆壁上只掛着一幅畫。這畫是王夫人娘家祖上傳下來的，題為《林泉歸隱圖》，乃明代大畫家文徵明的真跡，是王夫人的陪嫁之物。王夫人順着丈夫的目光，看了一眼《林泉歸隱圖》，想起了去年丈夫對她說過的一句話：「咱們也學文徵明，去歸隱林泉吧！」她馬上接言：「好哇，到哪裏去歸隱呢？是去你的老家南皮，還是去我的老家福山呢？」見丈夫不再吱聲，王夫人笑着說：「歸隱好是好，可你的那番志向呢？」張之洞沉吟半晌，說：「看來，還不到歸隱的時候。」從那以後，再不提歸隱的事了。眼下莫不是又動了這個念頭？王夫人的目光從《歸隱圖》上轉回，深情地望着凝神不語的丈夫。

在通常人的眼裏，張之洞的長相算不上一個英俊的男子漢。他是自古多豪傑的燕趙人的後裔，卻沒有燕趙豪傑高大雄壯的身軀。他的個頭甚至不及中人，肩窄腰細，手無縛雞之力。他的臉形五官也長得不好。臉是長長的，下巴尖尖的，眉毛粗短，兩隻眼睛略呈長形，鼻子卻又大得出奇，粗看起來，猶如泰山鎮魯似地壓在長眼與闊嘴之間。只有與他朝夕相處的夫人，才真正知道其貌不揚的丈夫的魅力所在。他知道丈夫矮小身軀裏滾動的是真正燕趙豪傑的血液，不起眼的眉宇之間，蘊藏了許多人所不及的學問見識。

她試探着問：「你想甚麼呢，是不是又想學文徵明去歸隱？」

「你說到哪裏去了！我是放心不下啊，不知崇厚與俄國人談到甚麼程度了。崇厚那傢伙一向怕洋人，又不熟悉新疆的情況，我擔心他會栽在俄國人的手裏。」

「四爺。」王夫人笑着說，「依我看，這國家大事你還是少操點心為好。上有皇太后、恭王、醇王各位王爺，下有軍機、六部、九卿各位大員，現在還輪不上你這個小小的洗馬費心，安安穩穩養好身體，日後做了侍郎、尚書再說吧！」

「不能這樣說！」張之洞跟夫人認起真來，「古人云天下興亡匹夫有責，洗馬雖然官職低，比起匹夫來不知高了多少；何況崇厚這次跟俄國人談的是收復國家領土的大事，我怎能不關心！」

「好了，好了，我不跟你爭辯了！」宦門出身的王夫人既深知朝廷命官與公務之間的關係，又深知丈夫素以國事為身家性命的脾性，便主動退了下來。「至少這幾天不要去想這碼子事，完全康復了再說。天已黑下來了，我去把藥端過來，喝了藥，躺下睡覺吧！」

王夫人正要起身，春蘭走進門來說：「老爺，寶老爺、張老爺和陳老爺來了。」

「噢，是他們來了，快請！」張之洞一邊說，一邊掀開棉被。王夫人趕緊將一件玄色緞面羊毛長袍給丈夫披上。剛邁出臥房門，內閣學士寶廷、翰林院侍講張佩綸、翰林院編修陳寶琛便走進了庭院。未待主人開口，精明靈活風度翩翩的張佩綸便先打起招呼：「香濤兄，聽春蘭說，你近來身體不適，好些了嗎？」

張之洞答：「在床上躺了幾天，今下午開始好多了。」

「甚麼病？」矮矮胖胖長着一張娃娃臉的陳寶琛端詳着主人說，「才幾天，就瘦多了。」張佩綸、寶廷和陳寶琛是這裏的常客，且為人和張之洞一樣的通脱平易不拘禮節，故王夫人不迴避他們，這時走出臥房，笑着說：「黑夜來訪，必有要事，快進客廳坐吧。只是有一點，他的傷風病還沒好，不要談久了。」

「好厲害的嫂子，還沒說話哩，就先下逐客令了。」張佩綸笑嘻嘻地說。

這個出生於河北豐潤的三十一歲青年，確實不同庸常。他博聞強記，文筆犀利，尤為難得的是，他嫉惡如仇，敢作敢為。朝中的重臣，各省的督撫，凡有人做了他認為不該做的事，他都敢上摺參劾，並不畏懼會遭到打擊報復。很多人怕他恨他，更多人則喜歡他敬重他。他這樣無所顧忌，居然官運亨通，通籍不過七八年，便已經是從四品的翰林院侍講了。

光緒三年，朝廷為穆宗神主升祔的事頗為棘手。因為太廟只有九室，而這九室分別由太祖、太宗、世祖、聖祖、世宗、高宗、仁宗、宣宗、文宗的神主給佔滿了，慈禧的親生兒子、十九歲去世的同治皇帝廟號穆宗的神主擺不進去，廷臣們為此事議論紛紛：有的建議再建一個太廟，有的建議在原太廟的左右再擴建幾室。張佩綸上書提出一個辦法。他說可仿效周朝為文王、武王建世室的成法，為太宗文皇帝建一世室。大清一統江山，實際上是太宗打下來的，他理應享受這種特殊的禮遇，今後可將前代神主依次遞遷太宗世室。

這個主意，既通過建世室崇隆太宗的作法，來頌揚皇太極入關進中原的歷史功績，又解決了眼下穆宗神主升祔的實際問題，同時也一勞永逸地解除了後顧之憂，得到兩宮太后的嘉許，予以採納。張之洞也想到了這一層，也給朝廷上了兩道內容相近的奏摺，他後來讀到張佩綸的摺子後，深覺自己講的沒有張佩綸的透徹。他感歎說，不圖鄭小同、杜子春復生於今日！於是親自登門拜訪，與這個比自己小十來歲的年輕人訂交。

陳寶琛拉着張之洞的手對王夫人說：「香濤兄的手還是冷的，確實未復原，按理我們看看就該走了，但今晚有一件特別重大的事，我們要在這裏多賴一會，請嫂子原諒。」

矮矮胖胖的陳寶琛祖籍福建，和張佩綸同年，也是個愛管閒事的人。他模樣生得敦敦厚厚，寫出的文章卻尖利苛刻，讀起來有一種痛快感。

寶廷笑嘻嘻地望着王夫人說：「請嫂子法外施恩，這件事的確重大得不得了！」

寶廷是清初八大鐵帽子王鄭親王哈爾朗濟的九代孫，真正的黃帶子。滿人入關二百多年了，努爾哈赤的後裔們久享榮華富貴，既不屑於以學問詩文博取功名，連老祖宗的刀槍騎射也棄之不顧，他們可以通過各種途徑輕輕巧巧地進入官場。但寶廷不這樣，他走的是一條漢族讀書人的艱難科舉之路。他由舉人而進士，由進士而翰林，是黃帶子中極為少見的正途出身的官員。

王夫人無可奈何地說：「我知道，你們談的都是國家大事，哪一次談的事都很重要，只是這國家又不是你們幾個人的，用得着你們這般苦苦操心嗎？我不管你們了，外面冷，快進客廳吧！」

張之洞擺擺手，請客人進他的客廳。客廳設在坐北朝南的正房裏。正房共有四間。東邊的一間是藏書室，四壁立着頂天接地的木架，木架上陳放着一函函書籍卷冊。房間裏擺着兩張大木桌，桌上也堆滿了書，有的正攤開着，看來這些都是主人近來正在使用的書籍。藏書室過來，便是主人夫婦的臥室。再過來一間，面積最大，這是主人平時讀書治事之處。一張極大的書案擺在窗戶邊，上面放着讀書人慣常使用的文房四寶和幾冊《皇朝經世文編》。另有兩個博古架很引人注目。架子上擺滿了破破爛爛的陶罐、泥碗，鏽跡斑斑的箭鏃、刀柄，殘缺不全的瓷瓶、銅盆，乍然來到面前，如同走進了出土文物陳列室。另一壁牆上掛着一幅字，是一首七律：「心憂三戶為秦虜，身放江潭作楚囚。處處芳蘭開涕淚，年年寒橘落沙洲。嬋媛興歎終無濟，婞直危身亦有由。宋玉景差無學術，僅傳詞賦麗千秋。」字跡筆酣墨飽，勁拔瀟脱。熟悉書法的人一眼便可看出，這字學的是蘇體：結體雖不及蘇字的勻稱，而其中的舒張意氣，或有過之。這是主人的墨跡，錄的也是他自己憑弔屈原的詩作。

東邊的小間即客廳。客廳佈置得簡樸莊重。當中放一張大理石桌面的深紅色梨木長方桌，四周擺着六張明式雕花高背紅木椅。靠牆邊擺着兩對帶茶几的半舊楠木太師椅。最顯眼的是客廳中高懸的一畫一字。畫面上一男子長髮長鬚佇立茅屋中，兩眼怒視窗外，雙手後背，其中一隻手上緊握一管羊毫，胸前的書案上殘燈如豆，一紙平攤。畫上首題着三個字：鋤奸圖。顯然，畫上的男子是明代以彈劾嚴嵩出名的兵部員外郎楊繼盛。這畫出自主人的好友翰林院編修吳大澂的手筆。字錄的是孟子的一句話：「居天下之廣居，立天下之正位，行天下之大道，得志與民由之，不得志獨行其道。」左下角有一行小字：與香濤賢弟共勉高陽李鴻藻書於三省齋。進了客廳剛坐下，張佩綸便説：「香濤兄，你看了今天的邸抄嗎？」

「沒有。」張之洞搖搖頭説，「我有幾天沒看邸抄了。今天的邸抄上有甚麼大事嗎？」

「哎呀，大得不得了！」張佩綸邊説邊從袖口裏取出一份邸抄來，甩在桌子上，説，「崇厚那傢伙把伊犁附近一大片土地都送給俄國了！」

「有這等事？」張之洞忙拿起邸抄。「我看看！」

陳寶琛走到張之洞的身邊，指着邸抄左上角説：「就在這裏，就在這裏！」

張之洞的眼睛移到左上角，一道粗黑的文字赫然跳進眼簾：崇厚在里瓦幾亞簽署還付伊犁條約。

「條約有十八條之多，不必全看了，我給你指幾條主要的。」張佩綸邁着大步，從桌子對面急忙走過來，情緒激烈地指點着邸抄上的文章，大聲唸道，「伊犁歸還中國。其南境特克斯河、西境霍爾果斯河以西地區劃歸俄國。」

「豈有此理，豈有此理！」張之洞氣憤地說，拿邸抄的手因生病乏力和心情激動而發起抖來。

「豈有此理的事還多着哩！」張佩綸指着一條唸道，「俄國在嘉峪關、科布多、烏里雅蘇台、哈密、烏魯木齊、吐魯番、古城增設領事館。」

「為何要給俄國開放這麼多領事館？」張之洞望着站在一旁的陳寶琛責問。那情形，好像陳寶琛就是崇厚似的。

陳寶琛板着臉孔沒有做聲。

張佩綸繼續唸：「俄商可在蒙古、新疆免稅貿易，增闢中俄陸路通商新線兩條。西北路由嘉峪關經漢中、西安至漢口，北路由科布多經歸化、張家口、通州至天津，開放沿松花江至吉林伯都納之水路。」

「這是引狼入室！」張之洞氣得將手中的邸抄扔在桌上。

「還有一條厲害的！」張佩綸不看報紙，背道，「賠償俄國兵費和恤款五百萬盧布，折合銀二百八十萬兩。」

「啪！」

張之洞一巴掌打在大理石桌面上，刷地起身，吼道：「崇厚該殺！」

張佩綸和陳寶琛、寶廷都嚇了一跳。他們知道張之洞是條熱血漢子，但這些年還未見過他發這麼大的脾氣。

正在臥房燈下讀詩的王夫人也大吃一驚，不知發生了甚麼事，忙不迭地朝客廳跑來。還未進門，又聽見丈夫激憤的聲音：「中國的土地一寸都不能割讓出去！他崇厚算個甚麼東西，有甚麼權力可以這樣出賣國家的領土！」

王夫人進門來，只見張之洞正靠在桌子邊站着，敞開羊皮袍，雙手扠在腰上，臉色煞白，額頭上冒着虛汗。她嚇得心裏發顫，忙過來扶着丈夫：「甚麼事氣得這樣？」又轉過臉問張佩綸等人：「剛才為的甚麼事？」見他們都不吱聲，又問：「你們吵架了？」

陳寶琛把繃緊的臉竭力和緩下來，勉強露出一絲笑容，對王夫人說：「崇厚在俄國簽了賣國條約，香濤兄正在為此事生氣哩！」

王夫人放下心來，將丈夫敞開的皮袍扣上，對着門外喊：「春蘭，給老爺打盆熱水來！」一會兒，春蘭端着一盆熱水走進客廳。王夫人親自從臉盆裏拿出面巾擰乾，給丈夫擦去額頭上的汗，一面輕聲地說：「你的病還沒好哩，怎麼能動這麼大的氣！」

寶廷起身走過來說：「嫂子說得對，不要冒火，我們平心靜氣地談。」

張佩綸說：「剛才怪我，我也太激動了，心裏氣不過。」

熱毛巾擦過臉後，張之洞的心緒平靜多了。他坐下，喝了一口熱茶，說：「伊犁本是我們自己的土地，當年俄國是趁火打劫，強佔去的，歸還我們理所當然，我們為何還要拿土地和銀子去跟他們換呢？這不太欺負人了嗎？」

「正是這話！」張佩綸也坐下來，剛才激憤的心緒也慢慢平緩了。「二百八十萬兩銀子已是毫無道理的勒索了，還要特克斯河、霍爾果斯河一帶的土地。你們知道，這片土地有多大嗎？」

不待別人開口，張佩綸自己作了回答：「我量了一下地圖，這片土地寬有二百來里，長有四百來里，共八萬多平方里的面積。」

陳寶琛說：「這比一座伊犁城不知大過多少倍了，與其這樣，還不如不收回。」

「這能叫談判嗎？」寶廷冷笑道，「這整個一割地投降！」

張之洞又氣憤起來，高聲罵道：「崇厚這個賣國賊，比石敬瑭、秦檜還壞！」

王夫人見丈夫又動氣了，心疼地說：「四爺，你要自己愛惜自己。二哥一再叮囑不要勞神，不要生氣，你不聽勸告，剛好的病又會犯的。」

不料，張之洞竟哈哈笑了起來，說：「夫人，我要感激剛才發的脾氣，多虧出了這身汗，我現在竟然大好了，一點病都沒有了。」

說罷站起來，在客廳裏來回走了幾步。他真的覺得自己神志清爽，腳步有力，七八天來的病痛一掃而光了。他快活地對春蘭說：「你去準備夜宵，今夜我和幾位老爺有大事商量。」

深知丈夫脾性的王夫人無奈地對着張、陳等人苦笑着說：「真是拿他沒辦法，只要有件大事在他面前，他立刻就會精神陡長；事情一完，也就癱倒在床了。」

說罷帶着春蘭出門張羅去了。

張府客廳裏，四個地位不高卻對國事異常關心的官員繼續談論着。四人一致認為，崇厚所簽訂的這個條約決不能答應，同時決定辦兩件事。一是約集一批志同道合者在城南龍樹寺開一個會，聲討崇厚的賣國罪行，聯合上一個摺子給太后、皇上，懇請否定這個喪權辱國的條約。二是四人每人各自再上一個摺子，詳細地申述對此事的看法。

直到子初時分，張之洞才用自家的馬車將張佩綸、陳寶琛和寶廷送出府門。

2 京師清流黨集會龍樹寺

城南宣武門外龍樹寺，一個聲討崇厚賣國罪行的小型集會就要在這裏召開。出席這個集會的，除張之洞、張佩綸、陳寶琛、寶廷外，還有近年來在京師官場頗為活躍的幾個人物，他們是總理各國事務衙門大臣李鴻藻、刑部尚書潘祖蔭、翰林院侍讀黃體芳、江南道監察御史鄧承修、翰林院編修吳大澂，還有張之洞的內弟王懿榮。這是京師官場上一個鬆散的團體，除鄧承修一人外，其餘的全是翰林出身。他們身份最為清華，關心國事，議論朝政，崇尚氣節道義，憎惡貪官污吏；在對外交涉中主強硬態度，反對妥協。這些共同的志趣把他們結合起來了。他們常常在一起討論國家大事，也常常採取聯合上摺的手段來表述自己的觀點，在官場上形成了一股不可忽視的力量，朝野內外將他們比之於前代那些負時望的清高士大夫，稱之為清流黨。「流」與「牛」協音，於是人們又戲稱之為青牛黨。青牛之角是張佩綸、張之洞，青牛之尾是陳寶琛，青牛之肚是王懿榮，青牛之鞭是寶廷，其餘者是青牛之皮毛，而牛頭則是給張之洞題字的高陽李鴻藻。

歷史上有個有名的高陽酒徒酈食其，但他的籍貫高陽卻不在直隸。這位直隸高陽李鴻藻既不飲酒，又不張狂，是一位粹然純正的理學門徒。李鴻藻二十二歲中進士入翰苑，三十歲充任時為皇子的載淳的師傅。載淳登位後，慈禧命他值班弘德殿，依舊每天為小皇帝授書，不久入值軍機處，升禮部右侍郎。這時，他的母親病逝了。

依當時的規定，朝廷官員的父母去世，本人應開缺回籍守喪，三年期滿後再申報朝廷，等待補缺。喪期不但無官職，且無俸銀，又影響以後的升遷，這是官員們都不願意遇到的事情，故而甚至有匿喪不報的事情發生。倘若這個官員正肩負着特殊的使命，不能離開，朝廷便會命他移孝作忠，不離職守。這是朝廷對個別臣工的一種極其特別的禮遇，通常的情況下是絕對得不到的。皇帝正在求學階段，功課不能耽擱，兩宮太后援雍正、乾隆年間大臣孫嘉淦的故事，命李鴻藻只守百日喪，百日後仍授讀弘德殿，並參軍機。但李鴻藻不領皇太后這份情，堅持請求開缺回籍守喪。太后不允，他請大學士倭仁替他代為奏請。太后還是不允，命恭王親自到他府上慰勉。這樣大的一個面子，李鴻藻仍不領，再次上摺，聲稱自己方寸已亂，身心俱碎，不能授讀，只能回籍。兩宮太后拿他這個書呆子真沒辦法，只得同意。

過幾年，慈禧母親去世，方家園承恩公府大辦喪禮。這正是文武官員們向大權獨攬的西太后討好巴結的良機，所有官員都去弔唁，竟相送上厚禮，獨獨身為協辦大學士兵部尚書的李鴻藻不去。慈禧心裏雖不悅，但也不好說他甚麼。

李鴻藻便這樣以他的迂直正派年高德劭而受到崇尚義理的官員和士大夫們的敬重，自然而然地處於清流黨的領袖地位。今天，他以六十歲的高齡早早地來到龍樹寺，方丈通渡法師歡天喜地接待着這位鬚髮皆白的活菩薩。

京師清流黨的骨幹們常常聚會議事，但一般都在達智橋胡同裏的楊忠愍祠，這是因為他們都崇仰以文字來跟嚴嵩作鬥爭的楊繼盛，那位明代前賢是他們心中的偶像。這段時期楊祠正在修繕，於是他們想起了龍樹寺。

龍樹寺在京師眾多古剎中並無多高的地位。它一無年代久遠或用材名貴的佛身寶像，二未藏有唐代寫經或宋代木槧佛經，三缺天竺西域傳來的貝葉經文。它之所以引起張之洞、張佩綸等人的興趣，是因為後院有一片半畝地大小的牡丹園。今年暮春他們來此觀賞牡丹，正是牡丹盛開的時候。但見姚黃魏紫，爭奇鬥豔，果然大飽眼福；又見寺院清幽，方丈通渡待客殷勤，於是對龍樹寺很有好感。

昨天上午，張之洞便來到龍樹寺，一則要早點通知寺裏，讓和尚們做好準備；二則要借這塊清靜之地修改已擬就的奏章初稿。下午，張佩綸、陳寶琛、寶廷、吳大澂、王懿榮等人也先期到了。

通渡對這次集會表現出極大的喜悅，從昨天上午聞訊開始，全體寺僧便忙忙碌碌地準備了。

通渡的熱情，並非因為集會的內容是愛國，而是因為來賓身份的顯赫高貴。尤其是李鴻藻，前朝的帝師，本朝的協揆，若不是衝着龍樹寺，衝着龍樹寺的牡丹園，一個普普通通的老和尚，這一輩子能見到如此大人物嗎？何況還可以面對面地與他說話，親手端茶遞水招待他哩！

除開一個潘祖蔭外，其他人都已到了。聽說李鴻藻來到，大家都走出寺門，簇擁着老中堂進了龍樹寺。眾僧佈置一新的雲水堂。眾人坐定後，小沙彌給嘉賓擺上棗糕、餑餑、棒糖等糕點，又給每人沖了一碗茉莉花茶。

通渡笑瞇瞇地對大家說：「諸位大人請嘗一嘗龍樹寺的糕點，看看它與市面上賣的有些不同沒有。」

愛吃零食的黃體芳忙拿了一小塊棗糕來吃。他邊嚼邊說：「是不錯，比別的棗糕香些。」

通渡十分滿意地說：「這位大人真的是品糕點的高手。龍樹寺的糕點與眾不同，每種糕點裏都摻有牡丹花瓣粉。」

眾人聽到這句話後都來了興趣，遂一齊凝神望着通渡。通渡興致高漲，不無自得地說：「每年四月間，龍樹寺的牡丹相繼開放了。紅的，黃的，白的，紫的，光彩閃亮，就像佛祖把身邊的祥雲送給了我們。但過不了多久，花瓣就一片片地枯萎掉落，大家都很惋惜，眼看着這些美麗無比的花瓣化為泥土而無法挽救。第十代方丈浩光法師是個最靈慧的高僧，他從丹皮入藥的常識中得到啟示。心想，丹皮既然可以做藥吃，那麼丹花也可以入膳。於是他號召眾僧把掉下來的牡丹花瓣拾起來，洗淨曬乾碾成粉末合進饃饃裏。果然，蒸出的饃饃芳香撲鼻，味道好極了。再把牡丹粉末加進其他糕點中試試，也一樣地又香又好吃。後來，浩光法師又將幾棵年代久遠，不能再開花的牡丹皮剝下來曬乾，自製丹皮，每天合着茉莉花茶一塊兒喝。浩光法師就這樣越活越精神，越活越爽朗，直到高壽一百零三歲才無疾圓寂。今天給各位大人端的糕點裏便都加了牡丹粉，茉莉花茶裏也有丹皮。各位大人不妨嘗嘗。」

通渡這番富有文采和感情的話，激起各位清流們的雅興，於是都拾起一塊棗糕或是餑餑、糖塊品嘗起來，果然清香芬芳，味道的確與平日吃的不大相同。又啜一口丹皮花茶，雖然剛入口時有一種淡淡的苦味，但喝下去後便覺得口腔裏回味無窮。大家都叫好。

張佩綸笑着說：「龍樹寺有這麼好的東西，我們給你宣傳宣傳，你們也可以借此賺點錢，為眾僧謀點福祉。」

這正是通渡所巴望的事！他就是希望這些顯貴們替龍樹寺宣揚宣揚，好提高龍樹寺的名氣，把牡丹茶點推出去，那麼龍樹寺的日子就好過了，僧眾也會活得體面些。

通渡忙合十道謝：「阿彌陀佛，多謝大人們抬舉，若蒙大人們替敝寺說話，那真是敝寺的福份！」

年已花甲的李鴻藻對浩光活到一百零三歲一事特別在意。他問通渡：「寶刹的丹皮對外賣不賣？」

通渡答：「全力保護牡丹園，這是龍樹寺代代相傳的寺規，不是老邁不開花的牡丹，決不能挖來取皮，故而寺裏所存丹皮很少，不外賣。」

「噢——」李鴻藻遺憾地拖長着聲調。停了片刻，他又問，「用藥店裏賣的丹皮泡茶，有沒有這種效果？」

通渡明白過來，原來這位老中堂想學浩光，喝丹皮茶求長壽。他的腦子很快轉了一下，說：「龍樹寺的丹皮有一種不同的製作方式，寺裏規定不能外傳，請老中堂寬恕。老中堂今後可派人收購未經製作的丹皮，送到龍樹寺來，貧僧親手為老中堂炮製。這樣製出的丹皮，與龍樹寺土生土長的丹皮也不會相差太大。」

「行。」李鴻藻高興起來，立即說，「明天我就打發人送丹皮來，煩法師為我如法炮製，我一定重金酬謝！」

通渡忙彎腰合十，答：「如法炮製應該，重金酬謝不敢。」

天不怕，地不怕，專參大員的廣東人鄧承修插話：「請問法師，寶刹的牡丹園有多長的歷史了？」

通渡摸摸光禿禿的頭皮，想了一會兒說：「有二百多年了。龍樹寺的開山祖師弘遠法師是河南洛陽人，酷愛牡丹，託人從家鄉捎來花籽，開闢了這個牡丹園。第四代方丈浮波法師是山東菏澤人，也是個從牡丹之鄉里出來的，他在牡丹園裏撒下菏澤牡丹的花籽。從那以後，這片牡丹園裏既開着洛陽牡丹，又開着菏澤牡丹，天長日久，洛陽牡丹中夾雜着菏澤牡丹，菏澤牡丹中夾雜着洛陽牡丹，漸漸地，洛陽菏澤便融為一體了。」

說到這裏，通渡哈哈大笑起來，各位清流也都大笑起來。

李鴻藻說：「過會兒我們都去觀賞觀賞你這融洛陽與菏澤為一體的牡丹園。」

「謝老中堂賞光！」通渡興奮不已。「明年牡丹花開的時候，敝寺一定恭迎老中堂和各位大人前來賞花喝丹皮茶。」

大家眾口一辭：「一定來，一定來！」

正在興高采烈的時候，潘祖蔭坐着華貴的綠呢大轎進來了。

這位溫文爾雅衣著考究的五十歲尚書，可不是一個尋常人物。他有一位身為狀元、帝師、大學士的祖父，自己又是探花出身，官運亨通。一般文人所擁有的長處，如琴棋書畫、鑒別古董等技藝，他樣樣比別人出色，更兼勇於言事敢於參人，自然而然地受到京師士大夫的景仰，隱然坐了清流黨的第二把交椅。不過，這位事事得意的大官卻有一個深深的隱痛，那就是他年已半百卻膝下空虛。無兒無女怪不得別人，毛病出在他自己的身上，原來他是一個天閹——先天性的功能不行。好在他性格開朗，並不在意，也不忌諱。清流黨中流傳一個笑話。

有一天，他家裏幾個清客和他聊天。有人說：「潘大人，你這大年紀還無兒女，我們都替你着急，多拿點銀子出來，買兩個妾吧，也好早為你接續香火！」

潘祖蔭斜了一眼這個清客：「你們着甚麼急？明明曉得我是天閹，還勸我買妾。買得妾來還不是便宜了你們這班龜孫子？我才不那麼蠢哩！」

清客們哈哈大笑，他自己也忍不住笑了起來。

這位吳縣才子雖沒有子孫替他傳香火，但他自信他的文章能為他傳名後世。他的文筆的確好。京師官場上誰都知道他有一件值得驕傲的往事。

二十年前，正是江南一帶朝廷的軍隊和太平軍激戰的時候，現在威名赫赫的左宗棠，那時還只是湖南巡撫駱秉章身邊的一個師爺。這位左師爺心高氣傲，瞧不起平庸的文武官吏。永州鎮總兵樊燮來巡撫衙門辦事，左宗棠不僅用言語嘲諷他，還用腳去踢他。樊燮不能受這個窩囊氣，一狀告到朝廷。咸豐帝也很氣憤，下令要湖廣總督官文處理此事，若屬實則將左宗棠就地正法。左宗棠的朋友時為翰林院編修的郭嵩燾急壞了，他請翰林院侍讀潘祖蔭上疏救援。潘祖蔭久聞左宗棠大名，遂很用心地寫了一道為之辯護的奏章，其中兩句最為精彩：中國不可一日無湖南，湖南不可一日無左宗棠。後來咸豐帝赦免了左宗棠，再後來左宗棠不斷建立功勳，這兩句話便不脛而走，傳遍全國，潘祖蔭的名聲也便跟着傳遍天下。

今天會議的主持人張佩綸一邊笑着迎接潘祖蔭，一邊說：「你遲到了半個時辰，按照老規矩，應受罰。或罰酒，或罰詩，你自己挑！」

李鴻藻也笑着說：「伯寅呀，你今天是怎麼回事，害得我這個老頭子都要等你！」

潘祖蔭對着眾人拱拱手說：「李中堂，各位同寅，潘某今天遲到了，按規矩是該罰，但我若說出原因來，想必中堂和各位都不會再罰我。」

「再大的事，還能與今天討伐崇厚賣國罪行的事相比嗎？我看是罰定了！」說話的是寶廷。

「竹坡不要先說死了。」潘祖蔭望了一眼乾瘦的寶學士後對大家說，「諸位今天不是要討伐崇厚嗎，我給你們帶來了崇厚一條新的大罪。」

潘祖蔭的一句話把大家的精神全都提上來了，一齊瞪着大眼聽他的下文。

「昨天翁師傅對我說，崇厚未經朝廷允可，擅自離開俄國，已坐上洋人的輪船，正在回國的途中了。」

潘祖蔭說的翁師傅，就是現充任光緒帝師傅的翁同龢。

「有這等事？」張之洞瞪大眼睛望着潘祖蔭。

「我也和香濤一樣感到奇怪：一個出使大臣，沒有朝廷的旨令，怎麼能擅自離開職守？」潘祖蔭接過通渡親手遞過來的丹皮茉莉花茶，慢慢地呡了一口後，接着說，「為證實這件事，我今天繞道去了總署，當面問了王夔石。他對我說確有其事。王夔石還說，崇厚之所以急着趕回來，是因為他的四姨太下個月初五三十大壽，他要趕回來給姨太太做壽。」

「無恥之尤！」張之洞情不自禁地又是一巴掌打在桌面上，震得丹皮茶水從碗裏濺了出來。

通常情況下，一個下級官員是決不可能在上級官員的面前拍桌打椅發脾氣的，何況身旁還坐着一位德高望重的協辦大學士。但一來龍樹寺的集會不是正規的官場議事，二來這些清流都是熱血之士，易於激動，情緒上來的時候，常常有越軌的言行出現，大家司空見慣，並不在意。

「崇厚這傢伙太可惡了，簡直目無朝廷，目無王法，大家看該怎麼辦吧！」張佩綸氣得兩腮筋鼓鼓的。用不着他這個主持人再作開場白再行鼓動了，潘祖蔭的這個消息一下子就把會議的情緒煽到高潮。

「我看這事再沒有二話可說的了。第一，立即由總署具函，表示不承認崇厚所簽署的條約。第二，通知上海海關，崇厚一登岸即予拘捕。」矮矮瘦瘦的鄧承修首先發言，他的粵語官話鏗鏘有力，就像平日參劾摺中的用語一樣。

短短幾年裏，鄧承修一連參劾總督李瀚章、左副都御史崇勳無品無行，參劾侍郎長敍違背朝制，參劾學政吳寶恕、葉大焯、布政使方大湜、龔易圖，鹽運使周星譽疏於職守，甚至參劾軍機大臣寶鋆、王文韶老邁昏憒，請太后罷斥不用。

更令人驚駭的是，他竟敢彈劾左宗棠，說左言辭誇誕，舉措輕率。鄧承修這一連串的參劾，激起官場極大的反響。那些做了虧心事心中有鬼的官員們，提起這個被稱之為「鐵漢」的廣東御史來，個個心裏又恨又怕。

「鐵香兄說得對！」精於文字音韻學、擅長繪畫的吳大澂立即接上鄧承修的話。「現在要緊的是辦第一件事，籲請太后絕對不要批准這個喪權辱國的條約。」

「你說是喪權辱國，有人還說是大節不虧哩！」潘祖蔭邊說邊從袖筒裏摸出一個精緻的琥珀鼻煙壺來，在鼻孔邊不停地來回移動。

「誰說的？真是喪心病狂！」一直沒有開腔的陳寶琛也忍不住了。

見潘祖蔭欲說又止的神態，李鴻藻催道：「伯寅，是誰說的這個話，你快講呀！」

潘祖蔭放下琥珀鼻煙壺，略停片刻後說：「翁師傅說，昨天下午，合肥相國在軍機處休憩間裏聊天時說，崇地山與俄國人訂的條約，吃虧是吃虧了，但他也是沒有辦法，誰要我們當時同意讓俄國人進駐伊犁城，答應今後重謝哩，要說俄國人於保護伊犁城全然無功，也說不過去。」

「酬謝頂多只能送銀子，不能割土地。」資格最淺官階最低的王懿榮插話。

「人家俄國人看中的正是土地。」潘祖蔭望了王懿榮一眼，接着說下去，「合肥相國說，一則我們國力弱，打不過人家；二來伊犁城附近那些土地也不值幾個錢，讓一部分出去損失不大，待我們把海防建起來，國力強大了，再向俄國人索回來。」

「李少荃這個人成天就是海防海防的。」李鴻藻摸了摸下巴上稀疏的花白長鬚，不緊不慢地回顧歷史。「光緒元年，左侯平定關隴，將要出嘉峪關進軍新疆時，李少荃就率領一班子人大呼塞防可鬆，海防要緊。說甚麼自高宗定新疆以來，歲糜數百萬白銀，這是朝廷度支的一大漏卮，現今竭天下之力供養西軍，大不合算，應將軍費用來購買洋人製造的海輪。左侯堅決反對李少荃這種無視西北邊地的荒謬言論，上書太后說，如果不趁着平定關隴之軍威恢復國家對新疆的治理，那麼日後新疆不為英國所侵佔，即為俄國所吞併，我左宗棠決不能眼看着國家的土地淪為異域。太后壯左侯之言，又加之文中堂全力支持，李少荃的保海防丟塞防的主張才未得逞。現在又舊調重彈了，他眼裏從來就沒有國家西北領土的位子。」

「李鴻章打着海防的名義，實際上是擴大淮軍和他自己的實力。」

鄧承修一針見血的插話，博得了眾清流的一致喝采。

潘祖蔭說：「李少荃還說過這樣的話：崇地山身為欽差大臣，可以便宜行事，他有權在條約上簽字。既然簽了字，就應該照條約辦，不然，外國人就會說我們說話不算數，今後再也沒有人和我們簽約了。」

「荒謬透頂！」鄧承修氣得虎虎地站起來。「這簡直就是秦檜講的話！」

張佩綸立即接言：「看來，崇厚的後台就是李鴻章，二人是一丘之貉，得一道參！」

「好！」眾人鼓掌歡呼。

龍樹寺的和尚們見城裏來的這些大官員，在雲水堂裏又是拍桌打椅，又是鼓掌喝采，集會半天了，興趣也不減，不知他們究竟在議論甚麼事，一個個懷着滿肚子好奇心，在門邊窗口前探頭探腦的。通渡生怕這些沒見過世面的和尚得罪眾位大老爺，便下了一道命令，不准寺內的僧人靠近雲水堂；又命廚房趕緊準備午飯，要把這桌齋飯辦得格外豐盛，好借他們的口為龍樹寺的膳堂傳名，以便明年牡丹花事期間引來更多的遊客，為寺裏多賺些香火銀子，年終每人也好多分幾個零花錢。和尚們聽後，忙得更起勁了。

李鴻藻端起丹皮茶碗喝了一口，一本正經地對大家說：「我炎黃子孫世世代代休養生息在這塊土地上，三王之治開創了百姓安居樂業的太平世道，周公孔孟諸聖賢將三王之治搜羅整理，損益增刪，載於簡冊，代代遵循，遂成為我華夏民族百世不刊之經典。漢代的文景之治，唐代的貞觀之治，乃至國朝的康乾之治，莫不是依循周公孔孟之道而成就的。」

見盟主在講演安邦治國的大道理，眾清流都正襟危坐，竦然諦聽。

「這些年國家多事，內患頻仍，外敵侵凌，之所以造成如此局面，追根溯源，皆因朝野上下背離了周公孔孟之道。眼下正需要我君臣一心，上下一致，正綱紀，整吏治，務農桑，薄賦稅，振興大清之時，孰料一些人惑於洋人之奇技淫巧，屈服於泰西之堅船利炮，以為我大清若要強盛，只有學洋人效西法，十餘年來大肆鼓吹所謂洋務，所謂夷政，這決不是導我國家民族中興的正道，最終必將滅我華夏之文明，毀我大清之家園。早在同治初年，倭艮峯中堂就指出過：立國之道，尚禮義不尚權謀；根本之圖，在人心不在技藝。可惜當年被人肆意曲解，無端指摘。其實，這才是真正的深謀遠慮，老成謀國！諸位現在看清了，正是那班子崇洋媚外之徒在賣國喪權，踐踏我堂堂中華之尊嚴。所以，老朽今天要提醒大家一句：我們要守定一條宗旨，那就是閉口不談洋務，而且要告誡子孫後代也決不能談洋務！」

寶廷忙擁護：「李中堂這番話是真正的金玉良言，我們就是要守定祖宗的成法，決不能讓洋務派坑害了國家！」

陳寶琛說：「我看李中堂閉口不談洋務這句話，應成為我們的一條準則，今後要以此作為正與邪的試金石，誰若談洋務，我們則與之割蓆分道！」

黃體芳說：「我將弢庵的話點明白：誰談洋務，誰就是禍國殃民的奸邪小人；誰不談洋務，誰就是尊聖敬祖的正人君子。」

「對！」

「說得好！」

眾清流一致讚賞這句話。

吳大澂激動得站起身說：「我們不但不談洋務，而且還要不用洋人的東西。凡洋人所造的一切，我們都不用：洋布不穿，穿我們自織的土布；洋傘不撐，撐我們自製的油紙傘；洋油燈不點，點我們自己的桐油燈；洋槍洋炮不打，打我們自造的鳥槍土炮！」

「好！」

「好！」

吳大澂充滿着激情的一番話，又贏得了大家的掌聲。

王懿榮猛然想起自己身上戴了一隻懷錶，馬上從上衣口袋裏取出，對大家說：「上個月，我給楊儒星使看病，病好後他送我這塊洋人造的懷錶。我今天帶來，原是為便於限時做詩。現在就按清卿兄所說的，從今以後不用洋人的東西，當眾把這塊懷錶交出來。」說着往桌上一扔，一塊銀光閃閃的懷錶滑溜溜地滾到桌子中央。慢慢停穩後，張之洞看清懷錶殼上刻着一隻雙頭鷹。這些日子來他對俄國的事情十分關注，一看便知道這是俄國的國徽，於是說：「這塊錶是俄國的。」

今天眾人的仇恨，說到底就是衝着俄國而來的，現在看到這隻刻有雙頭鷹的俄國錶，就如同看到了可惡的俄國人一樣，恨不得將他抽筋剝皮。吳大澂一把抓過，憤怒地說：「要它計甚麼時？我們做詩，還是按老辦法：點香計時。砸掉它！」說罷，並不徵求王懿榮的意見，便死勁將錶往地下一摔。錶砸在青磚地上，發出清脆的響聲，然後不停地滾動着，但並沒有破碎。

站在門邊的通渡對洋人造的鐘錶一向佩服得很。前年，一個英國人來龍樹寺看牡丹，也有這麼一塊懷錶，通渡對之垂涎欲滴。他做夢都想有一塊這樣的懷錶。當王懿榮將錶扔到桌面上時，他的兩隻眼睛便死死地盯着那個圓傢伙。吳大瀓將錶摔到地上時，他心疼得就像把他的私房銀子丟到河裏去一樣。錶沒有摔破，他暗暗慶幸。當錶慢慢滾到他的腳邊時，他終於忍不住將錶拾起，雙手合十，對着眾人彎腰鞠躬：「這塊錶，各位大人老爺不要，就發發慈悲，賞給龍樹寺吧！」

吳大瀓說：「那不行！龍樹寺用俄國的錶，龍樹寺不成了賣國寺嗎？」

說罷，從通渡手裏搶過懷錶，又狠狠地向地上一砸，玻璃表面被砸得粉碎，兩根指針也不知飛到哪裏去了。通渡看着這一慘相，口裏不停地默唸：「阿彌陀佛，阿彌陀佛！」

張之洞心裏也覺得吳大瀓此舉過份了一點。俄國人固然不好，但俄國人造的錶畢竟比燃香滴漏的計時要準確。官員士人表示愛國，可以不用，出家人用用也未嘗不可；砸爛，總是可惜了。但大家在激情之中，他也不便一人獨唱反調出來制止，想想錶修理後還可再用，便對通渡說：「法師把這塊爛錶撿起來，扔到廢物堆裏去吧！」

通渡是個聰明人，立即明白了張之洞的意思，忙彎腰把錶撿起，又四處找那兩根小針。他趴在地上，東尋西尋，終於把兩根小針都尋到了，便像揣着寶貝似地出了門。

主持人張佩綸見大家的情緒已到了最高潮，遂抓住時機將聚會的主題深入下去。他站起來說：「諸位，張香濤抱病擬了一個關於伊犁條約的摺子，現請他向各位宣讀。」

張之洞說：「看了邸抄上登載的伊犁條約後，我恨不得立刻將崇厚千刀萬剮。這兩天，我草似了一個題為《熟權俄約利害摺》。考慮得還不成熟，請諸位幫我修改修改。摺子比較長，我擇其要點唸一唸。」

張之洞說罷，從袖筒裏摸出一迭紙來，唸着：「竊臣近閱邸抄，因俄國定約，使臣辱命，不勝憤懣，謹將此約從違利害縷晰，為我皇太后、皇上陳之。」

龍樹寺雲水堂從剛才的喧鬧聲中安靜下來，只有張之洞那帶有南方語音的京腔在殿堂內回蕩。

「下面，我從十個方面向皇太后、皇上剖析不能依從和約的道理。」張之洞放下摺子，目光炯炯地望了望眾人，辭氣亢厲地說，「一不可許者，陸路通商。若讓俄人據我秦隴要害、荊楚上游，則邊圉雖防，然堂奧已失。二不可許者，開放東三省。陪京所在，關係重大。三不可許者，俄人貿易概免納稅。俄人不納稅，則各國效尤，遺患無窮。四不可許者，蒙古台站供俄人使用。內外蒙古，沙漠萬里，此天之所以限俄人也。五不可許者，允准俄人建三十六卡倫。延袤太廣，無事商往則防不勝防，有事而兵來則禦不勝禦。」

隨着張之洞斬釘截鐵的「一不可許」「二不可許」的聲音從雲堂裏傳出，整個龍樹寺的氣氛彷彿變得肅穆凝重起來，從窗外走過的僧人不自覺地放輕腳步，膳堂裏的和尚們自然而然地將嬉笑聲放低。通渡提着一壺滾開水走到門邊，但見李鴻藻滿臉正氣端坐不動，潘祖蔭斂容諦聽腰桿筆挺，其他各位清流或注視演講者，或低頭沉思，盡皆寂然無聲，神態悚然。龍樹寺的方丈彷彿誤入了朝廷的議事廳，提着銅壺，靠在門檻邊，不敢貿然闖進去。

「六不可許者，商賈可帶軍械。若千百之羣負槍入境，是商是兵，誰能辨之？七不可許者，俄人關稅取巧之處。八不可許者，同治三年已議定之邊界內侵。九不可許者，伊犁、喀什、烏魯木齊、烏里雅蘇台、古城、吐魯番、哈密、嘉峪關准設領事館。若准此條，是西域全境盡歸俄人控制。有洋官則有洋商，有洋商則有洋兵，初則奪我事權，繼則反客為主。第十，」說到這裏，張之洞有意停了一下，他目光威嚴地掃了一眼會場後，提高着嗓門說，「此乃最不可許者，割特克斯河、霍爾果斯河一帶八萬里土地給俄人。中華之國土，祖宗之江山，一寸都不能割讓給別人！」

「好！」李鴻藻禁不住打斷張之洞的話。「香濤這話說得好極了！中華之國土，祖宗之江山，一寸都不能割。」

「誰割讓誰就是賣國賊，就是秦檜、石敬瑭！」潘祖蔭緊接着補充。

眾清流一致點頭，表示贊同。

張之洞的奏稿本擬到這裏為止，剛才聽到潘祖蔭講到李鴻章說的既已簽訂便不能更改的話，臨時又想起了另一層內容，他已在心裏打好腹稿，遂氣勢凌厲地說：「朝中有人言不可改議，以為改議則啟釁端。臣以為此不足懼也。必改此議，不能無事；不改此議，不可為國。」

張之洞說到這裏停了片刻，他看到李鴻藻在頻頻頷首，心中感受到一種鼓舞力量。「臣謂改議之道有四：一曰計決，二曰氣盛，三曰理長，四曰謀定。何謂計決？無理之約，使臣許之，朝廷未嘗許之。崇厚誤國媚敵，國人皆曰可殺。伏望拿交刑部明正典刑，以治使臣之罪，以杜俄人之口。」

「痛快！」吳大澂禁不住擊節讚揚。

「何謂氣盛？俄人欺負我使臣軟弱，逼脅畫押，此乃天下萬國皆不會贊同其所為。我國可將俄人無理之舉公之於世，讓各國評其曲直。」

「有道理！」陳寶琛邊點頭邊插話。

「何謂理長？按條約所簽，我得伊犁之空名，而失新疆八萬里之實際。如此，則不如不得。條約未奉御批，未鈐御寶，豈足為憑！」

「正是這回事！」寶廷氣呼呼地說。

「何謂謀定？廢約之同時，我必備兵新疆、吉林、天津，以防俄國從陸路和海洋兩路來犯。左宗棠、劉錦堂皆陸路健將，足可抵禦。海路則責之李鴻章，戰而勝則酬以公侯之賞，不勝則加以不測之威。」

直到張之洞良久不再說下去，大家才知他的奏稿已宣講完了。張佩綸動情地說：「我說句決不是媚俗的話，香濤兄之摺，真乃光緒朝五年來第一摺也！」

「此話不為過。」潘祖蔭又從口袋裏摸出鼻煙壺來，在鼻孔邊死勁地嗅着。為聚精會神地聽張之洞的宣講，他已經很長時間沒有嗅鼻煙，此時彷彿全身散了架一般，再沒有這些粉末，他簡直就活不下去了。嗅了幾下後，精神復振，他搖頭晃腦地說，「『必改此議，不能無事；不改此議，不可為國』。這樣的警策之句，已是多年的奏摺裏所沒有了。」

張之洞聽了很高興，說：「究竟還是不可和伯寅部堂的『天下不可一日無湖南，湖南不可一日無左宗棠』相比啊！」

眾皆大笑起來。

潘祖蔭不無自得地說：「那是咸豐朝的警句，不用再提了，現在要的是光緒朝的警句。」

陳寶琛說：「我也擬了一個奏稿，但還未成文，聽了香濤兄的摺子，我深覺慚愧，回去後再好好地思索一番，要作大的改動。」

寶廷也說：「我和弢庵一樣，開了一個頭，也還未成文。」

李鴻藻摸着花白鬍鬚，帶着總結性的口氣說：「剛才香濤這個摺子，把不可同意伊犁條約的十條道理剖析得很深透，又將廢約的理由也說得有力量，尤其是明白地提出殺崇厚以杜俄人之口、強邊防以備俄人入侵，更是義正辭嚴，慮深謀遠。此摺上去，必定會得到皇太后的重視，但僅此一摺還是單薄了。剛才弢庵、竹坡說了，他們也正在草擬，依老夫所見，這次我們不再聯合上摺了，散會後每人都擬一個或幾個摺子，各自從不同的方面申述條約之所以不能同意的理由，並為皇太后多出點主意，多想點辦法。這樣，幾十道摺子遞上去，必然形成一股很大的力量，促使朝廷作出廢條約殺崇厚的決定。這是既關係國家利益的大事，又是讓各位才子名揚史冊的好事，務必要把摺子寫好！」既利國，又利己，清流黨首領的這句話，把大家的情緒再次調動起來，雲水堂的氣氛又活躍了。趁着這個機會，通渡忙進來對大家說：「膳堂裏的齋席早已備好，請各位大人老爺賞光！」

3 慈禧看到一個社稷之才

慈禧太后近來為伊犁條約這樁事在苦惱地思索着。

自從辛酉年開始親秉國政，到現在將近二十年了。這二十年的歷程，真可謂艱苦備嘗。好容易將國內戰亂漸次平定下去，外患卻日甚一日地壓頭而來。積二十年的經驗，慈禧深知外國人最不好對付，外事最不容易辦。她是一個秉性強悍的女人。辛酉年事變的發生，溯其原因，恰恰就是因為外國人的原因。倘若沒有先一年的英法聯軍入侵京師，哪有文宗爺倉皇秋獮木蘭？倘若不是受了那種罕有的恥辱和驚嚇，三十歲正當英年的皇上又何至於丟下她母子龍馭上賓？倘若兒子不是那麼小就即位，又何須甚麼顧命大臣？倘若沒有顧命大臣，又怎能有肅順等人的跋扈欺侮？幸而祖宗保祐，君臣同心，誅殺了肅順、載垣、端華，不然的話，還不知今日的局面會是甚麼模樣！二十年來每每想起當年那些充滿着驚濤駭浪的日日夜夜，慈禧心裏不免有點餘悸。這一切的原由，歸根結底都是因為洋人造成的。一提起洋人，慈禧便惱怒萬分，恨不得將那些藍眼睛高鼻子的番夷們千刀萬剮。

但是，剮洋人談何容易！庚申年的和談，連年不斷的教案，明明都是洋人無理，但到頭來，又都是中國吃虧。就說這次伊犁之事吧。當初俄國派兵進駐伊犁城，並非循中國之請，而是趁火打劫，意欲長期佔領。現在新疆收復，俄國理應從伊犁退兵，將它歸還中國，至於這些年來俄國在伊犁所耗的兵費，中國只能酌情出一部分，怎麼能以此為要挾呢？對於這些不公平的中外交涉，作為一個執政者，慈禧心裏當然清楚，這是因為中國弱洋人強的緣故。派遣崇厚出使俄國簽約的時候，慈禧心裏已存着必定吃虧的準備，但俄國的貪心這樣大，中國為收回伊犁城而付出的代價這樣高，她卻沒有料到。

現在崇厚已在俄國簽約了。他是欽差大臣，專為辦理此事而去，自然可以簽字。邸抄將條約內容公佈這幾天來，廷臣中反對者甚多，慈禧自己也不情願，有一種被人欺負的感覺。也有一部分人同意按條約辦，李鴻章是這一派的代表。他們的理由也不能忽視：簽而又廢，是出爾反爾，俄國人固然惱火，但各國對此也會有看法。俄人國力強大，一向橫暴，若以此為藉口挑起戰爭，中國不是對手，其損失必將更大。國家的軍事要務在東南海防，新疆乃荒瘠之地，於大局關係不大，眼下看的確是吃了虧，也只宜隱忍圖強，才是惟一出路。

對慈禧來說，這又是一道非常棘手的難題。皇帝尚只有九歲，當然不能讓他過問此事；慈安太后一向對軍國大事拿不出主意，商量也是白費功夫，參與軍國大事的王公貴族主要是兩個人：軍機處領班大臣六爺恭王奕訢和皇帝的父親七爺醇王奕譞。兩人於此事的看法截然對立：奕訢主張承認崇厚所簽的條約，奕譞堅決反對。

慈禧知道，在外事上，兩個王爺的態度歷來是針鋒相對的。奕訢主柔，意在羈縻；奕譞主硬，對洋人全面排斥。八年前，在天津教案的處理上，兩兄弟這種對立的態度表現得最為明顯。奕訢認為，天津教案曲在愚民不明事理，行動過火，中國應予以賠款、道歉、殺兇手、嚴辦地方官。奕譞則認為，津案完全是洋人引起的，津民是義民，不僅放火燒教堂做得對，而且要藉此良機，將洋人在北京的使館全部搗毀，將中國領土上所有洋人盡行趕走，永遠與洋人斷絕往來。權衡再三，慈禧還是接受了奕訢的意見，命令曾國藩按「柔」的原則儘快平息天津教案。結果，津案雖然較為平靜地處置了，但全國言論界一片嘩然，直接辦事人曾國藩得了個漢奸賣國賊的稱號，慈禧和奕訢的臉面上也很覺不光彩。相反地，奕譞則受到士人們的普遍讚譽，誇他是個愛國的賢王。

作為國家的最高主宰，伊犁條約使慈禧又一次被推到一個尷尬的兩難境地。

她心裏仇恨洋人，巴望中國永遠不跟洋人打交道，從而免掉無窮無盡的煩惱。因此她頗為欣賞奕譞的態度，打算拒不承認崇厚所簽的喪權辱國的條約。

她心裏也同樣害怕洋人，明白中國決不是洋人的對手，洋人也決不會放棄在中國所獲得的利益，那麼只有給洋人以好處，採取息事寧人的態度來換得洋人的歡心。因此，她也想採取過去那種以退讓求安寧的態度，承認崇厚所簽的條約。

當年只因處罰幾個地方官，曾國藩就被罵為漢奸賣國賊，現在將八萬平方里的土地割讓出去，這賣國賊的罪名不要千秋萬代傳下去嗎？慈禧想到這一層上，心裏又不安起來。她決定把此事交給王公勳戚、六部九卿、翰詹科道等全體廷臣公議。

廷臣們對此事反響強烈，摺子一道道地由內奏事處送到慈禧的手裏，除很少的幾道奏摺贊同崇厚外，絕大多數的奏摺都是持反對態度，其中尤以李鴻藻、潘祖蔭、寶廷、張佩綸、陳寶琛、吳大澂等人的言辭更為激烈。他們的態度很是一致：除開不贊成條約各款外，還要嚴懲崇厚。對於這些人的共同態度，乃至相近的用語，慈禧不感到奇怪。「清流黨」這個名目，她早已耳聞。

慈禧並不喜歡清流黨。那班子人仗着自己學問文章好，出身清華，高自標榜，傲視同僚。他們常常對朝廷作出的重大決策表示不滿，引來幾百年上千年前那些早已化為腐泥的死人的幾句話，和從發黃發黑的故紙堆裏搜尋前代舊事作為根據，批評朝廷這也不對，那也不對，以表示自己的高明；有時本來並不是甚麼大事，他們偏偏要上升到國家民族的大義上去，又常常抬出列祖列宗來為自己的言論撐腰打氣。慈禧對這些清流們的摺子討厭得很，經常看到一半便氣得摔到地下，心裏狠狠地說：「風涼話誰不會說，給件實事讓你們辦辦，看你們有幾多能耐，八成不如人家！」

清流黨的為人處世，慈禧也看不慣。他們高談甚麼存天理滅私慾等等，在慈禧看來，這完全是虛偽，世上的人有誰能真正做到？就衝着他們的首領李鴻藻不去弔唁她母親這件事，慈禧心裏就窩着一肚子氣。但是，慈禧又不能得罪他們。他們是按孔孟程朱之理在說話，在按列祖列宗之教在辦事。孔孟程朱、列祖列宗是不能唐突的。更重要的是，作為一個富有權術的統治者，慈禧深知這班子人在政壇上的必要性，她需要他們作力量上的平衡，更需要利用他們去達到自己不便公開表明的目的。

長毛平定後這十多年來，慈禧已隱隱地感到帶兵的將帥和地方的大吏有漸漸坐大的趨勢。曾國藩在世的時候，因為他本人對朝廷很恭順，使得別的立功將帥和督撫尚不敢放肆。自從曾國藩去世後，這種趨勢便日甚一日地明顯了，他們的總代表便是文華殿大學士、直隸總督李鴻章。李鴻章的功太大了，權也太大了，而且只有五十多歲，就像當年對待曾國藩一樣，慈禧對李鴻章，也是既重用又防範。李鴻章這些年來辦洋務，與洋人打交道，貽人口實很多，攻擊他最力的便是那班子清流黨。一讀到指責李鴻章的摺子，慈禧便來了興趣。她仔細閱讀，並記下李鴻章的缺失之處，然後，或在接見李鴻章時，略微點出一兩樁來，或乾脆將摺子發給他自己看，以此來打一打李鴻章翹起的尾巴，殺一殺他自以為是的氣燄。對李鴻章來說，這一招往往很起作用。

有些大員，或者觸犯了慈禧，或者慈禧對他聖眷已衰，於是慈禧便將所掌握的有關他們私德不佳的材料，通過各種渠道向清流黨透露一些，清流們得知後便立即上章彈劾。這些彈劾奏章正中慈禧下懷，一道諭旨下來，或降或革，障礙掃除了，又得到一個善待言路明察秋毫的美名。還有些實在惡劣的大官顯宦，那是敗壞朝政的蠹蟲，慈禧當然也痛恨，清流黨彌補都察院的失職，起來糾劾，查明後革職嚴辦，也是肅清朝政贏得民心的一樁好事。就這樣，慈禧一面利用實權在手的官吏們為她辦事行政，一面又利用御史和清流黨為她監督防範。十多年來，她靠玩弄這兩手來平衡政局，鞏固自己的地位。

現在，她決定採納大多數人的意見，並利用這班清流黨的激情來發洩自己對俄國人的惱怒。李鴻藻這批人不愧為飽學之士，又加之情感充沛，寫出來的奏章的確比別人的要精彩得多，慈禧讀起來也覺得有點興致，不像讀往日那些不對胃口的摺子那樣令她吃力。就連張之洞的長篇大論，她也從頭至尾地仔細看了，又特為將其中的要點再瀏覽一下。慈禧的記性很好，如此一閱一覽，張之洞這道摺子，便差不多完整地留在她的腦子裏了。一連讀了幾道摺子，實在是累了，慈禧朝門外叫了一聲：「小李子！」

「喳！」李蓮英應聲掀簾而入，彎下腰，以一種半男半女的特殊嗓音問着，「奴才在這兒哩。」

「咱們出外兒遛遛圈子吧！」

「喳！」

如同練過輕功似的，李蓮英快步疾趨，一瞬間便來到慈禧的面前，沒有發出半點腳步聲。他雙手攙扶起慈禧，輕柔而有氣力，使慈禧覺得很舒服。來到門邊時，李蓮英對着一個守候在旁的小太監說：「告訴大夥兒，太后要出外遛圈子了。」慈禧喜歡隨意散步，她管這種散步叫遛圈子。早晚飯後，她是必定要遛圈子的，平時坐久了，她也會走出暖閣外遛圈子。慈禧遛圈子時，只有李蓮英一個人陪着，而離她十來步外，則有一大班子太監跟着。這些太監有的端椅，有的拿傘，有的捧茶，有的背藥囊，最後一個小太監，則提着一隻漆得金黃發亮的馬桶。不管太后走遠走近，這班子太監都照例遠遠地跟着，儘管慈禧通常不用他們手裏的東西，但他們都絕對忠於職守，不敢有絲毫懈怠。

慈禧在養心殿後院慢悠悠地隨意走着，有時也將兩隻手輕輕地上下甩動。李蓮英緊跟在後，與她保持着一步的間隔。慈禧不召喚，他便一直這樣跟着，不遠不近，始終只有一步的距離，這是李蓮英多年練就的功夫。跟在太后的後面，看着她的走路姿態，這是李蓮英永遠也不會厭倦的最美好的享受。

西太后真美！李蓮英常常發自內心地這樣讚歎着。然而，太后畢竟也是四十多歲的人了，再怎樣精心打扮，眼角眉梢間的皺紋也無法抹平，與宮內許多年輕的妃子、宮女相比，太后無可奈何地要顯得略遜一籌。但如果從背面看，則不是這樣。太后至今沒有發福，她的勻稱的身段依然如妙齡少女樣的胖瘦得宜，她烏黑發亮的頭髮令許多如花似玉的宮眷自歎不如，尤其是她那花盆底下的步履，不偏不倚，不緊不慢，那一閃一扭的細腰，活像一條柳枝在擺動，真有說不盡的輕盈、優雅、婀娜多姿；若專比背影的話，西太后毫無疑問地要壓倒羣芳，獨佔魁首。

「小李子，上前來。」正當李蓮英陶醉於太后美麗背影的欣賞中時，慈禧召喚了。

他忙大跨一步，走到慈禧的肩旁：「奴才在這裏聽吩咐哩！」

「有甚麼好聽的事兒嗎？說一段給我聽聽。」

慈禧長年閉在深宮，成天看的無非是黃封奏本、歷代御批，以及大內的幾座宮殿和頭頂上那片窄窄的天空，成天聽的都是千篇一律的唯唯諾諾、沒有絲毫情感成份在內的請安問候，成天打交道的都是幾個身居高位的大員，以及身邊這一羣呆頭呆腦動作笨拙的太監和愁眉苦臉懷春不遇的宮女，於是在閒着的時候，她便叫李蓮英講點宮外的趣聞、市井的俗事和百姓的笑話聽聽，解解悶。

李蓮英知道慈禧的這個脾性，便時常打發宮內的太監到外面去搜集這些材料，貯藏在肚子裏，隨時應付垂詢，故而常常能使慈禧得到滿足；有些好聽的笑話，她聽後也會開懷大笑。笑話帶給慈禧的樂趣，要勝過大臣們送上的珍珠瑪瑙。這也是李蓮英能得到慈禧寵信的原因之一。

「奴才說個有趣的事兒給太后解解乏。」李蓮英緊挨着慈禧，用跟慈禧一樣長短的步伐一邊走，一邊口齒伶俐地說着，「前兩天，奴才奉命去軍機朝房辦事，恰逢軍機處各位大人在閒聊天。沈大人端着水煙壺咕嚕嚕地吸了兩口後，半瞇着眼睛對大夥兒說，我講個笑話給你們聽聽。於是其他幾位大人都不聊了，圍過來聽沈大人的。沈大人說，那年林文忠公在家宴請客人。宴席正要開始的時候，林文忠公忽接急報，出府辦公事去了。客人們等了半個時辰尚不見主人回來，餓極了，便不顧禮節，大吃大喝起來。林文忠公的一個幕僚看到這羣食客的狼狽吃相很是可笑，便想了一個主意來挖苦他們。幕僚說，大家邊吃，我給你們說個故事。」

李蓮英說到這裏，停了一下，他見慈禧在專心地聽，便繼續說下去：「前明洪武年代，有個大富翁，名字叫沈萬三……」

「沈萬三這個人我知道。」慈禧插話，「他的錢比朝廷的還多，結果被朱洪武給殺了。」

「正是，正是。太后真是甚麼都知道！」李蓮英忙恭維。他知道慈禧今天的興致極好，便有滋有味地說下去，「沈萬三之所以有錢，是因為他家裏有個聚寶盆。放一錠金子進盆裏，便立即有一盆子金子；放一顆珍珠進盆裏，便立即有一盆子珍珠。於是，沈萬三的錢財堆積如山，比朝廷的還要多。而他的鄰居卻是一個窮光蛋，常常愁吃愁穿。有一天又揭不開鍋了，他想起了沈家的聚寶盆，便與沈萬三商量，要借來用一用。沈萬三不肯，鄰居說盡了好話。沈萬三煩了，說，好吧，看在鄉鄰的份上，借你用一次，用完後立即歸還。鄰居歡天喜地把盆子拿回去。到家後他犯難了：家裏一樣值錢的東西都沒有，拿甚麼放到盆子裏去呢？他妻子抱着兒子站在一旁也幫着他想。兒子餓得大哭大鬧，很不安分，一不小心，掉進了聚寶盆。妻子忙把兒子抱出。兒子剛一離盆，盆裏又是一個餓得大哭的兒子；再抱起，盆裏還是有一個；一連抱起四五個，盆子裏還有一個大哭大鬧的兒子。鄰居氣道，先想弄出幾個錢來用用，卻不料拱出一羣餓癆鬼來！剛說到這裏，正在大吃大喝的客人們都哄堂大笑起來。」

「不錯！不錯！」慈禧也「哧哧」地笑出聲來，她用一條粉紅色的手絹掩住半邊嘴。「林則徐身邊竟有這等機靈的幕僚，難得。」

「奴才聽說，有些個督撫府裏的幕僚，比朝廷的命官還機靈，還能辦事。」李蓮英突然覺得這話似乎有點出格了，忙閉住嘴，一邊偷看太后的反應。

「是這樣的。據說當年曾國藩手下就有一大批會辦事的幕僚。」

見慈禧沒在意，李蓮英懸起的一顆心落了下來，忙恭維道：「奴才遠遠地見過曾國藩一面，滿朝都說他對太后忠心耿耿。」

「曾國藩是一個真正的社稷之臣，可惜死早了。」慈禧自言自語。她停住腳步，將目光停留在宮門前那棵千年古柏上良久，似乎在思索甚麼。「不說這個了，我要進去躺會兒。」說罷，轉過身子，向養心殿後門走去。剛走到東暖閣簾子邊，只見內奏事處的佟太監正捧着黃緞包裹的奏章匣子肅立一旁。李蓮英因為聽到剛才慈禧說了句「躺會兒」的話，估計她此時不想看，便對佟太監說：「太后要休息，過會子再送來。」

「誰的摺子？」慈禧一隻腳已跨進門，順便問了一句。

「外奏事處的趙老爺說，是司經局洗馬張之洞的。」佟太監恭順地回答。

「噢，張之洞又有摺子。」慈禧將另一隻腳停住，想了一下說，「遞上來吧！」

「喳！」佟太監答應一聲，跟在李蓮英的後面，隨着慈禧進了東暖閣。

李蓮英輕輕地問：「太后，您不休息了？」

「我在床上躺着，你唸給我聽。」

兩個宮女上來，將慈禧扶上床，脱掉鞋子，又去掉外褂，然後給她蓋上一件薄薄的赭黃色絲被。慈禧半躺在鳳床上，微微地閉上眼睛，對李蓮英說：「唸吧！」

李蓮英接過佟太監遞上的奏章匣，打開黃緞，從匣子裏取出張之洞的奏章來，一字一句地唸着：

「詳籌邊計摺。竊臣於本月初五日曾上一疏，備論俄約從違利害。臣前疏之意，以急修武備為主。竊揆朝廷之意，亦未嘗不以修武備為是，而似不免以修武備為難。」

慈禧的雙眼睜開了一點。張之洞這幾句開頭語正說中她的心思。武備是要修，但不容易修，且聽這個洗馬如何說。

「二十年來邊備一無可恃，遂覺中國大勢斷不足以禦強鄰，不得已而講和。臣愚以為無備則不能言戰，無備則不能講和。」

「是的，無論戰與和，都得有備。」慈禧在心裏點了點頭，贊同這兩句話。

「臣愚以為，今而言備，當有可備之兵，可備之人，可備之餉。」

慈禧聽到這裏，坐了起來，說：「『兵』和『人』的話不必唸了，你把『餉』這段唸給我聽聽。」

「喳！」李蓮英的目光在奏章上迅速地瀏覽着，然後盯在籌餉這段上：「籌餉若何，北洋所需，本有海防經費，新疆所需，本有西征專餉，東三省餉項可於南洋海防經費，或於各關提存二成內酌撥。」

海防經費，西征專餉，關稅提成，這些還用你張之洞來說嗎？慈禧的眼睛重新微閉起來，且耐着性子聽下去。

「邊防各重鎮增兵之餉從何而來？各省營勇現存不下數百營，臣以為節腹地之虛糜，即可供邊軍之騰飽。擬請敕下各省督撫酌量裁撤，大約汰四存六，而邊餉出矣。」

各省營勇截去四成！這是個主意。內地戰事早已平定，但各省仍保留着大量兵勇，不僅耗去大批錢糧，且惹是生非，又無形中助長疆臣坐大的氣燄。慈禧早已對此很不滿，但苦於難以處置，現在正可借防俄之題目來做這篇文章。慈禧的雙眼重新睜開了。

「此外，若倍征洋藥稅，歲可得三四百萬。」加倍徵收洋藥關稅，榨一下洋人。慈禧在心裏想了一下，不覺高興得說出了口：「這是個辦法！」「第三，酌提江廣漕折運腳，亦可得二三十萬。第四，整頓淮綱，杜絕私商，所得亦不下四五十萬。」

「不要唸了，我自己來看！」慈禧一挺身從床上坐起來，慌得宮女們忙上前給她披衣服，李蓮英趕緊把摺子遞過去。

慈禧接過摺子，將下面未唸部分飛快看下去：「籌餉事理，尤在度支得人，侍郎閻敬銘長於綜核，理財有效，朝野咸知，今雖養痾山居，並非篤老，閻敬銘之心何嘗一日忘天下哉！若蒙溫旨宣召，動以時艱，諭以大義，該侍郎豈忍堅辭？得閻敬銘以理度支，朝廷當不憂匱餉矣！」

慈禧心裏猛地一震，放下摺子，歎道：「不料張之洞一個清流，竟有經濟之才！」

原來，這些年來慈禧鑒於洋人的欺凌，很想把大清的軍隊訓練得強大起來，無論是東南的海防軍，還是西北、東北的塞防軍都應強大。中國不缺兵：百萬兵丁，招之即來；也不缺統兵之將：李鴻章是海防的好首領，左宗棠是塞防的強統帥。要想加強軍事，眼下最缺的是餉項，是銀子。各省不是報災，便是哭窮，應該向朝廷上繳的賦稅一拖再拖，一減再減，每年能上交五成，就算好督撫了。戶部面對這種局面束手無策，又想不出生財之道。許多強兵的好設想，皆因戶部無錢而告吹。

張之洞提出的籌餉之策，不僅為當前防備俄國提供了餉銀的保證，而且也為今後的強兵強國開闢了多條財路。尤其重要的是，他提醒了慈禧，應該儘快起用閻敬銘。閻敬銘是一個理財能手，這點慈禧早就知道，但此人性格古怪，幾年前便因與同僚合不來，辭去工部侍郎的職務，回籍養病去了。這些年來，慈禧的腦子裏也漸漸地將閻敬銘給忘記了。是的，應該儘早起用！

清流黨中的張之洞，居然能夠關注經濟，注重實務，誠為難得。慈禧彷彿從張之洞的身上看到當年曾國藩的影子。朝廷需要能辦事的良吏，也需要講風骨的賢臣，若有人能像曾國藩一樣，兼良吏與賢臣於一身，那就是真正社稷之才。張之洞是這樣的人才嗎？慈禧頭靠在精美絕倫的鳳床花格上，開始思索起來。

清朝的規矩，皇帝不召見四品以下的官員。因此，從五品的司經局洗馬張之洞儘管為官近二十年了，卻沒有得見天顏之機。若是一個尋常的五品小官，慈禧自然不可能有印象，但張之洞不同尋常。他為官之初，便得到過慈禧的格外聖眷。近二十年來，慈禧的目光也時常在關注着他。

這中間的緣由，要說起來，話就長了。

4 慈禧欽點張之洞為癸亥科探花

道光十七年，張之洞出生於父親張瑛的任所——貴州興義府的知府衙門裏。

張瑛的祖上在明永樂年間，由山西洪洞縣遷到直隸，後定居南皮縣。明清兩朝，南皮張家都出過不少官員。張瑛的曾祖、祖父均做過縣令。張瑛本人二十歲中舉，但接連三科會試未第。清代定制，三科未第的舉人可以得到一種優待，即這類人再進行一次考試，其中成績一等者享受進士待遇，外放知縣。這種選拔方式，叫做舉人大挑。張瑛即因大挑而放到西南邊隅貴州安化縣，後遷古州同知，積勞擢升興義知府。

張之洞天資聰穎，在父親、塾師的嚴格督促下發憤讀書，十三歲便一舉考取秀才。十六歲那年他來到原籍參加順天鄉試，高中第一名。鄉試的第一名又稱解元，十六歲的少年解元，在科舉史上極為罕見。有多少讀書人年屆不惑，還在為取得生員的資格焚膏繼晷；又有多少讀書人，兩鬢斑白還在為舉人的功名伏案苦讀。而張之洞，只用了十六年的光陰，便順利地邁過許許多多人一輩子還走不完的科場苦旅！一時間，這個出生在知府衙門裏的小少爺成了全國矚目的神童。

不料此後的十年，神童張之洞在通往會試的途中卻連遭不利。先是太平軍的北伐部隊進逼直隸，京師震動，寄居親戚家的張之洞無法在京師安心讀書，便離京回到父親任職的興義府。接着，興義府被受太平軍影響而起事的鄉民所包圍，失去了讀書的安靜環境。不久父親病故，他必須守喪三年。喪期滿後，正遇上己未科會試，張之洞正擬參加，孰料他的族兄張之萬被派為會試同考官，他不得不循例迴避。他的這位族兄張之萬可不是一個簡單人物，是道光丁未科的狀元。丁未科在近代史上被稱為名科，因為這一科裏考中李鴻章、郭嵩燾、沈桂芬等人，張之萬的試卷壓倒這些名流，可見他必有過人之處。第二年，朝廷為咸豐帝三十歲舉行萬壽恩科，張之萬又被派為同考官，張之洞無可奈何地再次迴避。

待到同治元年，好不容易進京參加會試時，距中舉已是九個年頭了。因為少年科場的順利，因為九年的意外折騰，也因為有這位狀元族兄的榜樣在前，從小抱負甚大、自視甚高的張之洞，決心要在這次會試中大魁天下。他極用心地做好八股文、試帖詩，文章花團錦簇，詩句珠圓玉潤。他對高中懷着必勝的信心。他的試卷落到一個名叫范鶴生的房師手裏。范鶴生見到這份試卷激賞不已，認為文筆有《史》《漢》之風，亟力向主考官推薦。卻不料主考官並不賞識，張之洞落第了。范鶴生為之惋惜，親到張之洞下榻的客棧看望。范師是個性情中人。他一面安慰門生不要灰心，明年恩科再來，一面又為科場誤人的歷史和現狀憤憤不平，說到動情處，淚流滿面。張之洞心中十分感激。

那時，張之萬正署理河南巡撫，便邀請族弟來開封居住，一來好溫習經史，二來也可幫衙門擬點文稿，藉以歷練。張之洞代族兄起草了幾份奏摺都很得體，其中尤以一道關於漕務的奏疏寫得更好，受到慈禧的嘉許。她在奏疏上親自批了八個字：直陳漕弊，不避嫌怨。張之萬一直因自己兩度做同考官，使得張之洞失去兩次會試機會而不安，見到硃批後心想：不可埋沒族弟的功勞，應該告訴太后，使太后對族弟有個好印象，這對於下科會試的錄取和今後的仕途都有好處。於是，張之萬在不久後的另一道摺子裏，順便提到了漕務之摺乃族弟張之洞所擬。就這樣，身居深宮的慈禧太后第一次知道世上有個見識和文筆都不錯的張之洞。

第二年，躊躇滿志的張之洞再次會試，詩文比上年更加光彩耀目。人世間也真有巧事。范鶴生這年再度出任閱卷官，而張之洞的試卷則又一次落到他的手裏。儘管名字被糊去，但精於辨文的范鶴生一讀便知這是場屋中最好的文章。他給予很高的評價，又四處揄揚，極力薦舉。發榜時，張之洞被取中一百四十一名貢士。當張之洞的名字被高聲唱讀時，范鶴生又驚又喜，欣慰無比。復試時張之洞心情極好，臨場才思泉湧，竟然榜列一等一名。幾天後殿試對策。策論的題目是：制科之設與國家拔取人才論。這是一場決定進士等級的重要考試。少年得志的張之洞發抒胸臆，不襲故常，恨不得將平生才學和滿肚子要說的話一古腦倒出來。他指出當今人才缺乏，是因為太拘資格，科目太隆，又加之捐納雜駁，魚目混珠，故朝廷下詔天下推舉將才時，應者寥寥。又直言當今天下大患在貧，吏貧則黷，民貧則為盜，軍貧則無以為戰，請求皇上親倡節儉，除積習，培根本，厚風俗，養民生，致富裕。

張之洞只圖直抒心聲之痛快，卻不料作為一篇場中之文，已大大出了「四平八穩」的常格，大多數閱卷官不喜歡這道策論，主張將其列為三甲之末。然而主考官、大學士寶鋆卻很欣賞。他力排眾議，將張之洞列為二甲之首，即第四名。按慣例，主考官將前十名進呈皇帝，由皇帝親自圈定名次。通常皇帝都不作改動，按主考官所呈上的名次圈定。但剛剛垂簾聽政的二十八歲的慈禧太后，卻不是一般的執政者，她頗思有所作為，並有自己的一套主張。

青年時代的慈禧頭腦明白，辦事認真。和清朝歷代當國者一樣，她對科舉也十分看重，不僅僅是為了籠絡讀書人的心，也的確希望從中選拔出真正的人才來，使之經過一段時期的歷練後，成為國家的幹才。她仔細閱讀了張之洞的應試策論，並不覺得文章有甚麼出格之處，至於直指時弊，則更為難能可貴。慈禧記起幾個月前他代河南巡撫所擬的關於漕務的奏疏，聯繫到他十三歲進學、十六歲領解的經歷和父死任上、族兄狀元的家風，隱隱地覺得這道策論的主人，正是一個可堪造就的人才，便提起硃筆，將張之洞的名字由第四名勾到第三名。不要輕看了這一個名次之差的改動，它的意義真可謂非比尋常。

原來，殿試錄取的進士分為一甲二甲三甲三等。一甲三名，俗稱狀元、榜眼、探花，又稱該科鼎甲，瓊林宴上，單獨坐席位，用的是銀碗玉箸。其他的進士則八人一桌，用的是磁碗竹箸。出午門遊金街後，眾進士要送他們三人先回寓所後，才各自回到下榻處。不僅風光不同，出身有別，更重要的是實惠相差甚大。

所有進士都想進入翰林院。翰林清華，遷升又快，最為士人所羨慕。一甲三名可免試直接進入翰林院，授修撰或編修之職，而二甲、三甲則要通過朝考後擇優錄取，三年後散館再授編修或檢討之職，在年資上低了三年。這樣，一甲三名所佔的好處就大為超過二甲和三甲。

金榜張貼之後，欣喜萬分的張之洞按慣例去主考寶鋆府上謝恩，寶鋆遂把慈禧改動名次一事告訴了他。張之洞受慈禧如此重的恩眷，真有肝腦塗地無以為報之感。就是從那一刻起，年輕的癸亥科探花心裏湧出一股強烈的情感：今生今世永遠忠於太后，忠於朝廷，鞠躬盡瘁，報效國家！

拜謝了主考寶鋆後，張之洞又來到房師范鶴生的家裏，感謝他的兩度知遇之恩。白髮蒼蒼的范鶴生見到這位英氣勃勃的新門生哈哈大笑，說：「不謝，不謝！若真要言謝的話，我倒是要感謝你。是你的才華和造化，給我這個老頭子在科場上留下一段佳話。我范鶴生平生一無所成，不因為有了你這個門生，後人哪裏會知道我。香濤呀，那天揭開糊名後，眾人見又是你，滿闈歡呼。紛紛向我恭賀，都說這是本朝從沒有過的異事。王少鶴奉常說，人生有此之樂，勝過得仙！我聽了這話，愈加高興，寫了幾首小詩，給你看看。」

老頭子從屜子裏拿出一紙信箋出來，遞給張之洞。張之洞雙手接過，看那上面寫了四首七律：

十年舊學久荒蕪，兩度春官愧濫竽。
正恐當場迷贋鼎，誰知合浦有遺珠。
奇文共說袁子才，完璧終歸藺大夫。
記得題名初唱處，滿堂人語雜歡呼！

苦向閒階泣落英，東風回首不勝情。
亦知劍氣難終閟，未必巢痕定舊營。
佳話竟拼成一錯，前因遮莫訂三生。
大羅天上春如海，意外雲龍喜合併。

一謫蓬萊跡已陳，龍門何處認迷津。

適來已自驚非份，再到居然為此人。
歧路劇愁前度誤，好花翻放隔年春。
羣公浪說憐才甚，鐵石相投故有神。

此樂何應只得仙，太常箋語最纏綿。
早看桃李森佳殖，翻為門牆慶夙緣。
名士愛才如共命，清時濟治正需賢。
知君別有拳拳意，不獨文章豔少年。

張之洞捧着這一頁載着滿腔愛才之情的沉甸甸的信箋，激動得兩眼閃動着淚花。回到寓所後，他徹夜難眠，寫了三首五律，答謝范師的如山之恩、如海之情。

十八瀛洲選，惟公薦士誠。
不才晚聞道，因困轉成名。
已賦從軍去，重偕上計行。
天知陶鑄苦，更遣作門生。

滄海橫流世，何人惜散才。
嶔奇為眾笑，湔袚有餘哀。

疊中憑摸索，孤生仗挽回。
韓門多徹喜，應恨不同來。

十載棲蓬累，輪囷氣不磨。
殿中今負扆，江介尚稱戈。
一介雖微末，平生恥媕娿。
心銜甄拔意，不唱感恩多。

范鶴生讀了張之洞的這三首詩後懇摯地說：「寫得好，寫得好！我知道你有大丈夫之志，不是尋常之才，『知君別有拳拳意，不獨文章豔少年』，說的就是這個意思。你今後若能成為國家的棟樑柱石，那就是對我的最大的報答了。」

張之洞說：「門生一定會把恩師的訓示刻在心上，一輩子謹記不忘！」

不久，這段佳話傳到慈禧耳裏。慈禧也很高興，特賞范鶴生楠木如意一柄，以示對他一片公心為國掄才的獎勵。

四年後，張之洞出任浙江鄉試副主考。他以范師為榜樣，盡職盡心地為國家選拔人才。浙江鄉試結束後，張之洞奉旨放湖北學政。三年學政生涯，他本着「不僅在衡校一日之長短，而在培養平日之根柢；不僅以提倡文學為事，而當以砥礪名節為先」的宗旨，整頓湖北學風，創立了經心書院，引導士人研習經學、史論、詩賦、雜著，提倡經世致用之實學。湖北學政任期滿後，張之洞回到翰林院。又過了三年，他外放四川鄉試副主考。考試結束後，留在四川任學政。督學四川期間，他一本湖北學政時的宗旨，倡導樸素實用的學風，並創辦了尊經書院。就是這座尊經書院，日後造就了巴蜀之學，對中國近代的學術風氣影響甚大。

光緒二年，張之洞結束四川學政之任，重返翰苑。在浙江巡撫和四川總督的奏疏中，慈禧太后知道張之洞在勤勉供職，實心辦學。張之洞回到京師後，關心時務，勇於言事，他的名字常常與李鴻藻、張佩綸等人的名字一道播於人口，慈禧自然知道他。而給慈禧印象最深的，還是今年五月間在那樁轟動朝野的屍諫案中，張之洞的卓越表現。

五年前，年僅十九歲親政剛剛一年的同治皇帝載淳忽染重病，慈禧為此心急如焚。十多年來，慈禧一心指望把兒子培養成為一個剛強決斷、敢作敢為的帝王，就像開基創業的列祖列宗那樣，幹出一番轟轟烈烈的大事，一洗道咸以來的疲憊懦弱，重振大清王朝的雄風。兒子親政以後，頗有幾分母親的英豪之氣，慈禧心中寬慰，她決定還幫襯兒子幾年，直到他完全成熟，能獨立無誤地處理國事為止。誰知兒子病入膏肓，一臥不起，當御醫悄悄把實情告訴她的時候，一個重大的不容展緩的現實問題迫使她壓下心中的巨大悲痛，冷靜下來思索着誰來接替帝位的頭等大事。

同治皇帝沒有兒子，按照子以傳子的家法，應當在他的侄兒輩裏挑選一個人出來，但他沒有親兄弟，也就沒有親侄子，挑選的目光不得不擴大到道光皇帝的曾孫輩，即咸豐皇帝親兄弟的孫輩上。咸豐帝孫輩為溥字輩，溥字輩至今只有咸豐帝長兄奕緯的孫子溥倫一人，但溥倫又不是奕緯的親孫。奕緯無子，繼承他爵位的乃是乾隆皇帝十一子永璘的曾孫奕紀，溥倫是奕紀的孫子，血統已經很遠了。顯然，溥倫不是合適的人選。

慈禧排除溥倫之後，目光便只有放在道光帝的孫輩即咸豐帝的親姪輩——載字輩。載字輩眼下只有三人，即十八歲的載澂、十一歲的載瀅和四歲的載湉。載澂是恭親王奕訢的長子。提起載澂，慈禧不由得滿腔怒火。認真地說起來，她的寶貝兒子就是被這個載澂給害死的。

載淳登位後仍在上書房讀書，時為議政王的奕訢把兒子載澂也安排在上書房讀書，名義上是為載淳做伴讀，實際上是為兒子創造一個從小便與皇上關係親密的環境，為兒子今後在政壇上打下堅實的基礎。載淳、載澂這對堂兄弟由於年齡相仿，性格相投，一天到晚形影不離，親密異常。幾年後，兄弟倆都長大了。奕訢的目的正在順利地實現過程中。載澂不是皇帝，他不受宮中的約束，常常可以回恭王府去，也常常讓王府的下人陪他到市井上遊玩，所以他知道皇宮外好吃好玩的東西多得很。他偶爾也會把這些說給堂兄聽，惹得終日困在紫禁城中的少年天子豔羨不已，央求堂弟帶自己去外面看看。載澂買通了載淳身邊的宮女和宮裏管鎖鑰的太監，兩兄弟換上青衣布帽，由小門出了宮。

十七八歲的皇帝第一次看到了市井的繁華、店鋪的熱鬧和人們發自真情的歡聲笑語，吃了不少遠勝御膳的民間小吃。他彷佛覺得，此刻自己才算得上一個真正意義上的人，而宮中的那些刻板的程序，則好像在表演做戲，宮中的一切人物，又好像沒有生氣沒有靈魂的陶俑木偶。多出了幾次宮後，載淳的膽子大了，知道的也更多了。他居然聽說了有專供男人玩樂的妓院，要載澂帶他去領略領略。載澂先是不敢，後來經不起他的軟磨硬逼，自己也動了心，便帶着當今的九五之尊去逛窯子。高等的不敢去，怕在那裏遇到認得他們的王公貴族，只好專揀小民去的下等妓院。不想只逛了兩三次，載淳便染上惡疾。後來載淳出了天花，御醫私下告訴慈禧：皇上是天花和惡疾併發，無法治癒。慈禧大出意外，後來審出原來是出自載澄的勾引，慈禧真狠不得剝去載澄的皮。只是礙於皇家的體面，才不得不免懲載澄。這樣的人還能立嗎？即使將害死兒子的深仇大恨丢在一邊，單就行為放蕩這一點便不能為人君了！

載瀅是奕訢的次子，但慈禧很不喜歡這個小侄兒。人長得尖嘴猴腮，長年累月藥不離口。十一歲的小子了，個子不及一個八九歲的丫頭片子。何況他的生母他他拉氏懦弱無能，慈禧瞧不起她。這樣一個人，絕對不是執掌大清朝政的人才。

那麼只剩下一個載湉了。載湉是七爺奕譞的兒子，長得清秀活潑，惹人喜愛。他只有四歲，是一棵剛出土的小苗，完全可以按照自己的意願來培育。除此之外，載湉還有一個任何人所缺乏的先天優勢：他是慈禧的胞妹所生。因為此，慈禧決定不惜冒違背祖制的風險，也要把載湉抱進宮來。想起十多年來垂簾聽政親握朝綱，王公貴族、文武大臣莫不匍匐聽命，國家大計、皇族事務盡皆聖心獨裁，慈禧心裏得意不已。這個自小便有着強烈權力慾望的女人，把這種風光視為生命的真正價值所在。繼位的皇帝還得有十四年的讀書學習時間，在未來的十四年裏，她可以憑藉進一步熟練的政治手腕和愈加鞏固的心腹集團，把昔日的風光展現得更加耀眼奪目。

東太后慈安缺乏從政的能力，從辛酉年起一切大小國事無不聽從慈禧。當慈禧將自己對立嗣一事前前後後的思考告訴她時，對違背祖制這一點，她雖覺為難，但也提不出反對的理由：因為慈禧的考慮是對的。將丈夫傳下來的皇位送給一個血統疏遠的姪孫，她也不樂意；要説違背祖制，辛酉年的兩宮垂簾聽政就是違背祖制的事，作為正宮皇后，她是此舉的帶頭人，時至今日，還只有不提祖制為好。何況，穩固大清江山，這才是第一位的大事，慈安深知慈禧的政治才能和自私本性，讓她的親外甥來坐天下，她必定會如同輔佐自己的親兒子一樣地輔佐他，這對大清王朝來說只有好處沒有壞處。載湉進宮繼位，事情就這樣定了。實行了兩百餘年、十代一脈相傳的子以傳子的愛新覺羅家法，便由這個出自葉赫那拉氏的女人給中斷了。

下一步的第一件要事，便是召醇王奕譞進宮，告訴他這個決定。自己的兒子就要做皇帝了，奕譞怎會不高興！但如同他的兩個兄長咸豐帝和恭王一樣，醇王的秉賦也是脆弱的。他一怕皇族指責他違背祖制，二怕奕訢嫉妒，三怕日後作為皇帝本生父與兩宮太后特別是與慈禧的關係不好處理，歷史上因為此而生發出的皇家悲劇的前例不少。慈禧仔細考慮奕譞的顧慮後授給他一個錦囊妙計。於是，史冊上便有這樣的記載：事先一點不知內情的奕譞，和幾個近支親王及軍機大臣一道進宮，跪聽兩宮太后宣佈嗣君的慈諭。當得知自己的兒子入選後，奕譞叩頭痛哭，頓時昏厥在地，被人抬回王府。蘇醒後一再請求兩宮太后收回成命。未獲允後第二天上疏：請開缺一切差使，為天地留一虛糜爵位之廢王，為宣宗成皇帝留一頑鈍無才之子。第三天再上疏：只保留醇王一個空爵位，今後永遠不再增添任何銜頭，為防止將來有小人幸進，請存此疏，以為憑證。

載湉繼位的窒礙之處都疏通了，就只有一件大事難以疏通，這便是同治皇帝的後嗣問題。一個普通的老百姓若無兒子，尚可以過繼他人之子為子，何況一個坐了十多年天下的皇帝，難道死了就死了，連個繼承香火的人都沒有嗎？作為親生母親，慈禧也不願看到兒子死後如此淒冷，於是匆忙之中作出一個決定：日後載湉生有兒子，即為載淳的嗣子。在載淳去世的當天，以兩宮太后的名義頒佈了一道懿旨：

「載湉承繼文宗顯皇帝為子，入承大統為嗣，俟嗣皇帝生有皇子，即承繼大行皇帝為嗣。」緊接着便在太和殿為載湉舉行登基大典。

奕訢對選載湉而不選他的兒子為帝，心中很是不快。一則兩宮太后已定，作為臣子他不能反對；二則奕譞以後的一系列表演，也堵住了他的嘴，不好再出怨言。奕訢不反對，咸豐帝的另外三個無權勢的弟弟自然也不能反對了。幾個支系較近的王公雖然對慈禧立載字輩不立溥字輩大為不滿，但既成事實，他們反對也無用，況且他們也知道慈禧的手段，得罪了她，也不是件好事。於是這五年來，皇室內部倒也相安無事。

其實，相安無事只是表相，內裏並不平靜。載湉登基後不久，皇室裏便在私下議論一件事了。他們說，懿旨上講俟嗣皇帝生子即承繼大行皇帝為嗣，這裏的意思很含糊。若僅僅只是繼嗣的話，則如同普通老百姓，只繼香火，不繼大統；但大行皇帝的神主今後是要入太廟的，進太廟祭祖只是天子才有的權利，別人沒有，如此說來，大行皇帝的神主今後依然沒有屬於自己的兒孫祭拜，繼嗣變為一句空話。若繼嗣即繼統的話，今後皇上的長子即大行皇帝的嗣子，也即太子，這就犯了大忌。

原來，清朝的建儲制度與歷朝不同。清朝開國之初，原本和歷朝一樣，先立太子。康熙皇帝早年時先立下了太子，後來引起許多政治糾紛，以至於太子立而又廢，廢而又立，諸皇子之間為着皇位爭鬥不已。鑒於此，康熙晚年立下一條規矩：不預立太子。皇帝認準那個皇子後，寫上他的名字秘藏乾清宮正大光明匾後。皇帝死後，將他身上藏的傳位密詔，與從正大光明匾後所取下的名字相對照，由皇室近支親王和朝廷大臣共同驗明無誤後再行公佈。

康熙這個決定的確非常英明，不僅杜絕了皇子內部的爭奪，也讓皇帝有一段很長的時間對諸子進行考察，以便擇賢而傳。無論是對皇室內部，還是對國家而言，這都是有利的。故從康熙之後歷代都堅決奉行，不能改變。

因此，預立太子，是絕對不能做的事。那麼，懿旨到底說的是甚麼意思呢？

這樁事，大家也只是這樣議論而已，誰也沒有提出來，因為一旦提出來，也難以妥善解決。

因立載湉而帶來的這個兩難之處，慈禧後來也很快意識到了，她也覺得難以處置，只好採取一種姑且這樣擺着以後再相機行事的態度。

不料，這個兩難之題卻讓一個皇室之外的人給捅出來了。

五月初，廟號穆宗的同治帝的陵墓已建好，朝廷舉行了隆重的穆宗梓宮永遠奉安大典。吏部有個主事名叫吳可讀，是個年過花甲的老頭子。主事是個六品銜的小官，本夠不上奉安資格，但吳可讀苦苦哀求，只好讓他參加。典禮完畢，在回京的半途，吳可讀忽然上吊身亡，大家從他的身上搜出一份遺摺來。遺摺講的正是皇室內部所議論的事。摺子上說，當時穆宗大行時，太后的懿旨只講繼嗣而沒有講是繼統，歷史上曾有繼嗣而不繼統的先例，甚至有為爭奪皇位繼承權而殺害先帝嗣子的事，為不讓大統旁落，請太后立即為穆宗立下嗣子，並說明嗣子即嗣君，日後皇上即使有一百個皇子，也不能再覬覦皇位。

吳可讀自知披了龍鱗，將來日子不好過，便乾脆一死了之，來了個大清朝絕無僅有的屍諫。面對着吳可讀這份遺摺，悲憫、惱怒、委屈、為難，種種況味，一齊湧上慈禧的心頭。

這個死老頭子倒也是真心真意為她的兒子着想的，希望穆宗有子息，希望穆宗的子息世世代代繼承皇位。若是一個通常的皇太后，對這樣忠心耿耿的臣子真是要感激不已，悲憫不已。慈禧當然有這種通常皇太后的心情，但是，立載湉是她決定的，眼下的朝政是她在掌握，東南大亂才剛剛平定，西北戰事還在進行，外患日甚一日，迫切需要的是政局穩定，上下一心，這個鬼老頭子的遺摺豈不是無事生事，挑起皇室的矛盾，引起內外臣工的不安嗎？慈禧心裏委屈地想着：當初立載湉，難道就完全是私心嗎？這幾年的相安無事來得容易嗎？擇統一事有幾多麻煩，你一個小小的主事哪裏能知道皇室內部複雜的情況。既然不知，就不必多言；即使有話要說，也可以託人上道密摺。現在來個屍諫，逼得我非得公開答覆不可，而這事又如何答覆呢？你說給穆宗立即立嗣，立誰呢？

一想到這裏，慈禧心頭猛地一亮：眼下近支王公裏溥字輩只有載澄的兩歲兒子溥倬，吳可讀的意思是要立溥倬為嗣。如此說來，他是在為老六說話？老六沒有為兒子爭到帝位，現在借吳可讀的老命來為孫子謀帝位？

「哼，別想得太好了！」慈禧咬了咬牙關，斷然作出一個決定：將吳可讀的遺摺公之於眾，讓王公大臣、六部九卿、翰詹科道都來議論議論，她要藉此看一看恭王府的反映，也要藉此考查一下朝廷中有沒有實心替她排難解紛、有識有謀的能幹人。

但出乎慈禧意外，恭王府一點反響都沒有，近支其他王府也不見明顯動靜。廷臣們則認為，無論是立嗣也好，還是立統也好，都是皇室的家事，外人如何能多嘴？過了好幾天後，才有協辦大學士徐桐、刑部尚書潘祖蔭、工部尚書翁同龢等人上了幾道摺子，都說吳可讀此舉不合時宜，為穆宗立嗣一事早有明諭，不應再挑起事端。這些話自然是慈禧所願意聽的，但她總覺得沒有說到點子上。直到看到張之洞的奏摺後，她才滿心欣慰。張之洞逐條回答了吳可讀的挑釁。

首先，張之洞明確闡發五年前兩宮太后的懿旨：立嗣即立統。如此，吳可讀所言穆宗大統旁落一說便不能成立。其次，今後穆宗的後嗣即今上的親兒子，既是自己的親兒子，那就決無加害的道理。吳可讀的顧慮是多餘的。第三，不能按吳可讀所言，預先指定一人既繼嗣又繼統，因為這違背了家法。最後，張之洞歸結為一點：今上日後「皇子眾多，不必遽指定何人承繼，將來纘承大統者即承繼穆宗為嗣。此則本乎聖意合乎家法，而皇上處此亦不至於礙難」。

慈禧讀完張之洞這篇奏疏後不禁長歎：用這樣簡潔而明晰的語言，把吳可讀遺摺中提出的立嗣立統的複雜難題，剖析得如此清楚，既深知自己心中的難處，又把當初匆匆發下的懿旨的隙漏彌補得天衣無縫；自己想說而又說不透的道理，竟被此人講得這等圓滿無缺，真可謂難得。滿朝臣工中，這樣的人才實在太少，應該提拔！

慈禧正尋思着找一個合適的官位提拔張之洞，卻不料伊犁事件接踵而來，而張之洞在此中又一次顯露出眾的忠心和才幹。看來，提拔一事，不能再延緩了。

慈禧想到這裏，毅然決然地掀開被子，走下床來，慌得眾宮女忙給她穿衣繫帶。她在房間裏慢慢地移動着腳步，腦子裏又浮出辭世七八年的曾國藩來。她知道，當年道光爺曾破格將年僅三十七歲的曾國藩由從四品連升四級，使得曾國藩對皇家感恩不盡，才有日後耗盡心血死而後已的三朝忠臣。是的，應該像道光爺那樣，破格提拔張之洞，讓他感受到朝廷的特別隆遇，日後像曾國藩那樣加倍回報自己。

不過，慈禧至今未見過張之洞，沒有聽他說過話。他長得如何呢？他的氣概好嗎？他的應對敏捷嗎？他是不是像曾國藩那樣有着朝廷大臣的風度，具備安撫百姓震懾羣僚的威儀？

召見張之洞！慈禧在腦子裏迅速作出這個決定。儘管祖制規定當國者不召見四品以下的官員，但連執政立統這樣的大事，都敢於突破祖制，這個小小的規矩在慈禧的眼裏又算得甚麼！

5 原來張之洞短身寢貌，慈禧打消破格提拔的念頭

午後是養心殿白天最為安靜的時候。當張之洞跟在李蓮英的後面，跨過遵義門的門檻，一眼看到前庭正中那座古老黝黑的鐵鐘塔時，心裏立時充塞着一種神聖整肅之感。他稍停片刻，正了正頭上的晶頂圓帽，撫了撫身上佩有白鷳補子的八蟒五爪長袍，長長地吐了一口氣，用力定了定神，然後邁着如常的步伐，穿過前庭，進入正殿，在東暖閣黃緞門簾前微微彎腰站定。

李蓮英掀簾進去了。一會兒，他又來到門邊，掀開大半邊簾子，對着張之洞輕聲地說：「進去吧！」

張之洞的心猛地急跳起來，熱血迅速湧向腦門。馬上就要親眼瞻仰威鎮天下的西太后了，他怎能不又興奮又激動又緊張呢？這種亢奮情緒，從昨天中午奉旨以來便一直浸透着他的全身。自從同治二年進翰苑，至今已整整十六年了，除外放學政六年外，幾乎天天與這個女人在打交道，向她奏報各種大大小小的事情，奉行她發下的數不清的懿旨，聽見過他的同寅們有聲有色地描繪她非凡的美麗、過人的機敏，耳旁也時常傳遞着有關她的形形色色的軼聞韻事，但張之洞就是沒有親眼見過她！這沒別的原因，只怪他的品級不夠。四十二三歲了，多少人這個年齡早已是朝中的侍郎尚書，行省的巡撫總督，而自己卻還屈居於區區洗馬。常為自己官運不亨而苦惱的張之洞，每一念及此便更加沮喪。突然一道綸音傳

來：明日召見。這真是異數！西太后為何要召見我呢？她會問我些甚麼呢？幾個時辰來，張之洞總在思索這些問題。這是一個千載難逢的機遇，一定要好好把住！張之洞想到這裏，把萬千情緒強壓下去，彎着腰邁進東暖閣。就在剛踏進閣子裏的那一瞬間，他抬起頭來向前方飛快地掃了一眼。

大約離門檻十步遠的地方張掛着一層薄薄的黃色幔帳，隱隱約約可見背後端坐着一位盛裝打扮的女人。無疑，這就是西太后了。張之洞不敢多看，忙彎下腰來，響亮地報道：「司經局洗馬臣張之洞跪見太后。」說完走前幾步，雙膝跪在幔帳前的棉墊上，脫下晶頂圓帽，將頭觸在青色地磚上。據說，東暖閣裏有一塊地磚下是空的，頭碰在這塊地磚上，只須輕輕地用力，便會發出很響的聲音，給太后以很忠誠的感覺。但這須買通東暖閣裏的太監，他們到時才會將棉墊放在這塊地磚旁邊。張之洞不知這個奧妙，沒有事先拿出銀子來，太監也便不把這個好處送給他。張之洞重重地在地磚上磕了三個頭，而地磚只發出「噗噗」的聲音，並不響。

「噗噗」聲消失後，東暖閣裏便再也沒有別的聲音了。張之洞心裏納悶：太后怎麼不發話？

原來，慈禧正隔着幔帳在仔細審看這個從五品的小京官。皇太后隔着一道幔帳與外臣對話，這就是中國近代史上著名的垂簾聽政。幔帳是特製的，太后坐在裏面可以很清楚地看見跪在外面的臣工，而臣工卻看不清太后。

從張之洞走進簾子的那一刻，慈禧就以她特有的政治家的精明和女性的細膩，在打量着眼前這個頗著聲名的中年男子。

然而，慈禧頗覺失望。她眼中的張之洞竟然身長不及中人，且兩肩單薄，兩腿極短，上下甚不協調。等到張之洞走近些後，她又看到一副瘦削的長長的馬臉，馬臉上長着一個扁平的大鼻子，鼻子下又是一張闊大的嘴色。惟獨讓慈禧感興趣的，是鼻子上頭的那兩隻眼睛格外的精光四射。慈禧立時想起野史上常有「雙目如電」的話，她覺得倘若將這四個字移到張之洞的身上，倒也並不過份。

二十六歲起便守寡的慈禧太后，對俯首於她面前的那些鬚眉大臣們，有着一種奇特的微妙情感。那些或長得雄壯挺拔，或長得清秀端正的英年男子，常常會得到她的格外垂青，有時甚至會得到意外的好處。這些年來隨着年歲的增加，這種情感已減弱了很多，但並沒有完全消除。

「張之洞，你今年四十幾了？」幔帳後面終於傳出慈禧清脆動聽的聲音。

「臣今年四十三歲。」張之洞沒想到太后的召見竟從這樣一句極普通的家常話開始，緊張的心情鬆弛了大半。

慈禧見張之洞兩鬢已有不少白髮，估計他大約有四十七八了，卻不料比自己還要小兩歲。

「你是同治二年的探花？」

「是的。」十多年來，慈禧的格外聖眷一直銘記在張之洞的心中，只是他從來沒有一個表達的機會。這一刻終於來到了。他懷着滿腔真情說，「那年太后賞賜給臣的山海般的恩德，臣生生世世永遠不忘。臣對太后，雖肝腦塗地，無以為報！」

說罷，又重重地在青磚地上磕了三個響頭。抬起頭來時，慈禧隔着幔帳看到張之洞的臉上掛着幾滴淚珠。作為女人身的中國封建社會最後一個強權獨裁者，慈禧太后是一個容易被感情驅使的人。張之洞如此真誠地感激她，使她頗為感動。她立刻意識到：這個富有才識的洗馬，是一個知恩報恩的實心漢子，因其貌不揚而引起的不快頓時消除了多半。

「聽說你在外辦事用心，湖北、四川這幾年出了不少人才。」

一股暖流激蕩着張之洞的全身，他挺直腰板回奏：「臣家世受國恩，臣本人又蒙太后破格隆遇，為國家盡心辦事，是臣的本份。」

慈禧微微頷首，開始進入正題：「崇厚辦事不當，有損國家體面，朝廷對此已有嚴旨。」

「太后英明！」張之洞聽了很是興奮，氣勢雄壯地說，「崇厚一貫媚外諛敵，那年辦天津教案，曾文正就吃了他的虧，後來悔恨不迭。這次他又在俄國人面前奴顏婢膝，竟然擅自割讓祖宗土地以討洋人歡喜。臣以為崇厚非殺不可，不殺不足以平民憤！」

厚沉硬直、夾雜南音的京腔在東暖閣裏回蕩，四壁似在嗡嗡作響，端坐在龍椅上的慈禧不覺為之動容。多年來她已沒有聽到這種中氣旺盛、語調斬決的奏對了。素日裏她聽到的都是大臣們唯唯諾諾的低聲附和，全沒有一種男人的陽剛之氣。有的大臣，尤其是第一次被召見的大臣，常常囁囁嚅嚅，說不清爽，甚至緊張得說不出話來。初次進東暖閣的張之洞如此氣定神閒，應對如儀，足見此人膽量不凡。

「張之洞，你說說，朝廷若是不同意崇厚在俄國私自簽訂的條約，俄國會出兵侵犯我大清嗎？」

慈禧提的這個問題，是這段時期來，張之洞與張佩綸、陳寶琛等人反覆研討的第一個大問題，張之洞早已思之爛熟。他本可以就此侃侃而談一兩個時辰，但這裏是養心殿的召見，不是龍樹寺的清議，只能擇其要點簡略奏對。「回奏太后，臣以為第一是俄國不可能因改約而侵犯，第二為應付意外，必修武備，第三俄國乃我大清之大患，不可輕視。此次俄國之所以不敢侵犯，其理由在三個方面。一是理虧。

臣建議將俄國此條約的不公不平之處佈告中外，行文各國，讓舉世來議一議是非曲直。二是內虛。俄國雖號稱大國，但自與土耳其開戰以來，師老財殫，親離民怨。近歲其國君屢有防人行刺之舉，若再犯我，將有蕭牆之禍。三是朝廷之兵威。這幾年左宗棠在西北尤其是在新疆的用兵，威懾四夷，俄國必有畏懼。這正是此次俄國不敢侵犯的最主要的原因。當然，俄國乃虎狼之國，長期來對我有覬覦之心，我不能不防。故臣建議，新疆、吉林、天津三處應加強防備力量，以防意外。另外，臣一貫以為，與我鄰近的強大敵國有兩個，一是日本，一是俄國。日本國小，且未接壤；俄國大，與我有幾千里疆土相接。故俄國對我的危害比日本更大，我必須對俄國實行長年戒備。」

幔帳那邊，慈禧頻頻點頭。張之洞的分析直截簡明，每一句她都聽到了心裏。

「張之洞，不少人都主張徵調曾紀澤去俄國改約，你以為如何？」

「臣以為可。」張之洞立即回答，「曾紀澤係名臣之後，許多見過他們父子的人都說，曾紀澤有乃父之風。且這些年來他又充任過英法等國公使，熟悉夷情，通曉西洋法律，必可據理力爭，折衝樽俎。臣以為，朝廷當諭曾紀澤決不能在俄人面前示弱，萬不可割讓祖宗土地，實在不行的話，可以酌情多給點銀子，以換取伊犁全境收回。」

慈禧沉思着：這是個好主意。多給點銀子不要緊，大不了多收點賦稅，戶部開支再緊縮一點，至於後宮的供應，與多出少出幾百萬兩銀子無絲毫關係。土地的確不能割。割一寸土地出去，都是祖宗的罪人，千秋萬代史冊上都會當作賣國賊來書寫。

關於伊犁事件的處置，慈禧通過對張之洞的垂詢，已在心裏大致打定主意了。她聽到不少人都稱讚張之洞熟讀經史，遍覽羣書，博聞強記，學問淵懿，五月中旬甘肅地震，六月以來金星晝見，都說這是天象示異，讀書不多的慈禧太后弄不清楚其間的深奧道理。何不叫張之洞來說說呢，他的學問究竟如何，也可藉此測試一下呀！

「張之洞，近來地震在西北出現，金星白天可以見到，這到底是怎麼回事？」

慈禧突然間提出的這個問題，是張之洞所沒有估計到的。張之洞通曉典籍，對經史書上所記載的諸如山崩地震、星象反常的現象，也曾給予極大的注意。他是一個嚴謹的儒家信徒，對孔子不語怪亂力神的作法深為服膺。他不大相信那些讖緯家、占卜者神秘玄虛的推斷，認為那多為附會之說。但經書史書為甚麼又都將它們記載呢？經過長期的鑽研，結合十多年來的從政閱歷，他確信那是先賢的一種神道說教，即藉天象來勸戒君王遷惡從善，寬政恤民。他很欽佩先賢的這種智慧，現在是輪到自己來向君王履行這個神聖的職責了。

張之洞凜然奏道：「甘肅地震，金星晝現，此種地理天象在康熙十年也曾同時出現過，聖祖爺當即下詔修省，令臣工指陳闕失。上蒼示儆，修身省己，此正聖祖爺仁心之所在。今兩宮太后、皇上敬天愛民，憂勤圖治，為天下臣民所共知，然天象地理如此，亦不能不慎之。臣以為宜效法聖祖爺，從以下數事來修省弭災。」

張之洞略停片刻，定一定神，平素常常思考的大事，一件件迅速地浮出腦海：「一曰採納直言。修德之實在修政，而修政必自納言始。《洪範·五行傳》謂居聖位者宜寬大包容，古語說君明則臣直，俗話說良藥苦口利於病，忠言逆耳利於行，故採納直言乃修政之始。二曰整肅臣職。地震乃地道不修，地道者，臣工之道也。《春秋》於地震必書，意在責臣下不盡職。以臣看來，比年來臣職不修的事例極多，跪安之後，臣當向太后一一奏明。」

「你要照實稟報。」慈禧打斷張之洞的話。

「是，臣一定如實稟報。」張之洞繼續奏下去，「一曰厚恤民生。《周易・大象》曰，山附於地，剝上以厚下安宅。程子注曰：山而附着於地，圮剝之象，居人上者觀剝之象，則安養民人以厚其本，所以安其居也。西北地震，正是上天啟示下界有不安之民，故請厚恤民生。一曰謹視河防。史傳所載，金星為變，亦或主水，故請朝廷加意提防黃河、淮河及京畿永定河等多災河道，加固險工，防患於未然。臣以為地震及金星晝見雖不是好事，若見上蒼之示儆，而修身省達，自可以消災弭禍，國泰民安。」

慈禧見張之洞引經據典如順手牽羊，不覺暗自佩服，心裏想着：如此飽學而不迂腐的人才卻屈居於司經局洗馬，真是可惜了，應該破格提拔。轉念又一想，張之洞是清流黨的重要成員，朝廷口碑不一，宜慎重對待。她想聽聽張之洞本人對清流黨的看法，遂問：「張之洞，都說京師有個清流黨，專門彈劾中外大員，你以為如何？」

張之洞沒有料到慈禧會提出這般尖銳的問題，他一時不知從何答起。他本能地意識到，太后對「清流黨」三個字是不喜歡的，從來帝王都不喜歡臣工拉幫結派，即使是文人雅士的集會結社，一旦被目為結黨的話，也會為之不安。張之洞想到這裏，頭上冒出絲絲熱汗，並一直熱到頸根。他凝神片刻，調整下心緒，然後坦然奏道：「啟奏太后，臣以為清流黨一說不合事實。臣自從光緒二年從四川回京後，與李鴻藻、潘祖蔭、張佩綸、陳寶琛等人交往頗多。一則臣仰慕他們持身謹嚴的人品和忠於太后皇上關心國事的血性，二則臣與他們有喜愛學問詩文、金石考辨等癖好。儘管從來便有君子之黨與小人之黨的分別，但臣仍凜於『結黨營私』之儆戒，不敢與人結社組盟，以貽口實。據臣所知，李鴻藻等人與臣此心相同。且臣以為專門彈劾大員一說亦不全合事實。就拿臣來說吧，這幾年除代黃體芳起草過彈劾戶部尚書董恂外，其餘不論是為人代擬，還是自己署名的三十多道摺子，全是言事陳策，並不以糾彈大員為主。比如這次伊犁事件，臣主張嚴懲崇厚，但亦非專門衝着崇厚而言。臣為此事草擬了七八道摺子，還有幾道未及上奏，所有這些奏章，都重在如何妥善處理伊犁歸還一事，而不重在如何懲處崇厚一人。臣幼讀先儒之書，粗明大義，既不敢結黨以營私，又不願以劾人而利己，側身於翰詹之際，留心國事，乃臣之本分。臣一向認為，當以剖析事理尋求善策為重，而不應以嚴峻懲罰罷官削職為目的。」

慈禧默默地聽着張之洞這番長篇陳述，心想：被人目為「清流黨」的頭面人物中，張佩綸、陳寶琛等人招怨最多，而張之洞確乎遭人攻詰不多，這或許正如他自己所說的，他這個「清流黨」重在言事而少言人？張佩綸、陳寶琛今天彈這個，明天糾那個，日後將積怨甚多，恐於己不利。隔着薄薄的黃絲幔帳，慈禧盯着張之洞良久，似乎看到這個司經局洗馬的另一面。是明哲，抑或是乖巧？是練達，抑或是圓滑？

出於對清流黨本能的不喜歡，再加上那張不能令人悅目的長臉和上下不協調的短小身材，另一種想法漸漸地在慈禧的腦子裏佔了上風：他是一個誠恪務實、老成持重的幹才嗎？是一個能當大任、震懾羣僚的社稷之臣嗎？還得再看一看，等一等！暫緩破格，循例晉級吧。慈禧作出這個決定後，對着帳外跪着的張之洞揮揮手：「你跪安吧！」

走出養心殿，一陣涼風吹來，張之洞不由自主地打了個冷顫。此時他才發現，貼身的內衣早已濕透了。

6 楊鋭向老師訴説東鄉冤案

回到家裏，張之洞關起書房門，獨自默默地坐了大半天。就像孩童時代回味好看的戲一樣，養心殿召見的每一道程序、每一個細節，都在他的腦子裏慢慢地重新出現一遍，尤其是將太后的每一句垂詢和自己的每一句對話，再細細地咀嚼着，仔細體會太后每句問話的意思和有可能蘊含的其他內涵，以及自己的應對是否得體，是否達意。他揣摸着慈禧太后對伊犁事件的心態：惱怒崇厚所簽署的這個條約，使她和大清朝廷在洋人面前失了臉面。倘若有足夠的力量的話，這個強硬的中年婦人決不會談判，她會下令左宗棠帶兵趕走伊犁城裏的俄國人，將這座本是自己的城池強行收回來。只是現在國力衰弱，她有所顧慮。張之洞相信自己廢約殺崇厚、積極備戰迎敵的主張，與慈禧的心思是吻合的。在整個召見的半個時辰裏，自己的各種表現也沒有失儀之處。

張之洞想到這裏，心情興奮起來。他將已經草擬的幾份奏稿再一字一句地仔細斟酌着，力求考慮得更周到，更全面，更細緻，更易於被採納。司經局洗馬不僅要為太后和朝廷在處理伊犁事件中提供一份完整的方略，同時，也要為國史館保留一份完備的文書，以供後人閱覽，日後遇到棘手的國事，張某人所上的這一系列奏章便是一個極好的借鑒。

他還想到，久困下僚、屈抑不伸的年月就要從此過去了。通籍快二十年，還只是一個從五品的小京官，張之洞為此不知多少次的苦惱過、困惑過、憤怒過。論出身，論才學，論政績，論操守，哪樣都比別人強，偏偏就升不上去。是缺少溜鬚拍馬的鑽營功夫呢，還是時運未到？想起父、祖兩輩都官不過守令的家世，他有時會無可奈何地搖頭歎息：難道是張家的祖墳沒葬好，壓根兒就發不出大官來？

看來，時至運轉，這一切都要改變了！

然而，現實並沒有這個富於幻想的從五品小京官所設想的那麼美妙。

首先，是恭親王奕訢和文華殿大學士直隸總督李鴻章多次向慈禧鄭重指出，作為與俄國談判的特使，崇厚是不能殺的，殺崇厚無異於侮辱俄國。俄國是侵略成性的軍事強國，與之開戰，中國必定損失更大。用武力收復伊犁之議，貌似愛國，實乃誤國。這是不負責任的輕舉妄動。自古以來清議皆誤國，今日張之洞、張佩綸等人正是這樣的人。

接着，各方推舉認同的崇厚替代者駐英法公使曾紀澤從倫敦上疏，說籌辦伊犁一案不外三種方式：戰、守、和。曾紀澤詳細分析敵我雙方形勢：伊犁地勢險要，俄人堅甲利兵，戰未必能操勝券；且伊犁乃中國領土，開戰後俄人無損，受害者實為中國，何況俄人對中國覬覦已久，此次不過借伊犁以啟釁端，開戰正合其意。中國大難初平，瘡痍未復，不宜再啟戰事。故戰不可取。言守者，謂伊犁乃邊隅之地，不如棄之，以專守內地。持此論者不知伊犁乃新疆一大炮台，若棄伊犁則棄新疆；新疆一棄，西部失去屏障，故守亦不可取。當此之時，只可與俄國言和，修改條約，能允者允之，不允者堅決不允，領土及邊界事決不遷就，其餘不妨略作通融。至於崇厚，可以嚴懲，但以不殺為好。

曾紀澤這個處理伊犁一案的方略，得到朝野的一致擁護，慈禧本人也同意。既然按照曾紀澤的穩健方案來辦事，過於強硬的張之洞便不宜破格提拔。慈禧又為循例晉級找到一層理由。於是，張之洞便由從五品升為正五品，官職則升為詹事府右春坊右庶子。

僅升一級，張之洞雖然感到失望，但畢竟官位提升了，也是好事。尤其令他欣慰的是，朝廷沒有接受崇厚所簽署的喪權賣國條約，將崇厚拘捕，定為斬監候，並改派曾紀澤為全權特使與俄國繼續談判。張之洞認為朝廷還是接受了他處理此案的大計方針，這足以值得快慰。相對於國家主權來說，沒有破格超擢，畢竟還是小事。他仍然以極大的興趣密切關注着事態的進展，凡關於此案的一些新想法，他總是不斷地繕摺遞上去，供太后參考，以盡自己對國家應盡的職責。

這一天，他在書房閱讀邸抄，得知曾紀澤已抵達俄國，正在與駐俄國的英國大使德佛楞及法國大使商西接觸，探詢英、法兩國對伊犁一案的看法。張之洞對曾紀澤辦事的穩重很滿意。這時，王夫人進來說：「尊經書院的學子楊銳來看你了。」

「楊銳來了？」張之洞放下手中的邸報，驚喜地說，「快叫他進來！」

「學生已經進來了。」

說話間從王夫人身後走出一個二十歲出頭、五官清秀的青年，他就是楊銳。「香師，三年多沒有見到您了，這幾年來都好嗎？」

「好，好！」張之洞一邊回答，一邊指了指身邊的椅子說，「坐，坐下說話。」

楊銳在張之洞的對面坐下來，張之洞將他上下打量了一番，笑着說：「三年不見，你長大許多了，有一點男子漢的氣概了。」

說得楊銳不好意思起來，咧開嘴笑着。王夫人親自端一碟蓋碗茶上來，對楊銳說：「這還是那年在成都，你陪着老師在黃瓦街買的青花茶杯，用了幾年，還跟新的一樣。」

師母這般親熱，這般慈祥，使楊銳備感溫暖。他起身接過茶碗，如同小孩在長輩面前表功似地說：「黃瓦街是滿城。我那年對香師說，滿城裏賣的瓷器是宮廷用瓷的餘貨，看來我這話沒說錯吧！」

「三年為期太早了。」張之洞笑着插話。「五十年後還這樣光亮如新，我就相信你的話了。」

「五十年？」王夫人望着丈夫說，「五十年後你要他跟誰去論辯？」

張之洞哈哈大笑起來，說：「跟我的女兒呀，跟我的準兒去論辯呀！」

準兒是王夫人生的，張之洞很是疼愛，視若掌上之珠。見丈夫這樣時刻把女兒放在心頭，王夫人心裏很是欣慰。她略作嬌嗔地瞪了丈夫一眼後對楊銳說：「你看，老師見了你有多高興！」

眼看着老師這種發自內心的快樂心緒，楊銳如同沐浴着春風的溫情，他笑着說：「那時學生還是要跟香師面論，硬要香師當面承認這是真正的宮廷備選品。」

「好，好，到那時若還這樣，我又沒死的話，再承認不晚。」張之洞笑得更起勁了。

楊銳端詳着老師怡然自得的神態，心裏想：香濤師與在四川時沒有多大的變化，只是顯得瘦了點，兩鬢增添了幾根白髮。他將隨身所帶的一個小布包送過去，說：「我知道您從不受人禮物，但這不是禮物。當年您要我們在書齋後面種楠竹，這幾年來，楠竹長得很茂盛，春天還有竹筍可挖。知道我要到北京來，書院的幾個同窗說，帶點乾竹筍給香師嘗嘗吧，京城沒有筍子吃。」

「好，好，我收下。」張之洞很高興地接過小布包，隨後放在書案上，說：「當年我要你們在書院裏種點竹子，是想以竹之氣節風骨激勵大家，想不到今天還可以在京師吃到尊經書院的竹筍。」說罷又歡暢地笑起來。

督學巴蜀的三年，是張之洞難以忘懷的歲月。

同治十二年，三十六歲的張之洞被任命為四川學政。一向崇尚實幹的新學台，決心在三年任期內為巴蜀學界做幾件實事。

那時四川士林風氣不正，科場作弊之風十分嚴重。張之洞通過深入考察後，制定了諸如「禁鬻販，禁訛詐，防頂替」等整理科場的八大措施，督促各州府嚴格執行，科場作弊之風頓時根絕。張之洞又針對不少士子參與當地紳士們舉辦的局所，與局所辦事之人勾結為奸民怨沸騰的情況，下令不准士子參與局所，凡有違背者，一律懲辦，直到革去功名。張之洞說到辦到，雷厲風行，在革去幾個秀才的功名之後，此風已幾近絕跡。

為更多更好地培養人才，造就四川的新學風，張之洞接受丁憂回籍的前工部侍郎薛煥等十五名官紳的建議，創建了尊經書院。光緒元年春天，尊經書院在成都南門外落成，延請薛煥為山長。薛煥也是一位名宦。咸豐十一年，薛煥在江蘇巡撫任上，與時任兩江總督的曾國藩一道奉旨購買洋槍洋炮及雇法國工匠傳授製造經驗，揭開「徐圖自強」的序幕。張之洞聘請這位廣乎眾望的能幹大員出任書院的第一任山長，正是他對書院的重視和期望。開學那天，他和四川總督吳棠親自前去祝賀。

張之洞為尊經書院制定的目標是培養通博之士致用之才，在四川造成經世致用的務實學風。在川期間，他經常去書院給士子們講課。為了指導書院的學子和川省士人，他撰寫了兩部重要的學術著作：《輶軒語》和《書目答問》。

在《輶軒語》這本書裏，張之洞以學政的身份發表許多有價值的教誡之語和經驗之談，希望士人們成為德行謹厚、人品高峻、志向遠大、習尚儉樸的道德君子，並提出讀書期於明理、明理歸於致用的求學原則。在《書目答問》一書裏，張之洞則以廣博精深的目錄學家的身份，為士人開出二千二百餘種包括經史子集在內的書目，為初學者打開走進學術殿堂的大門。

在尊經書院的授課過程中，張之洞發現五個資質特別聰穎、讀書特別發憤的少年。他大力表彰他們，樹立五少年為全省士子的榜樣。其中一個不僅書讀得好，而且品行更為卓異，志向更為高遠，張之洞將他列為尊經五少年之首，此人即十七歲中秀才、十八歲進書院的綿竹人楊銳，表字叔嶠。

「你幾時到的北京？」張之洞端起茶杯，滿是慈祥目光的雙眼，望着這個深得他喜愛的青年。

「前天下午到的。本想昨天就來看望香師，想起一路風塵，樣子太難看了，於是昨天去街市上買了一身衣服，剃了頭，將通身上上下下打掃了一遍，今天才敢登門拜謁。」楊銳端坐敍說，兩隻機靈的大眼睛閃動着耀人的光彩。

真是一塊無瑕美玉！張之洞在心裏讚歎着。前天進的京，今天就來看望了，他為弟子的重情重義而高興。「這兩天住在哪兒？」

「南橫街客棧。」

「不要住客棧了，明天就搬到我這兒來住。」張之洞放下茶杯，似乎表明他這句話就是一個決定似的，無須商討。

「住在這裏打擾香師和師母，我心裏不安，還是住客棧方便些。」楊銳推辭着。

「甚麼打擾不打擾的，我的客房正空着，你住下就是了。住家裏，我們師生說起話來也方便。三四年不見面了，我有許多話要對你說哩！」

說罷不待楊銳開口，便對門外喊：「大根，你過來下！」

一個長得五大三粗的二十多歲的漢子邁着大步走了進來：「甚麼事，四叔！」

「你去把客房收拾一下，這位從四川來的遠客明晚就睡在家裏，有一段時間住。」

「嗯，知道了。」大根一邊回答四叔的話，一邊很熱情地與楊銳打着招呼。

楊銳見大根叫張之洞為「四叔」，知不是一般的僕人，便問：「香師，我應該怎樣稱呼他？」

「他是我的遠房侄子，你們年齡差不多，兄弟輩份，都以名字相稱吧！你叫他大根，他叫你叔嶠。」

楊銳忙起身，對大根說：「大根兄弟，給你添麻煩了。」

大根友善地說：「不要謝，這是我份內的事。」

說罷離開了書房。

大根來到張之洞的身邊已經十年了。八歲那年，大根的母親去世，做江湖郎中的父親便帶着他走南闖北。父親略識幾個字，有些武功，早早晚晚沒得事時，便教兒子習拳練武，也把自己所認得的字教給兒子。十二三歲開始，父親便教他識辨各種草藥，背湯頭歌訣，以便讓他長大後能有個養家糊口的技能。大根聰明勤奮，父親所教的，他都學會了；加之長年跟着父親走村串戶，小小年紀，也有不少閱歷。可惜，十五歲那年，父親不幸病故，大根成了無依無靠的孤兒，只得回南皮老家，一個人孤苦零丁地耕種兩三畝薄地。張之洞那年回籍祭祖，見到這個已與他出了五服的孤兒，看出這是一棵難得的好苗，只要稍加培養，就可能成才。張之洞是一個胸懷大志的人，並不安於做一個文學侍從，他要經世濟民。做鎮撫一方的疆臣，做管理天下的宰相，才是他的志向。他相信遲早會有這一天的。因此他需要在身邊聚集人才，大才小才都要，尤其要有幾個貼心人。他們或幫自己出謀劃策，排難解憂；或鞍前馬後照顧保衛，防患歹徒的侵襲，戒備仇家的暗害。再過幾年，大根就是一個很好的貼身侍衛。就這樣，張之洞把大根帶出了南皮。

張之洞既對大根予以重視，便對大根格外看待，視他為親侄，規定他早上一個時辰識字讀書，以補過去之不足；晚上一個時辰練習武功，使先前的功夫不荒廢。去年，王夫人收了一個十八歲的女孩春蘭做女僕。春蘭有爹無娘，命也不好，張之洞夫婦見她勤快善良，便做了主，將春蘭嫁給大根。大根和春蘭感謝張之洞夫婦的恩情，遂死心塌地為張府做事。

喝了幾口茶後，張之洞對楊銳說：「說了這多閒話，正話還沒說上。叔嶠，你這次跋涉幾千里來京師，究竟是為了甚麼事？」

「我正要跟您稟報哩。」楊銳臉上娃娃似的笑容瞬時不見了，代替的是一臉的凝重神色。「學生受父老鄉親的委託，特為東鄉慘案一事進京，替冤死的東鄉農人鳴冤叫屈。」

「東鄉的案子還沒有處理好？」張之洞頗為驚訝地問。

「還是維持過去的老樣子。不但東鄉屈死的冤魂不能安妥，凡有良心的川中士紳也都不能心服，故而委託學生幾個人再次進京申訴。」楊銳說得激動起來，兩隻眼中的淚花在閃動。

「都四五年了，還沒有處理好，天理良心何在！」張之洞是個易於動感情的人，看到楊銳眼噙淚水，他自己也不禁雙眼模糊了。

東鄉案子出來的時候，張之洞正在四川做學政，這個案子的前前後後他都知道。

四川農民賦稅沉重，除地丁銀外，還有各種捐輸和雜稅。愛新覺羅氏入關之初，為籠絡人心，公開向全國保證：子子孫孫永不加賦。但這句話並沒有承諾多久，就以各種名目變相加賦加稅來自我否定了。太平天國起事後，軍餉浩大，朝廷為籌餉銀，橫徵暴斂。東鄉是一個窮縣，這些年來各種賦稅加起來要超過戰爭之前的十倍。而且負責徵收錢糧的局紳和官吏相互勾結，百端勒索，手段惡劣。東鄉農人忍無可忍，終於在光緒元年集體抗糧不交，聚眾請願，要官府清算歷年糧賬。

東鄉知縣孫定揚以「刁民聚眾謀反」為詞報告川督文格。文格得報後，立即派出提督李有恆率官兵急赴東鄉鎮壓。李有恆窮兇極惡地命令官兵，將東鄉抗糧村寨不分男女老幼全部殺掉，造成四百餘人冤死的特大慘案。

東鄉慘案發生後，巴山蜀水一片震驚。在成都的張之洞聞訊，憤慨地對學政衙門的屬員們說：「鄉民請願，只能勸解，即使真的是聚眾謀反，也只能拘捕首犯，驅散眾人，怎麼能殺這多人？這裏該有多少冤死鬼！」

他是學政，不便干涉地方政務，得知東鄉推舉士紳進京告狀，他心裏是贊同的。東鄉一案得到川籍御史吳鎮的同情，他聯絡幾個京官聯名上疏，參劾川督文格。後來，朝廷將挑起這樁案子的直接當事人知縣孫定揚、提督李有恆革職，將川督文格調離四川，擢升山東巡撫丁寶楨為四川總督，令丁寶楨視情節輕重處置此案有關人員。這時，張之洞剛好三年學政期滿，離川回京。一路上，聽到的都是不服朝廷如此辦理的民怨，他自己也認為此案處置不當。

丁寶楨到了四川之後，採取息事寧人的態度，將大事化小，小事化了，與東鄉冤案一事負有直接責任的人員幾乎無人遭到懲罰。東鄉縣民憤憤不平。

去年，張佩綸得知此事後上了一道奏章，彈劾丁寶楨，請覆審東鄉一案。朝廷接受張佩綸的意見，委派致仕在京的前兩江總督李宗羲前往四川復查。李宗羲查實後上報朝廷。朝廷再派禮部尚書恩承、吏部侍郎童華為欽差大臣，前往四川復審。朝廷這些舉措，張之洞都知道，至於兩個欽差大臣入川後的具體情況，他就不清楚了。

楊鋭氣憤地告訴老師：「恩承、童華一進成都，就被丁寶楨接去住了總督衙門，天天山珍海味招待，又從各戲園子裏招來長得漂亮的妹子，給他們唱川戲消遣。成都住厭了，又去峨眉山住了一個月。兩個欽差在四川享盡了清福。他們只派了三個隨從在臬司方濬頤陪伴下，裝模作樣地到東鄉逛了幾天。據説丁寶楨對兩個欽差講，東鄉的案子不能翻，翻了，四川今後就收不到錢糧了。還説他這個總督當不了是小事，朝廷缺了四川的錢糧可不得了。兩個欽差聽了，認為丁寶楨的顧慮是對的，於是維持原判，不准翻案。」

「豈有此理！」張之洞憤慨起來，「丁寶楨怎麼變得這樣糊塗了。」

丁寶楨原本不是一個糊塗官員，幾年前他幹了一件震驚天下的大事，使得他名播九域，廣受讚揚。

同治八年秋天，慈禧太后打發身邊的太監安得海南下江寧、蘇州，為大婚在即的同治帝置辦衣料。清朝祖制規定太監不得出京城。慈禧一向不把祖制放在眼裏，安得海是她的寵奴，她叫安得海出京，表面上是置辦大婚衣料，背地裏讓他摸一摸各省官員對她的忠誠程度。安得海仗着慈禧的寵信，肆無忌憚。他乘坐特製黃龍船，打着金烏赤兔旗，順着運河招搖南下。沿途官員又驚又怕，紛紛登船拜謁，送上厚禮，安得海一一照收。

丁寶楨時任山東巡撫，山東為安得海必經之省。他得知這一消息後，一面飛章報告朝廷，一面派員在泰安等候，設計軟禁安得海一行。安得海不知內裏，軟禁時仍作威作福，並威脅說如不放他出去，貽誤了採辦衣料的大事，這責任要山東省全部承擔。丁寶楨不理會他，靜等朝廷的旨令。

說來也是安得海合該命絕。平時各省督撫的急奏都是直接送慈禧，恰好那天奏章到時，慈禧正在看戲。內奏事處的太監怕觸犯了她的興頭，便把奏章送給了同治小皇帝。小皇帝看後大怒，連忙報告嫡母慈安太后。慈安性格較為懦弱，處理國事的才能又遠不如慈禧，她通常不過問政事，聽任慈禧一人說了算，也因此助長慈禧的驕悍。慈安對慈禧不甚滿意，卻也無可奈何，只得聽之任之。只有一件事，令身為女人的慈安極端不安，那就是關於慈禧私生活不檢點的流言蜚語。

在慈安看來，用錯了一個大臣，辦錯了一樁國事，都還只是小事一件，若是慈禧與男人弄出個甚麼把柄出來，那可就是大清朝廷的第一大醜事了。這些流言中，涉及到安得海的最多。安得海與慈禧親密的程度超過常情。他不但與慈禧並肩說話，甚至有時還跟慈禧並頭睡覺。宮女和太監們私下議論：安得海極有可能身子淨得不徹底，不然的話，西太后怎麼會這樣喜歡他？這些閒話傳到慈安耳裏，真讓她如坐針氈，惶恐不安，但又不好與慈禧明說。她終於想出了一個法子：命令太醫院對宮中所有的太監重新檢查一遍，以便從中看出個究竟來。不料，輪到檢查安得海時，慈禧一早就把他打發出宮外，直到天黑才回來。一連三天，天天如此，弄得太醫們束手無策，不好再查安得海了。這樣一來，慈安更焦急了。

沒想到安得海在山東給扣住了，正好藉此根除後患！慈安心裏這樣想好了，但還是有點懼怕慈禧，又悄悄把奕訢叫來商議。關於慈禧與安得海的流言，奕訢早就聽說。作為皇室中的重要成員，奕訢和慈安一樣，也怕慈禧壞了皇室的體面。何況前幾年慈禧又藉故撤掉了奕訢的「議政王」頭銜，奕訢一直懷恨在心，現在正好報此一箭之仇。奕訢毫不猶豫地對慈安說：「祖宗之法在這裏，誰都不能違背。立即傳旨山東：安得海就地正法。」

說完親自擬了一道諭旨，火速遞往濟南。

丁寶楨奉到聖旨後歡喜無盡，他生怕再有後命，便傳令第二天即在泰安城裏斬首，並暴屍三日。斬殺當今天下第一人身邊的寵閹，這是一樁令百無聊賴的人世間何等新奇何等刺激何等快慰的大事！一時間，泰安全城騷動，男女老幼傾巢而出，蜂擁十字街頭，一睹這個千載難逢的場面。三天之內，從附近各府縣來泰安城的觀者不下百萬。其間最令人感興趣的是，這個安得海的下部究竟有那個傢伙沒有。千百人用棍子、竹竿在撬動，千萬雙眼睛在死死地盯看，結果眾口一辭：安得海的那個傢伙確實被閹掉了，他是一個貨真價實的太監！

得知安得海在山東被斬的消息後，慈禧真是又惱怒又傷心。她知道這是慈安和奕訢在暗算她，但她發作不得。然而暴屍三日，讓世人都看清了安得海，這無疑又是幫她洗刷冤枉的最好辦法。安得海究竟是不是真太監，慈禧心裏最清楚。於是，慈禧轉而又慶幸有這樣一樁事情出來。她是一個最善於把握機會打擊別人抬高自己的人，不但不指責丁寶楨，反而發佈明諭嘉獎他不畏權勢耿直忠貞，有古大臣之風。過了幾年，東鄉案發，文格離川，慈禧又提拔丁寶楨為川督。丁寶楨赴川之前，慈禧命他進京陛見，又當面表揚他。這丁寶楨冒着丟官的危險幹了這樁事情，結果不僅出盡風頭，還升了官，真是大大出乎意外。丁寶楨感激慈禧的英明大度，遂鐵心為朝廷辦事。

東鄉發生的冤案，為官幾十年的丁寶楨不是不明白其中的曲折，但他不想翻這個案。一來他怕牽累許多當事人，於自己於他們都不利；二是他顧慮東鄉翻了案，以後鄉民都會效尤，四川的錢糧就不好收了，他這個總督也就不好當了。為自己着想，為朝廷着想，明擺着是冤案，也以不翻為好。這便是此案復審後不能翻過來的關鍵原因。然而張之洞不能容忍這種草菅人命的做法，書齋裏泡大的清流黨骨幹篤守孟子「民為本」的古訓，把四百多條人命看得比一省的錢糧重要得多。

「叔嶠，你剛才說與你一同進京的還有幾個人，他們是誰，進京後住在哪裏？」

「這次進京來的，除我外，還有兩個。」楊銳答，「他們都是東鄉人，家裏都有親人被冤殺。一個名叫何燃，是錦江書院的。一個名叫黃奇祥，也是尊經書院的。何燃有個遠房親戚做內閣中書，他和黃奇祥一同住在這個親戚家裏。」

張之洞點了點頭，又問：「你們也一起商量過了嗎，進京後怎麼辦呢？」

「商議過，商議過。」楊銳情緒頓時高漲起來，說，「一是找幾個說得起話的川籍大官吏，如工部侍郎郭心齋、太常寺少卿李岫雲等人，請他們代轉東鄉縣的狀子。二是找都察院，懇請吳鎮聯絡幾個人再次上疏。另外，我們三個人還打算在前門外、天橋、琉璃廠等熱鬧地帶散發東鄉冤案的狀子，以求過路君子幫忙。」

「你們這是蘇三的法子。」張之洞淺淺地笑道。

楊銳不好意思地笑了一下，說：「這是沒有法子的法子，或許有張狀子能落到一個好心的大員手裏，也未可料定。」

「最好不要用這個法子。」張之洞沉吟片刻說，「萬一有人說你們擾亂市井秩序，向步軍衙門告你一狀的話，東鄉的事情沒有辦成，自己倒先落了難。」

「是，是。這個法子不用。」楊銳忙點頭。「臨走前一天，王壬秋山長特為把我們召去。」

「王闓運這幾年的山長當得如何？」張之洞打斷學生的話。他顯然對這位王山長有很大的興趣。

「壬秋先生這個山長真是當得妙極了！」尊經書院的學子突然間變得眉飛色舞起來，興致盎然地演說着他的山長，「他的學問文章之好是不待說了，這是天下的共評。他的為人之倜儻，授課之風趣，言談之機鋒，若不是受過他的親炙，是決然想像不出來的。聽他講學，簡直好比赴太牢之宴，聽韶樂之音，是人生最大的享受！」

「尊經五少年」之首滿面紅光，雙目流彩，似乎已陶醉在王闓運所營造的美輪美奐的學術境界中。張之洞看到不脫稚氣的楊銳的這番表情，不禁發自內心地羨慕起來：這就是少年情懷！多麼純潔，多麼真誠啊！當年自己也曾這麼崇拜過心中的偶象，而現在再也沒有這種單一的心境了。再崇高的人物，哪怕就是周公孔孟出現在眼前，也不會這般傾心。這是人生的成熟，這也是人生的悲哀！

「特別令人折服的是，」楊銳仍沒有從陶醉中醒過來，繼續說，「每月朔日，總督丁寶楨帶着一批司道大員，成都將軍魁玉帶領一批提鎮大員，親來尊經書院聽壬秋山長的課。他們和學子們一樣，上課前向山長鞠躬，然後一個個端坐聽課，不說話，不抽煙。山長坐在講堂上，天南地北，隨意發揮，就像天女散花似的，落英繽紛，美不勝收。一個多時辰過後，山長講完了，又一個個向他鞠躬告別。每月朔日這天，尊經書院翎頂輝煌，綠呢大轎堆滿校園。大家都說，除開尊經，天下還有這樣的書院嗎？除開壬秋先生，天下還有這樣的山長嗎？我們這些做弟子的，真是覺得榮耀極了。」

張之洞默默地聽着楊銳有聲有色的敍述，心裏想：尊經書院由王闓運來掌院，可真正是選對人了！十年前，張之洞和王闓運就有過親密的交往。

同治九年，張之洞從湖北學政任上卸職回京。那時，王闓運正在京師盤桓，以一曲《圓明園詞》飲譽京師詩壇。文人雅士集會，都爭相邀請王闓運。王闓運則每請必去，每去必賦。他的捷才贏得眾人的歎服。就是在這種宴飲場合中，同樣也是詩文滿腹的張之洞，與王闓運結成了互相欽佩的好朋友。尊經書院落成後，學政張之洞心中的山長人選，第一個便是在湖南設帳授徒的王闓運。但薛煥是創建尊經書院的發起人，又是在籍侍郎，第一任山長由薛煥來做，又似乎更適宜。於是張之洞致函聘請王闓運做書院的主講。王闓運自恃才高名大，不願做屈居山長之下的主講，遂不入川。丁寶楨早年在長沙做知府時，便禮聘王闓運做西席，後來做魯撫，又聘請王闓運在濟南做了兩年幕僚，關係非比一般。丁寶楨一到四川，即下聘書請王闓運做尊經書院的山長。王闓運一接到聘書也便來到四川，並把尊經書院當作自己的事業所在，大有士為知己者死的味道。想到這一層後，張之洞不僅慶幸尊經書院得人，也為丁寶楨禮賢下士的品格所感動，不知不覺間對他的憤怒也減去了三分。

「叔嶠，說段王壬秋的掌故給你聽！」張之洞突然間來了雅興，楊銳興奮得忙正襟危坐洗耳恭聽。

「咸豐十年的春闈，本來我是要去參加的，不料堂兄奉旨充任同考官，於是只好迴避，眼睜睜地失去了一次機會。王壬秋那年去考了。他是咸豐五年中的舉，連考兩科會試都未中，這是第三次了。頭場考四書文，他興之所至，亂發議論。卷子交上後，細思又出格了，此科必罷無疑。他是個最任性子最愛出風頭的人，心想一不做二不休，橫豎是落第，不如出它一個大格，留一段佳話在科場史上也好。第二場考五經義。他丟開五經不議不論，卻洋洋灑灑地寫下一篇大賦，還給它標個題，叫做《萍始生賦》。閱卷官看到這份卷子後大為驚駭，都說這是有科舉考試以來破天荒的第一次。」

「有這樣的事！」楊銳瞪大着雙眼，隨即由衷地讚歎：「這樣的事，只有大英雄才做得出，壬秋先生真是大英雄！」

張之洞笑了笑說：「王闓運此舉驚世駭俗，的確不是常人所能為的。這篇賦因為是寫在試卷上，故很快便流傳開來，甚至比《圓明園詞》還要傳得廣。」

「香師，這篇賦你還記得嗎？背給學生聽聽。」楊銳急着問，恨不得立即把這篇奇特的賦全文銘記。

「賦很長，我背不全，只記得開頭幾句。你回四川後再去問你的山長吧！」

楊銳仍不死心，央求道：「您就把開頭那幾句背給學生聽聽吧！」

張之洞礙不過學生的懇求，略為想了想後背道：

有一佳人之當春兮，蘊遙心於曾瀾。淡融融不自恃兮，又東風之無端。何浮萍之娟娟兮，寫明漪而帶寒。隱文藻與冰菭兮，若攬秀之可餐。苟餘情其信芳兮，豈猶媚之香蓀。覽生意之菲菲兮，蓋漾影而未安。退靜理夫化始兮，悵結帶以盤桓。

張之洞一邊背誦，楊銳一邊搖頭晃腦地在心裏附和。直到張之洞停住好長一刻後，楊銳知道他背不下去了，才歎道：「這浮萍之形態，直讓山長給寫活了。如此好賦，學生竟未讀過，真是慚愧。回川後一定求山長寫給我，一天吟它幾回。」

「我們扯得太遠了，還是言歸正傳吧！」張之洞把撒得漫無邊際的網收了回來，說：「剛才你說王壬秋把你們召去，傳授甚麼錦囊妙計了？」

「不是錦囊妙計。」楊銳說，「山長說，東鄉案子定了這多年了，復審也沒翻過來，找別人都沒用，只有一個人可以回天。」

張之洞似乎已意識到，王闓運說的這個有回天之力的人，很可能就是指的自己。

「我們問壬秋山長，這個人是誰。他說，此人就是你們的前任學台張大人呀！」果然不錯！張之洞對老友的信任頗感欣慰。

楊銳盯着張之洞，見前任學台大人在微微點頭，心中甚是喜悅，忙接着說下去：「壬秋山長說，張學台雖不是四川人，但他在四川做過三年學政，對四川是有感情的。東鄉案件出來，他正在四川，前前後後都清楚。尤其難得的是，張學台忠直耿介，敢於仗義執言，而且他的奏章寫得好，有力量，最能切中要害。你們看他關於伊犁一事的那些奏章，哪一道不是擲地作金石聲，朝廷不按他的辦行嗎？你們去北京找他，就說我王壬秋拜託他啦，東鄉四百多冤魂要靠他來超度哩！」

老友如此信任的這番情感，使得張之洞熱血沸騰起來，大聲說：「壬秋知我，就憑他這幾句話，我張某人也非為東鄉冤魂上疏不可！」

「謝謝，謝謝香師！」楊銳很感動。稍停一會，他又補充一句，「壬秋山長說，東鄉一案不關丁制台的事，請張學台在涉及到丁制台時筆下留情。」

張之洞哈哈大笑起來：「這個王壬秋，又要討東鄉人的好，又要討丁寶楨的好，也夠圓滑的了。」說罷起身。又說：「叔嶠，你今天設法找到你那兩個同伴，明天一起到我家來，把這幾年東鄉案子的情況詳詳細細地向我稟報，不能有半點虛假，我來為你們上疏請聖命。」

楊銳忙起身，打躬作揖，然後急急忙忙地離開張府。

7 前四川學政為蜀中父老請命

為了談話方便，張之洞把何燃、黃奇祥也接到自己家裏住，夜晚和楊銳一道擠在小客房裏。張之洞和他們一連談了三天話。三個川中學子對他們心目中德高望重的前學台大人，詳詳細細地述說東鄉一案的冤情，述說朝廷對此案的不當處理後東鄉農人的憤恨和省垣士紳的不平。又說，若此次再得不到公平處理，四川的人心將難以安定，其後果當不可預測。何燃、黃奇祥都有親人在此案中罹難，切膚之痛使得他們更加情緒激昂，說到傷心時甚至嚎淘大哭，涕泗滂沱。張之洞的心情十分沉重。王夫人間或也坐在一旁聽聽，民間的疾苦常常令她黯然淚下。

前些天，何燃、黃奇祥搬出了張府，仍住到原借居的地方，他們和楊銳一起在京師四處活動，將東鄉的冤案遍告官場，以便取得更多人的同情和支持。張之洞則在書房裏苦苦地思索着，如何來寫這道奏章。

這是道棘手的奏章，棘手之處很多。

首先，它要推翻已經定了五年之久的舊案。案子翻了，便意味着原判錯了，這便要牽涉到很多人：既有朝廷方面的，也有四川方面的。朝廷方面，處理此案的吏部、都察院的那些官員都還在原來的位子上，他們會認錯嗎？四川方面，當時的總督文格雖免了職，沒過兩年又調到甘肅做藩司。據說此人人緣最好，關係最多。弄到他的頭上去，今後好收場嗎？

其次，棘手之處還在於要否定去年恩承、童華的複審。無疑，這既要得罪兩位朝中大員，又要得罪丁寶楨。恩承、童華都是資格老、羽翼廣的前輩。尤其是恩承，正經八本的黃帶子，據說辛酉年的變局中，此老還是有功之臣，連慈禧都從不對他發脾氣。這樣的人開罪了，日後隨便扔隻小鞋給你穿，你受得了嗎？還有那個丁寶楨，也的確不是一個平庸人物，張之洞對他懷有三分敬重，也有三分畏懼。他連安得海都敢拘捕斬殺，若與他結成對頭，他會和你善罷甘休嗎？

第三，這又是一個抗糧的案子。完糧交賦，自古以來，就是做老百姓的天職。沒有百姓的糧賦，朝廷吃甚麼？官府吃甚麼？八旗綠營吃甚麼？國家缺了糧賦，還能維持得下去嗎？盤古開天地以來，哪朝哪代不是把向百姓徵糧徵賦當作頭等大事來做！同樣，也把百姓的抗糧抗賦當作頭等大案來鎮壓。抗糧，這是個多麼可怕的罪名！聚眾抗糧鬧事，簡直如同反叛，鎮壓討伐，理所當然。殺一儆百，鎮壓東鄉的目的，就是要穩住整個四川，甚至全國。這個道理是明擺着的，丁寶楨的話並沒有錯，身為朝廷命官的張之洞也知道此中的關係。

那麼，東鄉這個案子就不要去翻了？抑或是自己不去插手，讓別人去做？

張之洞背着手在書房裏緩緩地踱來踱去。夫人親手端來的銀耳羹擺在書案上很久了，他也沒有心思去喝一口。他焦急着，心裏煩躁不安，腦子裏思緒紛雜，一團亂麻似的難以理清。

「不，不能！」張之洞突然發狂一樣的在心裏喊叫。儒家信徒的「民本」思想，言官史家的職守使命，前任學政的道義責任，熱血男兒的天理良心，所有這些都告誡他，敦促他，決不能袖手旁觀，決不能冷漠淡然，決不能因個人得失而放棄人間公道！

張之洞停止踱步，毅然坐到書案前，將已冷了的銀耳羹一口吞下，決心義無反顧地為東鄉冤民上疏請命。

他托腮凝思。

東鄉一案的關鍵是屬性。若屬聚眾抗糧鬧事，則派兵鎮壓並無大錯，失誤只在殺人過多。顯然，光緒元年的定案之所以對當事人處理過輕，光緒四年的複審之所以維持原判不變，都是基於這種認識。

但事情原本不是這樣。

案發的第二年春天，張之洞到綏定府考試生童，東鄉縣屬綏定府管轄。考試中，有十多份試卷不是按題作答，而是向學台訴說東鄉的冤情。張之洞確信此案一定冤情甚重，否則生童不會做出此種違規之舉。出於同情，張之洞沒有斥責這些生童；限於身份，他也沒有將此事告訴撫台和兩司。他只希望朝廷能秉公辦理，早安人心。這些天，聽了楊銳、何燃等人的敍說，他心裏更有底了，此案不是抗糧鬧事，而是對苛政的不滿。

做過三年四川學政的張之洞，對蜀中官吏的苛徵勒索深有了解。是的，現在就藉為東鄉民人伸冤叫屈的機會，向太后和皇上奏報四川賦稅的實情。他提起筆，將自己所知的一切寫了出來——

四川的賦稅與他省不同。咸豐中葉，軍餉緊缺，朝中大臣議定四川於錢糧之外再加津貼。所謂津貼，即按糧攤派，正賦一兩，則額外再徵收一兩。咸豐末年，則又議於津貼之外加收捐輸。所謂捐輸，也是按糧攤派。四川全省一百六十州縣，除最為貧苦的二十多個州縣外，其他各州各縣皆派及，或一年一派，或兩年三派，全是藩司決定。每縣地丁五六千金的，捐輸則派到萬金之上，這筆銀子都攤到各人頭上，不能少出。而所有這些，才只是報部完餉的正款，至于州縣府各級的耗羨、運費還不算在內。不僅僅這些，四川省還有許多雜派，其中雜派最多的是各種名目繁多的局，如夫馬局、三費局等等，此等局員的開支皆取之於民。各種雜費加起來，農人上繳的多於正款的錢糧，多則十倍，少的也到了五六倍。更可恨者，川省官吏還規定，農人必須先完雜費再完正款，一切完清後官府才發串票。若不繳雜費，即使完清正款的也不發串票。無串票，官府可視為未完錢糧而拘捕。川省官吏的這種手段，可謂狠毒。

他省捐輸，不過偶一為之，即有勒派，也只加累富室而已，而川省捐輸之數，一向由藩司派定，照文徵收。從前歷次奏報中所說的東鄉農人於正賦外每兩加錢五百文，並非向富室勒捐，而是向每個人頭加派；也並非為國家增收財富，而是州縣府各級官府用來肥私利己。東鄉鄉民的憤怒正是衝着這一點而來的。

此外，東鄉從同治八年以來，六七年間向鄉民徵收數萬銀子，而縣衙門從未有一紙清賬向鄉民公佈。鄉民要求公佈賬目清單，這也是合理的舉動，不為過份。東鄉鄉民憤恨加賦，請求清賬，這兩件事合起來，被縣令孫定楊誣告為聚眾抗糧鬧事，派兵鎮壓，造成了大血案。

張之洞寫完這段話後，放下筆來，長長地吁了一口氣。這口氣已經憋了很多年了。

在四川做學政期間，眼看川民為官府的敲詐勒索而怨聲載道時，他就憋了一肚子氣，回京師幾年來這口氣也一直沒有機會吐出。現在借東鄉之案上此奏章，既為東鄉的翻案找到了依據，又為川民說了話，出了這股多年悶氣。自己的俸祿，名為朝廷發給，而朝廷並不種田織布，還不都是百姓的血汗？因此當官要為民作主，乃天經地義。身為言官，為民請命，正是本職所在。今天的這份奏章，才是名副其實的言官之摺。想到這裏，張之洞頗為興奮起來。

「懿嫻！」他突然高聲叫起夫人的芳名來。

王夫人正在東廂房裏與春蘭逗女兒玩，猛聽得丈夫呼她的閨名，甚是驚奇，春蘭也感到意外。通常，張之洞都不叫夫人的名字，當着夫人的面說話時從不稱呼，對下人說話則用「夫人」二字代替。出了甚麼事兒？王夫人忙不迭地跑出東廂房，春蘭牽着小姐跟在後面。

還未踏進門檻，王夫人便氣喘吁吁地問。踏進門後，卻見丈夫滿臉得色地站在書案邊。

「怎麼啦，四爺！」

「你吩咐春蘭，今天中午包餃子吃！」

「有甚麼喜事了？」見丈夫高興，王夫人也高興地笑起來。

這幾天，張之洞為東鄉的事愁眉苦臉，茶飯不思。王夫人看在眼裏，疼在心頭，但他知道丈夫的脾性，不敢多問。張之洞雖然生長在貴州，但家裏一直保持着北方人的生活習慣，經常吃麵食，逢年過節，或來了北方籍的客人，則包餃子以示鄭重。張之洞繼承這個家風，遇到喜慶，則安排家裏包餃子。王夫人和大根、春蘭都是北方人，一聽包餃子，更是滿心歡喜。

張之洞對夫人說：「我張香濤做了三年四川學政，總覺得欠了蜀中父老一筆很大的情，今天總算還了一點，故先來個自我慶賀。」

看着丈夫臉上綻開發自內心的笑容，王夫人甚是快慰。她忙叫大根上街去割肉買韭菜，然後帶着春蘭親自下廚張羅。

張之洞繼續構思他的奏章。

東鄉鄉民不是無理取鬧，而遭到如此慘毒的殺害，這就是冤案。冤案不雪，民心不服。民心、民心，張之洞想到這裏，心情陡然沉重起來。

童年和少年時代在興義府長大的張之洞，經常親眼看到貧病交加的貴州老鄉流落街頭、逃荒討飯的情景。一年到頭，光倒斃在知府衙門外的餓殍就數以百計。興義府所屬各縣的苗民常常鬧事，身為知府的父親一面彈壓，一面也同情，在飯桌邊對家人說：「苗民沒飯吃，沒衣穿，受苦受罪，鬧事也是逼出來的。」父親的這些歎息，深深地印在張之洞幼小的心靈中。青年時代回直隸老家參加鄉試，後又去河南巡撫衙門做幕僚，再後來又去浙江、湖北、四川，從西南到京畿，從江南到荊楚，張之洞所到之處，民不聊生的多，富裕小康的少；人心浮動的多，安居樂業的少；怨聲載道的多，歌功頌德的少。真的是國本鬆動，民心可慮呀！

身為大清詹事府官員，理所當然應當借東鄉一案的典型事例，將「民心」二字的重要向太后、皇上指出，這實在是關係到大清長治久安的頭等大事，也是身沐皇恩的大清臣子對朝廷的最大忠誠。張之洞想到這裏，凜然提起筆來繼續寫下去。豐厚的學養，過人的記誦能力，使得他在引經據典這方面，一向得心應手，左右逢源——我朝深仁厚澤，美不勝書，然大要則有二事：一曰賦斂輕，一曰刑罰平。賦輕不至竭民財，刑平則不肯殘民命。順治元年，世祖告誡羣臣，凡官吏蒙混倍徵者殺無赦。十三年又下令嚴禁加派。康熙五十二年，聖祖特頒「永不加賦」之諭。此為古今數千年所無之善政。至於好生惡殺，慎重刑辟，乃列聖相傳之心。順治十年，聖諭告誡：死者不可復生，誤者不可復改，務必平心守法，使人不冤。康熙十二年敕刑部，所押罪犯，凡情罪稍可矜疑者概行省釋。康熙二十四年又規定，凡官吏犯有貪污之罪，概不寬免。

接下來，張之洞又列舉康熙、雍正、乾隆、道光等朝對幾個大案件的慎重處理事例。因為懲治了貪官污吏，故而贏得民心，在史冊上留下美譽。這些先例應是這次處理東鄉冤案的借鑒。最後，張之洞傾注滿腔之情，為這道奏章收了尾：臣來自蜀中，實有見聞，若不發言，上無以對朝廷，下無以對四川通省之士民。願皇太后、皇上深惟祖訓至嚴，人命至重，民心可畏，天鑒難欺，關係至大，不獨一蜀。應如何核議之處，恭候聖裁！擱下筆，張之洞這才發覺肚子已餓了，對着窗外大叫「開飯」。王夫人笑吟吟地走過來告訴丈夫，全家人為等他吃餃子，中飯已足足推遲一個時辰了。

吃完飯後，張之洞在小庭院裏散着步，思維仍沒有從東鄉案件中解脱出來。東鄉發生的這一起四百多條人命的重大慘案，完全是人為的，縣令孫定揚、提督李有恆負有主要責任，不殺這兩個人不足以平民憤，也不能達到為這起冤案平反昭雪的目的。上午的奏章還沒有來得及講這一點，而這個體現四川通省士民的要求必須上達天聽，請求聖旨批准。因此，很有必要再附一片。

張之洞匆匆結束散步，走進書房，又拿起筆來。正要動筆時，關於東鄉之案的另一方面的情況突然浮出腦海。而這，又恰恰是這幾年來無論定案，還是複審時都被各方忽視了。張之洞在四川時就聽說過，前兩天楊銳、何燃、黃奇祥也說到了。原來，此案發生前還有這樣一個過程。

光緒元年春天，一股對苛政不滿的情緒，開始在東鄉縣四鄉農人中蔓延，大有釀成事端的可能。綏定府知府易蔭芝得知這一情況後，立即指示縣令孫定揚下鄉查訪實情，並主張減輕勒索，緩解民怨。孫定揚拒不執行，反而向川北鎮請求派兵鎮壓。易蔭芝派人飛馳川北鎮，止其發兵。又派署太平縣令祝士棻前往東鄉。祝士棻與四鄉農人和談，並簽字畫押，遵守共同訂下的條款。東鄉民情有所緩和。不料，孫定揚向省垣告易、祝二人的狀。於是總督文格派出總兵謝思友帶兵前往東鄉。謝思友到了東鄉後知道農人並非叛逆，遂施行安撫之策。後來，易、祝、謝三人均遭彈劾，由提督李有恆、縣令孫定揚一手造成了那場慘禍。

張之洞認為，這個慘痛的教訓應該給人們以重大的啟示，即負有地方之責的官員，必須時刻關注民情，應制止事件於剛萌芽的時候。如此，則不易出現難以收拾的大變。東鄉之事，若按易蔭芝的辦法去做，早減捐勒，則不會惡化。另外，同一件事情，處理方式不同，也會引出完全不同的結果。若遵照祝士棻的方式去做，與鄉民相約畫押，各自信守，則將會平靜地解決紛爭。若按謝思友之法，安撫鬧事之人，則能消去怨氣，也不會使事端激發。可惜的是，三個有識的官員，卻被無知的庸吏給排擠了。

張之洞想，一定要把這個過程向朝廷報告，一定要表彰在東鄉事件中那三個見識卓越而遭到不公平彈劾的好官。這對各省各級官吏都是極好的教育，從提高辦事才能、整頓吏治這個角度來看，或許比平反一個東鄉冤案更顯得重要。

張之洞提起筆來，為附片擬了一個「陳明重案初起辦理各員情形片」的題目，然後筆走龍蛇，把自己的這段認識急速地草擬出來。

掌燈時光，楊銳風塵僕僕地回到張府，向老師稟報了兩天來外出活動的情況。這兩天，楊銳拜訪了一位川籍御史、兩位川籍內閣中書，又在一個中書的引導下，拜訪了一位川籍戶部侍郎。這些官員對東鄉冤案都予以同情，但鑒於複審仍維持原判，又都認為要翻過來是件棘手的事，不能急，只能慢慢尋找機會。

「香師，我們怎麼能不急呢，我們不能在北京久住呀！若此案無一點進展，如何回川見父老鄉親呢？」楊銳滿是稚氣的圓胖臉上流露出幾分憂愁。

「你們的心情可以理解，不過他們說的也有道理。」張之洞說，心裏在想着「機會」二字。是的，若是遇着一個好機會的話，的確事情會要好辦些。但是，機會，機會在哪裏呢？

「叔嶠，我已草擬了一摺一片。你先看看，有甚麼想法，也可以說說，這是草稿，還要修改。」

張之洞走到書案邊，拿起寸把厚的一疊紙來交給楊銳。

「哎呀，您寫了這麼多！」楊銳又驚又喜，忙雙手鄭重接過，彷彿捧起了東鄉士民的希望。

奏章，在年輕的士子楊銳的心目中，有着無比神聖的地位。這是寫給太后、皇上看的呀，若一旦被他們認可，墨寫的文字就會變成鐵的現實。楊銳寫過不少文章。他的文章被公認為寫得好，但那些文章有甚麼用呢？他心裏想，再好的想法，再有益於國計民生的建議，對不法情事的再嚴厲的抨擊，統統不過是紙上的文字而已，無絲毫實際意義，因為你不可能將它廣為散發，你的錦繡文章有幾個人讀呢？只有奏章這種文章才有作用，這才是真正的經世濟民的文字。回川後一定要更加發憤苦讀，科場一定要順利，要由舉人而進士，由進士而翰林，早一天取得香師今天的地位，早一天為國為民上疏進言！

楊銳懷着這種心情，一字一句地仔細讀着。張之洞的奏議，章法嚴謹而不呆板，遣辭準確而不乾澀，論據廣博而不蕪雜，建議周詳而不浮泛，素來享有很高的聲望。這一摺一片也同樣充分體現出「張奏」的特色。楊銳完全被它的魅力所吸引了。

就在楊銳閱讀的時候，張之洞的腦子裏又萌生了一個想法：在四川三年期間，親眼看到蜀民的苦痛不知有多少，但回京這些年來，卻並沒有看到川督川藩上過關於百姓困苦的奏疏，連川籍京官也不言及。地方官向來是報喜不報憂，掩藏危機，粉飾太平，以此來換取自己的升官晉級，至於百姓的生與死，則從不往心頭上記掛。京官每年要接受來自家鄉的地方官送來的冰敬和炭敬，以及其他各種名目的禮品。拿人家的手短，當然就只有靠說好話來回報。如此內外一致，太后、皇上就被蒙在鼓裏了。在朝廷的眼中，巴山蜀水，仍然還是千年前史冊上的那句老話：天府之國，富甲天下，殊不知如今已大不然了。應該趁此機會，把蜀民的苦困向太后、皇上奏報，既可以讓朝廷了解四川的實情，又有利於東鄉案子的再次審查。正要提起筆來時，他忽然覺得自己渾身都已疲倦了。

張之洞一向體質不強，三十多歲時兩鬢便有了白髮。四十歲過後，他常常有一種日趨衰老的感覺，心中不免有些恐懼：一生真正的事業尚未開始，這樣下去怎麼行呢？今日一天之間連擬了兩份奏疏，精力花費太多，更覺得比往日勞累。明天再寫吧！這個念頭剛一出來，便被他立即壓下去了。

張之洞是個性格倔強、意志堅毅的人，想辦的事就非要辦成不可。一天之內連上三道奏摺，這在他的過去是沒有過的事，滿朝文武中也罕有人做過這等事。然惟其如此，才能引起朝廷的重視，才能體現一個前四川學政的關愛蜀民之心。

「香師，正摺和附片我都拜讀過了。東鄉冤案，有您這樣的奏章遞上去，一定會很快昭雪的。」

楊鋭一顆熱切的心被張之洞的奏稿所深深打動，並由此而更增添了對老師的敬意。

「但願如此！」張之洞説。他斜依在靠背椅上，讓全身最大限度地放鬆。

「香師，您的這兩份奏稿，可不可以讓我來替你謄正？」

楊鋭的眼睛裏射出熱烈的目光。對於一個肩負父老鄉親重託的尊經學子來説，對於一個巴望仕途順利早日成為國家棟樑的年輕秀才來説，這是一件太富有意義的事情了。

見張之洞沒有做聲，他又趕緊補充一句：「讓我謄抄一遍吧，如果不能上奏，留下做個底子也好呀！」

若是在平時，張之洞是決不會同意楊鋭這個要求的。一來親自謄正奏稿，也是臣子對君上的一種忠誠的表示；二來畢竟還不是繁劇在身，有時間自己謄抄。但今夜還要草擬一個附片，分不出時間來，而瞬間冒出的另一個想法，更促使他很快作出了決定。

他想起了二十年前，他第一次會試落第，到河南開封堂兄張之萬那裏去做客。張之萬很器重這個堂弟，除密摺外，通常的奏摺，從草擬到拜發的過程，他都讓時年二十五歲的堂弟參與，或讓他起草，或要他謄抄，或給他看幕府中師爺們的稿本。就在這個過程中，張之洞得到很多見識。張之萬有時笑着對他説：「我這是在培養未來的疆吏。」張之洞終生記得堂兄的這份情誼。眼下這個剛過弱冠的尊經士子，其資質、品性、學識、才情都不在當年自己之下，將來的前途不可限量，正好讓他參與這幾道摺片的形成過程，借此歷練，也好使他終生對老師有一個美好的印象。

得到老師的明確答覆後，楊銳熱血高漲，一種神聖感頓時充滿他的全身。張之洞找出幾份自己留下的奏章副本，詳細地把格式和寫法給學生講了一遍，然後走出書房。他抬頭看了看天空，月牙彎彎，繁星密佈，深黑的天穹奇妙莫測，它給人以強烈的誘惑，又易使人生發出無窮的喟歎。一股夜風吹來，張之洞覺得有幾分寒意，已是二更時分了。

洗過一個熱水澡後，張之洞又恢復了白日的旺盛精力，回到書房時，楊銳正在燈下一筆一畫地認真謄抄。他從背後看了一下：書法端莊秀麗，格式也符合要求，心裏甚是滿意。一坐在書案邊，四川百姓生計困苦的景況，又浮現在他的腦子裏。

據楊銳說，上次恩承和童華從四川回京奏報朝廷，說一兩正款之外所加收的錢只有四千二百文，其實遠不止這個數。四川鄉民老實聽話，若僅只此數，大家再苦，也會咬緊牙關交出來。事實上，最貧瘠的縣，一兩正款之外也要加收六兩左右的銀子，許多縣高達十兩。這筆銀錢百姓實在負擔不起。至於東鄉縣，則更為嚴重。這是張之洞還在四川時就已經知道的。東鄉縣令孫定揚為填滿他本人及衙門裏那一夥貪婪之徒的腰包，巧立名目，橫徵暴斂，竟然在一兩正款之外收取高達十三四千文的苛捐雜稅。知府易蔭芝核減為七千文，已經不低了，但孫定揚不聽，我行我素，依然徵收十多倍於正款的錢。孫定揚正是逼迫百姓反對朝廷的那種貪官污吏！

張之洞想到這裏，頓時怒火滿腔。他鋪紙研墨，奮筆疾書：古人云：天心在民心，民安即國泰，民定則國寧。減捐輕賦以蘇蜀民，此今日治蜀之第一計也。孫定揚逼民於絕路，李有恆濫殺至無辜，彼輩不獨為蜀民之罪人，實為朝廷之罪人。從來壞聖君之英名，毀大業之根基者，皆孫、李等亂政殘民之蛀蟲也。此輩不誅，民心何能得安寧，國家何能至大治，朝廷何能樹威儀，上天何能降平安？「好，就這樣定稿！」

張之洞為自己擬的這幾句文字興奮起來，將筆一扔，霍然站起。楊銳正在屏息靜氣地謄抄，被張之洞這一聲高叫所驚動，知道老師又得絕妙之句，忙過來先睹為快。

「香師，有您這幾句，孫定揚、李有恆不上斷頭台，怕連太后都不會答應了。」

楊銳說完，捧起這份奏稿，又大聲朗誦一遍，由衷佩服不已。

「不僅要借他們頭來為蜀中父老出一口氣，還要借他們的頭來整一整天下的吏治！」

望着夜色深沉的窗外，張之洞堅定地說。「香師，快四更天了，您去歇息吧，我來抄，天亮之前可以抄好。如果您滿意的話，上午即可拜發。」

到底是二十剛出頭的小伙子，楊銳一絲倦意都沒有，反倒被為民請命的崇高情感所激勵，情緒越發高昂了。

「叔嶠，你以為這三道奏章上去，東鄉冤案就一定會昭雪，孫定揚、李有恆就一定會被砍頭嗎？」

張之洞目光凝重地望着面色紅潤的年輕士子。

「有您這三道奏章上去，再有幾個人配合籲懇，事情一定會辦成的。」楊銳很有把握地點點頭。

「可能不會有這麼便當。」張之洞轉眼望着書案上那簇橘黃色的燈燄，慢慢地說，「先前的定案和去年的複審，都是有諭旨肯定的，現在要再請諭旨來推翻前定，談何容易啊！」

如同一盆冷水澆來，尊經書院的小秀才一時沒有主意了，他呆呆地看着背手踱步的老師，口裏喃喃地唸着：「那怎麼辦呢，那怎麼辦呢？」

是的，怎麼辦呢？張之洞也在苦苦地思索這個問題。遠處，似乎隱隱約約地傳來晨雞的打鳴聲，天快破曉了！他毫無睡意，正陷於沉思中。

突然，他想起一件事情來，頓時心裏燃起一股希望，忙對楊銳說：「不抄了，你也快去睡覺，這幾份奏章暫不拜發，過幾天再說。」

為甚麼要過幾天再說呢？楊銳滿腹疑慮地望着頗有點情緒化的前學台，他不能理解老師為何陡然之間又發生了變化。

8 張之萬對堂弟說：做官是有訣竅的

十天前，張之洞接到鄉居多年的堂兄張之萬的一封信。信上說，醇邸邀請他進京小住幾天，敘敘別情，談談詩文。他很榮耀地接受了這一邀請，即日進京，將下榻賢良寺。

看信的時候，張之洞只是為兄弟即將見面而高興，並未作深思。今天凌晨，為上摺子的事，他突然想起了這封信，心中似有一個亮點在閃爍。現在，張之洞睡了兩個時辰後醒來，獨自坐在書房裏，把堂兄的信找出來又重新讀了一遍，開始深入地研究這件事。

張之萬真正是個天下少有的幸運兒。

道光二十七年，張之萬高中狀元，金榜張掛後，即刻名動四海，全國士人莫不豔羨敬仰。三年後，他督學河南，期滿後回京，充任道光帝第八子鍾郡王奕詥的師傅。同治元年被擢升為禮部侍郎，遵兩宮太后之命，輯前代有所作為的帝王和垂簾聽政的皇太后的事跡，以供執政參考。慈禧很看重這部書，親自賜名為《治平寶鑒》。年底出任河南巡撫。同治五年調任漕運總督，與曾國藩、李鴻章一道，受命防剿捻軍。同治九年調江蘇巡撫，十年升閩浙總督。這一年，張之萬年已花甲，母親八十二歲。

張之萬雖然官運亨通，但他書生氣濃厚，讀書為文給他帶來的愉悅，更要勝過權力加給他的喧赫。

他尤喜繪事，每天退下公堂後都要畫上幾筆，自我欣賞，其樂陶陶。況且他性情較為衝和疏散，不太能耐繁劇。於是，在六十二歲那年，便以母老乞養為由，拋開權高勢大的閩浙總督不當，致仕回南皮老家，過着悠閒自得的書畫生涯。

然而，張之萬此舉卻給他在官場士林贏得極高的聲譽，眾口一辭讚揚他志趣高潔，事母至孝。以清廉自勵的張之洞對這位堂兄更是欽仰不已。

去年年底，九十歲的老母去世，年近古稀的張之萬恪盡孝子的職責，在母親墓旁築廬守制，謝絕一切應酬。為何醇親王卻在這個時候突然召他進京，難道僅僅只是敍敍別情、談談詩文嗎？

張之洞知道，醇王和鍾王均為莊順皇貴妃所生，關係從來就十分親密。張之萬在做鍾王師傅的時候，醇王也常常向他討教。張之萬亦對這位聰穎的皇七子殷勤至極。彼此之間的交往非比一般。現在，醇王的兒子做了皇帝，他在朝中的份量自然遠重昔日。同樣，他對國事的關心，也自然會遠過昔日。那麼，他此時召張之萬進京，一定有國事相商。然則，他們商討的又會是甚麼國事呢？

張之洞決定派大根去賢良寺打聽一下，看看張之萬來了沒有；如果還未來，將會在甚麼時候到。既然是奉醇邸之邀，賢良寺一定會早作安排的。

下午，大根興衝衝地回來向四叔稟告：子青老伯已在三天前住進賢良寺，昨天拜會了醇邸，今天拜會鍾邸，要深夜才會回賢良寺。

子青是張之萬的字。張之萬比張之洞大二十八歲。第一次見面時，張之萬已是五十多歲了，張之洞不知如何稱呼為好。張之萬笑着說：「我已做了爺爺，開始進入老年了，你就叫我老哥吧！」張之洞稱張之萬為子青老哥，大根便只好叫他子青老伯了。

張之洞喜道：「你今夜守在賢良寺，務必要見到子青老伯，問他哪天有空，我去拜會他。」

第二天清早，大根回家說：「子青老伯說，中午請四叔過去，一起在賢良寺吃午飯。」

老哥如此熱情，張之洞興奮不已，忙吩咐大根去後院餵飽騾子，洗刷轎車。巳正時刻，張之洞懷揣着楊銳謄抄的三道奏摺，坐上由大根駕駛的藍呢騾拉轎車出了門。

賢良寺在皇城附近的金魚胡同裏，它並不是一座佛寺，原本是雍正朝怡賢親王的府第，現為朝廷的驛館。各省督撫提鎮等文武大員進京陛見，大都住在這裏，為的是便於覲見太后、皇上。

剛到大門口，一個身著長袍馬褂幹練機警的中年男子衝着大根問：「是四爺來了嗎？」

「是的。」大根邊答邊掉頭對轎車裏的張之洞說，「這位是子青老伯過去的幕友，我昨天見到他與老伯在一起。他可能是專門在此等候您。」

說話間騾車停住，張之洞從轎車裏走出來，中年男子迎上去，微笑着說：「給四爺請安！我是制台大人派來接四爺的。我姓桑，桑葉的桑。」

張之洞從來沒有見過此人，聽大根剛才說是堂兄先前的幕友，便客氣地說：「桑先生，勞你久等了。」

「哪裏，哪裏。請進吧！」

桑先生陪着張之洞穿過一條兩旁花木扶疏，中間用黑白兩色鵝卵石鋪就的甬道，來到賢良寺的後院。這裏並排建有三座互不相聯的四合院，院子結構小巧精細，四周環繞着古柏翠竹。比起前院來，此處更顯得清幽雅潔。張之洞來過賢良寺前院多次，卻沒有到過後院，不知尚有這樣三座頗為神秘的特殊建築。在左邊一座小院的門前，桑先生停止腳步，伸出右手，略微彎了彎腰說：「四爺請進，制台大人正在裏面等着。」

張之洞也不謙讓，大步邁進了院子。

「是香濤來了嗎？」

隨着一聲宏亮的問話，一位精神矍鑠的老者走了出來。

「老哥！」張之洞熱烈地喊了一聲，快步走上前去，恭恭敬敬地向堂兄鞠了一躬。

「不要行禮，不要行禮！」張之萬扶着堂弟，滿是笑容的眼睛將他上下打量了一番。「十多年沒有見面，你也是中年人了，身子骨還好吧！」

「託老哥的福，身子骨好着哩！」

張之洞注視着暌違良久的堂兄：老是比先前老多了，但七十歲的人了，能這般精神爽朗，身板健旺，也真的不容易。他笑着說：「老哥，從你說話的聲音聽來，底氣比我還足哩！」

「哈哈哈！」張之萬大聲笑起來，說，「進來坐吧！」

張之洞隨着堂兄進了客廳。這裏擺着一色新製的梨木傢具，黑紅色的油漆閃閃發亮，茶几上放着太湖石盆景，牆壁上懸掛着鄭板橋、劉鏞等人的字畫。整個客廳顯得高雅脫俗。剛落座，便有衣著鮮麗的小廝進來沏茶上糕點，安排好後，再悄悄地退出。

「我是大前天下午進的京，」張之萬端起雪白細胎起青花的宮廷用瓷碗，淺淺地吮了一口茶，說：

「醇王府裏便派人在此等候了，故而前天便去拜謁醇王。深夜回賢良寺時，才知道鍾王府裏的人已在此等候兩個時辰了，於是昨天又去拜謁鍾王。正在為沒有空去通知賢弟而發愁，恰好昨夜大根來了。我於是今天謝絕別的邀請，特請賢弟來此敍談敍談。家裏都還好嗎？」

張之萬的這份親熱，令張之洞感激，忙答：「都好，都好！能在醇王、鍾王之後我們兄弟就見面，也真是老哥的特別安排了。」

說話間，張之洞見堂兄一身布袍布履，知他拜會二王時都未脫守制之服，更對這位嚴守禮儀的堂兄倍添敬意，說：「大伯母仙逝，我也未能回南皮磕頭祭奠，心中實未能安。」

張之萬戚然說：「你遠在京師，自然不能回去。古稀孝子送九秩老母，無論生者還是逝者，都已無遺憾了。」

張之洞點頭說：「大伯母福大壽大，不僅是我們張氏家族的母儀，且足以表率鄉邦，垂範後昆。」

張之萬說：「老母臨終時，格外掛牽在外邊做官的你和滋軒。說為國家辦事不容易，要你們兩郎舅自己多多保重。滋軒近來如何？他很長時間沒有給我來信了。」

滋軒是張之洞三姐夫鹿傳霖的表字。張之洞有六兄弟八姐妹，鹿傳霖是他的三姐夫。

鹿傳霖是直隸定興人。父親鹿丕宗在貴州都勻府做知府時，張之洞的父親正在大興府做知府，二人既是同鄉，又同為一郡之守，故成為好友，進而結為兒女親家。那一年苗民鬧事，攻破都勻，鹿丕宗夫婦同時被殺。二十歲的舉人鹿傳霖衝出城外，搬來官兵，收復都勻，由此聲名大震。後來，鹿傳霖投奔正在安徽與捻軍作戰的欽差大臣勝保。同治元年考中進士，選為庶吉士，散館後沒有留翰林院，而是改放廣西知縣。這種資歷有個名稱，叫做老虎班。

原來，通常的進士放知縣，需要等候一段時期，待有缺出之後，才能補缺成為正式的縣令。庶吉士散館改放地方，不須等候，立馬上任。這就叫「老虎班」。虎為百獸之王，獸類都怕它讓它，庶吉士下來的縣令，候補的進士們都得讓它，就像百獸讓虎一樣。這可能就是「老虎班」一詞的來歷。

鹿傳霖有着一般書生所沒有的膽氣，又有軍旅生涯的經歷，故而在平息地方騷亂，維持社會秩序方面，便遠不是通常的縣令所可比擬的。這些年來戰亂頻仍，各地均不太平，正是鹿傳霖施展才幹的好時機。於是，他便因此步步高升，官運亨通，由縣令而知府而道員，去年又升為福建按察使，已做到負責一省刑名治安的高級官員了。比起這個能幹的姐夫來，只小兩歲晚一年通籍的舅子，便要顯得遷升慢了。在仕途上，功成名就的堂兄和幹練通達的姐夫，常常是張之洞的鞭策。

「上個月收到滋軒的一封信。他在福建過得很好，家眷也都平安，年底第二個媳婦將過門。」

張之洞正想問一問幾個住在南皮的遠親的近況，桑先生走了進來，對張之萬說：「青帥，酒菜已在清風軒裏擺好了。」

「好。」張之萬起身，對堂弟說，「香濤，我們過去吃飯。」

走進清風軒，只見古雅的八仙桌上只擺着兩雙筷子。張之萬指着僅有的兩張靠背椅說：「今天這頓飯只有我們兄弟倆，我們慢慢地邊吃邊聊。」

張之洞正要將東鄉的事情好好跟堂兄說一說，又要細細地打聽一下堂兄和醇王的這次不尋常的會晤，如此安排真是太好了。

兄弟倆坐定，喝了一口酒後，張之洞問：「老哥，這位桑先生是個甚麼人？是跟你從南皮進京的，還是本就住在京師？」

張之萬搖搖頭：「既不是從南皮跟我來的，也不是住在京師的，他是應我的邀請，昨天從隱居地燕山腳下古北口來賢良寺與我相見的。」

隱居、燕山、古北口，與機警、幹練、灑脫交織在一起，立即在張之洞的腦子裏組成了一幅奇異的圖景。他對這位桑先生有着一股少有的濃厚興趣。

「這是個甚麼人，您一進京，便把他從隱居地招來相見？」

「說來話長了。」張之萬微微一笑。「同治九年，我在江蘇做巡撫。有次在蘇州織造春熙府上做客，見他的客廳裏懸掛着一幅中堂，畫的是嵩山絕頂圖。莽莽蒼蒼，氣象萬千，甚得山水之奧妙。我自認為畫山水四十多年了，尚畫不出此畫的氣概來。便問春熙，此畫是誰人所作。春熙說，這畫是朋友送的，據說畫畫的人就寄居在虎丘。大人若是喜歡，明天就派人去虎丘，叫他畫一幅更好的送給大人。我走到畫前，再仔細端詳着這幅嵩山絕頂圖，愈看愈覺得手筆不凡，便對春熙說，此人不能召喚，不要你派人去叫，得用轎子把他接到巡撫衙門裏來。春熙說，一個窮賣畫的，也值得中丞用轎子去接嗎？他哪裏受得起這個禮遇，多給他幾兩銀子好啦。香濤，你聽聽，這就是旗人的口氣！」

「又是一個焚琴煮鶴的俗吏！」張之洞冷笑道。

張之洞這句話有一個典故。明代蘇州有個大畫家沈周，名重一時。有次蘇州知府要找一個畫畫的人，左右推薦沈周。知府發硃票傳喚沈周，並命他立即在走廊上作畫。沈周對知府的無禮甚是惱火，便揮筆畫了一張《焚琴煮鶴圖》。知府不知沈周在譏諷他不懂藝術，居然把畫掛了出來，引來蘇州文士們一片訕笑。

「香濤，大家都說你做詩用典確切，你這順手牽來的典故真是切得太準了。」

同是發生在蘇州的故事，同是官家對民間藝人的惡劣態度，相似之處，如同翻版。張之萬對堂弟的腹笥功夫由衷佩服。

張之洞笑了笑，沒有答話。

「第二天，我把自用的綠呢大轎派出去，從虎丘接來這位畫師，他就是這個桑先生桑治平，表字仲子。那年他三十出頭，長得一表人才。」張之萬滿臉喜悅地說下去，「我和他談了一個多時辰的話，發覺他不僅精於繪事，而且有着滿腹經濟之學，心中詫異：這樣一個難得的人才，怎麼會寄居虎丘古寺，靠賣畫謀生？我問他，他只簡單地說了兩句：十年前遭遇一場大變故，事業毀滅了，從此便四海為家，以鬻畫謀食。我問他收入豐厚不豐厚。他苦笑着說，看畫者多，買畫者少，收入菲薄，聊以度日而已。我便對他說，我愛畫畫，極願與你交個朋友，你間或也可幫我做點衙門裏的事；若不嫌棄的話，你就留在我這兒，我給你月支一份薪水如何？桑治平說，中丞大人對我如此器重，不容我不答應，只是做不了甚麼事，很覺慚愧。我笑着說，即使甚麼事都不做，一個月畫一幅畫送給衙門也好呀！就這樣，桑治平留下了。後來我到福州，他也跟着去了。他果然每個月送幅畫給我，說是頂薪水。其實，他幫過我很多忙，出過不少好主意。同治十二年，我辭官回南皮。桑治平說，我又要闖蕩江湖了，但我會永遠與您保持聯繫。第二年他來信告訴我，已在古北口成家落戶。香濤，我對你說了這麼多，是想介紹他與你認識。據我的觀察，此人不是一般的人，你今後可以和他做個朋友。」

張之洞是個喜好奇特的人，自謂喜讀天下奇書，喜識天下奇器，喜交天下奇才，喜做天下奇事。剛才在大門口一見面，桑治平便給他留下極深的印象，現在聽堂兄這番介紹後，他立即意識到此人是個與眾不同的奇人，遂點頭說：「這個桑治平的確不是凡庸，古北口離京師不過三百來里路，過些日子，我親自到他家裏去拜訪他，以示訂交的誠意。」

「好！」張之萬舉起酒杯來，「喝酒！」

張之洞將酒杯舉起，互相碰了一下，喝了一口酒，吃了點菜後，張之萬笑着說：「這幾年賢弟回京師來，連上了幾十道很有力量的奏章，朝野震動，太后召見，真正是名播海內。前天醇王爺還在我面前稱讚你哩。」

這是個重要的信息。張之洞忙問：「醇王爺說了些甚麼？」

「醇王爺說，你的堂弟張之洞是條硬漢子，不怕洋人，太后賞識他，我也喜歡他，他是個有骨氣的人。又說，太后和我都同意他的意見，殺掉崇厚，給點顏色讓俄國人看看。只是想到崇厚的祖上為打江山出了大力，故改為斬監候。太后和我都希望他今後多上好奏章。」張之萬順手捋了捋稀疏的花白鬍鬚，笑瞇瞇地望着堂弟說，「有你這樣的賢弟，老哥我的臉上都光彩不少。」

聽了這話，張之洞的心裏十分高興，一個重大的設想突然跳進腦子：何不趁此機會，請老哥引見引見，到醇邸去走一趟呢？如果東鄉這個案子得到醇王的同情，那就好辦多了。尤其是，如果與醇王建立起交往，則於今後的仕途，簡直有不可估量的好處。

張之洞做了十多年的京官，雖然見過醇王幾面，卻沒有受到過醇王的接見，對於這位貴為皇上本生父的王爺，他也只是從道聽途說中得到的印象。醇王眼下除開一個親王的封爵外，不兼任何差。張之洞弄不清楚，這個僅只四十歲的皇上本生父，究竟是對政事本就缺乏興趣呢，還是憚於西太后的威權，不願插手其間，以免遭不測？抑或是暫作韜晦，待皇上親政後再圖作為呢？對這位王爺的脾性打小起就了解，這幾天又頻繁出入王府的堂兄，於此必有自己的明識。

「老哥，請恕我冒昧，我直言問您一句話，您能答就答，不能答就算了。」張之洞放下酒杯，目光逼視着瘦瘦精精的堂兄。

「你要問句甚麼話，這般鄭重其事？」張之萬不自覺地也放下杯筷，神情悚然起來。

張之洞將身子向前推移幾寸，直截了當地問：「醇邸這次召您進京，除敍別情談詩文外，還有別的事情嗎？」

張之萬望着堂弟那雙比常人略顯長大的雙眼，停了片刻，反問：「你說呢？」

「要我說，肯定還有別的事。」張之洞摸着酒杯，神情似乎比剛才鬆弛了許多。「要不然，他不會將您這個古稀老者從偏遠的南皮突然召進京來。」

「讓你給說對了。」張之萬重新端起酒杯，淺淺地喝了一口，說，「其實你不問，我也會告訴你的，只不過這是我們兄弟倆的私房話，你絕不能對外說起半個字。」

張之萬一直覺得自己對堂弟有所虧欠，故而特別照顧。這些年來，他常在書信中對堂弟談自己的宦海感受，以便堂弟多一些借鑒。張之洞對堂兄的這種關懷一向很感激。自然，與醇邸會晤這等大事，若不是出於兄弟情誼，張之萬是決不會說出其中的內容的；毫無疑問，這也是決不能對外洩露的。張之洞重重地點了一下頭。

「醇王要我出山。」

「噢——」張之洞長長地應了一聲，這頗為出乎他的意料。「現在怕不行，還正在守制期間裏。」

「是呀！」張之萬輕輕地說，「醇王爺因為不知道，聽我這樣說，他沒有強求，只好說一等服闋就進京吧！」

堂兄能東山再起，進京擔任要職，對張之洞來說無疑是一件求之不得的大好事。他忙說：「您沒有推辭吧！」

張之萬笑着說：「我對醇王爺說，我山居六七年了，過兩年愈加老了，再出山也不能為朝廷做甚麼事。」

「醇王怎麼說？」張之洞急着問。

「醇王爺說，鎮撫國家，還得靠老成。皇帝一年年長大，再過幾年就要親政了，我要為他預備幾個靠得住的人。你不要推辭，服闋即進京，一言為定！我原是因為親老而辭官的，現在老母已歸道山，醇王爺既然不嫌我老，我也就再沒有別的理由不出山了。」張之萬樂哈哈地一邊說，一邊喝了一大口酒。

張之洞知道，當年若就是現在的局面，即醇王的兒子已登位的話，張之萬是決不會辭官歸里的。人之常情是久動思靜、久靜思動，說不定這些年他天天在南皮盼望着朝廷的徵召。想到這裏，張之洞很是興奮，他舉起酒杯，高聲說：「恭喜您，老哥，到時我回南皮接您！」

「哪裏敢勞賢弟的大駕！」張之萬自己更是滿心歡喜。

「老哥，我再冒昧問你一句話，醇王眼下不兼一差，也不過問國事，他究竟是怕妨礙兩宮太后，還是本於此無興趣？」

張之洞瞪着兩隻發亮的大眼睛，靜靜地聽着堂兄將要發表的意見，這可是關係朝局的大事！

「哼！」張之萬冷笑一聲，說，「香濤，你是個史冊爛熟於心的人，你想想看，歷朝歷代有哪個近支王公對國事沒有興趣？老說沒興趣，恰恰就是最有興趣。何況自己的兒子現正做着皇帝，他醇王爺就真的能心如古井嗎？你聽我慢慢地跟你說。」

張之萬將杯中的剩酒喝完，張之洞忙提起酒壺給他倒滿。清風軒的侍役進來，送上一碗熱湯，又遞給每人一條熱毛巾。擦過臉和手後，張之萬對侍役說不要再添湯菜了。賢良寺的侍役懂規矩，知道住這裏的人都有些不能讓別人曉得的機密。侍役點點頭，接過毛巾，輕輕地出去，然後將房門拉緊。張之萬繼續他的話題：

「咸豐四年，我從河南學政任上內召回京，為鍾郡王授讀。那時，鍾王爺十三歲，醇王爺十四歲，兄弟倆因為是同母所生，關係親密，互相往來頻繁，因此我也得以與醇王爺親近。我在兩位王爺身邊整整七年，真可謂親眼看着兩位王爺長大。不怕賢弟見笑，我與兩位王爺，名義上雖是君臣之義，其實已近於骨肉之情。」

說到這裏，張之萬的臉上流露出十分欣慰的神色。張之洞很能理解堂兄的這種欣慰，有如此經歷，真正是人生之幸。

清朝皇子的師傅，多出於殿試中的一甲三名，有幸被選作為皇子的師傅，乃是極大的榮耀。若是福大命好，所教的皇子登基做了皇帝，做師傅的則會有天大的榮光和崇隆的地位。即使所教的皇子沒有做上皇帝，因為尊師重道的緣故，做過師傅的人也會受到皇家的尊敬，而享受到許多別人享受不到的優待；至於皇子，通常都會終身對師傅禮遇。張之洞探花出身，卻沒有被選為皇子的師傅，他為此而遺憾過很多年。

「師傅做得久了，我對於兩位王爺的脾性也摸透了。總的來說，兩位王爺都不屬於強悍一類。不僅僅是醇王爺、鍾王爺，包括文宗爺、恭王爺、孚王爺在內，都沒有太祖太宗那種豪邁剽悍的氣習，這可能是宣宗爺敦厚仁慈的遺風所致，他們幾兄弟都秉性溫良仁懦，其中尤以鍾王爺為甚，其次便是孚王。比起三位皇兄來，他們的政事興趣要淡些，而醇王爺不是這樣。」

說到這裏，張之萬禁不住提高了嗓音。張之洞挺起身來正襟危坐，在腦子裏展開一張吸墨紙，要把當年皇子師傅的每一字每一句都吸收進來。

「醇王爺在政事上，有一種天潢貴冑所特有的責任心。在他看來，江山是祖宗打下來的，自己不管誰管？就憑這種責任心，文宗爺龍馭上賓時，他不能容忍肅順等人仗着顧命大臣的身份欺負兩宮太后，於是和兩宮太后、恭王裏應外合，辦成了辛酉年那樁大事。二十二歲的醇王爺帶兵半夜馳奔密雲抓肅順那一節，今後搬上書場戲台，也是夠驚險英勇的。香濤，我還對你說件事。」

張之萬停了一會，似在回憶當年那段歷史風雲。

「因為醇王福晉是西太后的胞妹，故而醇王夫婦與兩宮太后的關係格外親密。文宗爺病重時，恭王爺請求去熱河，文宗爺不同意，但醇王爺夫婦卻一直隨侍在側。肅順等人把持朝政，別人都難以進內宮，唯有醇王福晉，肅順不便阻擋。那段日子裏，就多虧了醇王福晉的進進出出，才維持了兩宮太后與京師恭王爺的聯繫。兩宮太后由熱河回鑾京師之前，即命醇王爺草擬罷黜肅順等人的詔書。西太后將詔書密藏於貼身小衣內，人皆不知。回到京師，恭王爺率留京大臣迎謁，西太后於小衣中將醇王爺草擬的詔書取出，交付恭王爺宣佈肅順等人罪狀，即日拿交刑部治罪。香濤，你看醇王爺是個怕事的人嗎？」

張之萬不再說下去了。他拿起銀勺舀了一勺已經變冷的湯，低下頭，慢慢地喝着。

醇王帶兵捉肅順的事，張之洞早就聽說過，至於抓肅順的密詔也為醇王所擬，他卻一點都不知道。如此說來，醇王為大清朝今日局面的形成，是立下大功勳的，怪不得慈禧太后要將皇位交給他的兒子，其中還有一份酬謝之意在內！

「老哥，恭王、醇王在辛酉年都立了大功，穆宗賓天後，兩宮太后將皇位交給醇王之子而不給恭王之子，恭王府是如何想的呢？」

張之萬抬起頭來望着堂弟，緩緩地說：「賢弟，這就是我今天特意叫你來賢良寺，兄弟倆在清風軒單獨吃飯談話的原因。老哥我有重要的話對你說。」

張之洞的神情不覺為之一振，斂容屏息，傾聽堂兄的下文。

「恭王爺比醇王爺大七歲，無論是閱歷，還是才幹都在醇王爺之上，故兩宮太后多倚重恭王。因為恭王處事有己見，到後來便與西太后有過幾次爭執，彼此漸生不睦。穆宗賓天後，不傳位於恭王之子而傳位於醇王之子，這中間原因很多，而恭王聖眷減退，是一個重要原因。對此，恭王府當然不會平靜。從這幾天與醇王爺和鍾王爺的談話中，我有個感覺，西太后遲早會下這個決心，將恭王的權柄移交給醇王。醇王之所以要我出山，是在為自己準備靠得住的幫手。賢弟，」張之萬舉起酒杯來，說：「喝下這口酒吧，老哥有幾句腹心話要對你說。」張之洞忙舉起杯子，與堂兄重重地碰了一下，一飲而盡，肅然聆聽。

「老哥我自道光二十七年通籍，到同治十一年辭官回里，在官場上混了二十五年，從翰林院修撰做到閩浙總督，仕途還算順遂。以我本人的為官經歷和冷眼對旁人的觀察，我以為做官是有訣竅的，這訣竅就在於要尋找一個有力的牢固的靠山。若這個靠山在他尚未成為十分有力和牢固的時候，你便與他有着非一般的關係，一旦他的地位穩固確定之後，你在仕途上便會一帆風順，左右逢源。官做到這個地步，便可謂做到家了。」

如同佛手摩頂一般，張之萬這幾句話給張之洞以巨大的啟迪：以探花之出身，入仕近二十年了，無論是政績還是著述，都要超過一般人，然而至今尚只是一個正五品銜的右庶子，遷升緩慢的原因，或許正是沒有一個有力而牢固的靠山。

「有的靠山的得來是天緣湊泊。譬如說大家都做皇子的師傅，偏杜受田命好，他的學生文宗爺登基繼了位，他馬上就晉升協揆。這就是天緣湊泊。那年我辭官時，沒有想到有醇王爺的兒子做皇上的一天。現在我已歸田六七年了，醇王爺還記得我，看來老哥我也無意之中得到天緣湊泊。有的靠山則要自己去靠上。賢弟，種種跡象表明，醇王爺不久就是一座真正可以依靠的大靠山，你要看到這一點。」

張之洞的情緒激動起來。堂兄的這句話，給他今後的仕途指出一條充滿陽光的大道。他起身，雙手舉着酒杯，說：「之洞深謝老哥的指撥。只是至今與醇邸緣慳一面，還請老哥相機引見才好。」

「行，你坐下吧，我們一起喝了這口酒。」

待張之洞坐下後，張之萬懇切地說：「我已是日薄西山的人了，即使再次出山也做不了多大的事業，張氏家族未來的希望是在賢弟你的身上，我有責任為你引見，只是，」張之萬捻鬚沉思着。「藉一個甚麼名義來引見呢？」

「老哥，我前兩天為四川東鄉縣的冤案擬了三道奏摺，是否可以先送給醇王看看，藉此為引見？」

張之洞說罷，將隨身帶來的青布包打開，取出一疊厚厚的奏章來，平平整整地放到酒桌上，然後把東鄉的案子對堂兄簡要地敍說了一遍。

「好，好。」張之萬連連點頭。「這三道奏摺的確是個很好的引見物。你放到這兒，我今夜細細地看一遍。後天三慶班會到醇王府唱堂會，醇王爺要我去湊湊熱鬧。我會把這疊奏摺帶上呈給王爺，請他先過目，然後再相機提出你的意願來。」

「就這樣吧，一切拜託老哥啦！」

張之萬隨手將擺在桌上的奏摺翻了一下，心裏想起一樁事。

「香濤，這幾年你上的幾十道摺子，老哥我都仔細地看了，確實道道都不同凡響。但有一句話，老哥我不能不對你說，望你長記心中。」

張之洞挺直腰桿，一副凜然受教的模樣：「之洞不敏，正要請老哥多多指教。」

「賢弟自幼熟讀史冊，當知『為政不得罪巨室』這句話。此話看來頗似鄉願，實乃真正的要言妙道。

近年來你雖廁身清流，但頗為謹慎，不像張佩綸、鄧承修等人專與大吏作難，今後切望保持下去，奏摺中總以多議國計民生，少劾豪門巨室為宜。賢弟生性忠直，又身為言官，老哥怕你今後在聲名隆盛之時忘乎所以，以至於未獲大用而被宵小中傷，造成終生遺憾。若到那時再悔，則悔之晚矣。正因為期之甚高，愛之甚切，故言之亦甚直率，望賢弟能體諒老哥的一番苦心。」

這是真正的手足情誼的良藥忠言，張之洞哪會不能體諒？他重重地點了一下頭，說：「老哥金石之教，之洞將終生銘記，切實遵循。」

吃完飯後，張之萬躺下午睡，張之洞則邀請桑治平在賢良寺後院散步。二人雖初次見面，卻彼此都有故友相逢之感。他們毫無拘束地閒聊着。學問文章，政事民情，無所不談，很是投緣。張之洞看出桑治平世事洞明，人情練達，是個隱逸於江湖中的俊才。桑治平感覺到張之洞熱血奔湧，心地坦誠，是一個官場中少見的棱角鮮明實心做事的能吏。

張之洞握着桑治平的手，誠懇地說：「京師官場士林之中，難覓先生這等人才，若不嫌棄，忙過東鄉案子後，我去古北口看你，再次向你請教。」

桑治平頗受感動：「桑某乃一布衣，浪跡江湖，落拓半生，前蒙青帥垂憫，今又受庶子錯愛，真是三生有幸。庶子若肯光臨寒舍，當灑掃花徑，恭迎大駕。」

晚上，張氏兄弟和桑治平一起，痛痛快快地吃了一餐晚飯。夜裏，張之萬讀奏摺，張之洞又和桑治平說了半宿的話。到第二天上午分手時，張之洞已把桑治平看成很契合的老朋友了。

9　為藉東鄉之案做文章，醇王在清漪園召見張之洞

張之萬送來的關於東鄉冤案的三道奏摺，醇王已經仔仔細細地看過一遍了。現在，他又將這三道書法秀勁內容沉甸的奏摺在手裏隨意撫弄着。這位四十歲的王爺，長得與其英年早逝的四兄和執掌國柄的六兄很相像：一樣的小臉尖下巴，一樣的單薄身材。這些都來自道光帝的遺傳。與方面大耳、膀闊腰圓的乾隆、嘉慶相比，道光和他的這幾個兒子似乎不是真龍天子的後代。

醇王是個複雜的人物。

作為道光帝的七皇子，父皇去世的時候，他只有十歲，上面有三個已成年的兄長，當然不可能有繼位之想。隨着年歲的增大，眼看着四兄獨尊天下，六兄權勢顯赫，同是先皇血脈的他，怎會不眼熱？工於心計的懿貴妃在生了皇子之後，獲得咸豐帝的特別寵愛，為了增加自己在皇族中的力量，她把親妹妹嫁給了醇王。從此醇王成了她的心腹。在辛酉年那場政變中，醇王夫婦立下特殊的功勞，醇王也由郡王晉升為親王。但處理國家日常事務的權柄，則落在比他大七歲的恭王手裏。

恭王奕訢器局開朗，聰明能幹，且能重用漢人，受到朝野中外的擁護。醇王對這位兄長既佩服又嫉妒。他的這種心態，與對恭王既利用又防範的慈禧很是接近，叔嫂兩人基於同一情緒，又結成了新的聯

盟。因為要對恭王別樹一幟，醇王在對外事務中，便採取一種虛驕強硬的態度。在同治九年天津教案的處理過程中，恭王和醇王兩人的態度便截然不同。

同治帝死後，新皇帝不出於恭王府而出於醇王府，恭王當然不服氣。但是面對着醇王暈厥在地，力辭不受，過後又堅辭開缺所有差使的一連串動作，恭王也不好意思再爭，只得把氣嚥進肚子裏，打疊精神，繼續做他的軍機處領班大臣。

哪怕是一職不兼，而今的醇王已不再是同治年間的醇王了，滿朝文武視「潛邸」為神明，「潛邸」之主自然也深知自己的神聖身份。對於恭王，他不再像先前那樣謙恭了，他要盡早把大權從恭王手裏奪過來。

然而，事實上醇王只是一個性格脆弱才具平庸的人，既沒有安邦治國領袖羣倫的真才實學，又缺少玩弄大陰謀大詭計殺伐專斷敢作敢為的奸雄膽魄。他清楚地知道，在通往最高權力的道路上，恭王固然是一個大障礙，但真正不能掀倒的大山卻是慈禧太后。無論是地位、實力，還是機巧手腕，他都遠不是那個女人的對手。那個女人，既是奸雄，又是英雄，即使現在身為皇帝本生父，在她的面前，鬚眉丈夫醇王也永遠只有臣服的份。

因此，在攀登權位頂峯的過程中，醇王同時並舉地採取兩個措施：一是巴結討好慈禧，二是伺機攻擊恭王。

醇王對他這個嫂子兼姨姐的太后是非常了解的：她既有強烈的權力慾望，又貪圖享受，是一個要把人生的樂趣用盡用絕的女人。

早在同治十二年，小皇帝剛剛親政的時候，慈禧就授意兒子發佈上諭，重建被中法聯軍燒毀的圓明園，以供還政後頤養天年。由於耗銀將在三千萬両之上，大亂甫定的朝廷實在無力支付這筆浩大的開支，當家的恭王對侄兒皇帝的這道上諭加以諫阻。年少貪玩又剛愎自用的同治帝正要藉個名義大興園工，為自己建造一個娛樂之地，遭到恭王的反對後大為惱怒，竟然下旨革去恭王的軍機處領班之職，並降為郡王。兒子做得太過份了，慈禧不得不出來干涉。恭王雖保持了原來的職位，但圓明園不能重建，卻成了慈禧的一塊心病。前些日子，醇王福晉告訴丈夫：太后說，清漪園景致好，稍稍修整下，花不了多少銀子，恭王等人大概不會反對，今後歸了政，就可以住那裏去養老。

這其實就是當年那道懿旨的再次頒佈，醇王決定把這道懿旨領下來，以自己的親自操辦來與當年恭王的極力勸阻，形成鮮明的對比。誰忠誰不忠，豈不一目了然！

府裏的小吏張翼帶着幾個人，已將清漪園查勘過多次了，重新修整的大體方案也已經拿出來，為鄭重起見，醇王自己還要親自去一下。

這幾天與張之萬會晤後，醇王對執掌權柄的未來更增加了信心。當張之萬將堂弟近來為東鄉冤案昭雪所做的事情稟報之後，他馬上意識到，這又是恭王的一個失誤，要抓住這個難得的好機會將對手打壓一番。他決定在清漪園接見張之洞，這比在王府裏召見要好得多。

北京的仲夏，到處是青枝綠葉，花草繁茂，一派生機蓬勃的景象。春天的風沙早已停止，風和日麗，不冷不熱，是一年中的好季節。因為修復清漪園一事尚在計議之中，不便張揚，故醇王一清早便離開王府，輕車簡從，盡量做到不引起人們的注意。

清漪園在京城的西北郊，明代時即闢為皇家園林，名叫好山園。乾隆十五年在好山園的基礎上大加擴建，改名清漪園。咸豐十年英法聯軍進入北京，一把大火燒了圓明園，清漪園在劫難逃，也遭到嚴重的毀壞。辰末巳初時分，醇王一行來到這裏。明媚的陽光下，出現在他面前的，卻是一座殘缺破敗的建築羣。

清漪園全盛時，以昆明湖、萬壽山為主體，方圓四千多畝土地上，錯落有致地分佈着勤政殿、玉瀾堂、怡春堂、長廊、養雲軒、諧趣園、大報恩延壽寺、放生舫、佛香閣、曇花閣、寶雲閣、聽鸝館等建築物，眼下除萬壽山頂的佛香閣，以及全部用銅澆築的寶雲閣外，其餘的殿閣堂廊，或全被燒毀，或部分毀壞，均不堪入目。先前碧波蕩漾的昆明湖因年久失浚，早已是雜草叢生，青萍飄浮，成了野鴨子棲息的場所，連銜接南湖島與東岸的那座四十多丈長的十七孔橋，也已斑斑駁駁、漏洞百出，只有那個為鎮水獸而鑄造的銅牛，至今仍然安詳地臥在湖邊，回首翹望人寰，似有無限依戀之情，給醇王一行帶來些許安慰。

醇王一邊查勘，一邊在心裏尋思着：要把清漪園恢復成乾隆時期的全盛之貌，其所費銀子並不會比重建圓明園少許多，眼下戶部是撥不出這筆巨款的，只能分期來做。張翼提出先整治昆明湖和萬壽山，規復勤政殿、諧趣園的方案是可行的，但就只做好這幾件事，所費已經夠大了。即使花費再多，也還有兩處工程是非建不可的。

第一處是長廊。太后喜歡遛圈子，兩頓正餐後遛半個時辰的圈子，已經遛了十多年，這是雷打不動的老習慣。綿延二三里的長廊遮陽避雨，正好遛圈子，所以非重建不可，最好再延長一倍，太后必定更加滿意。

第二是要給太后修造一個戲台。太后愛看戲，尤其愛看皮黃。名伶譚鑫培、梅巧玲等人常被她召進宮去，她可以一看一兩個時辰，毫不疲倦。有時看得興起，她甚至會留他們在宮裏過夜，第二天一早再唱。皮黃確實好聽，做工也好看，宮裏的人都喜歡，巴不得譚鑫培、梅巧玲天天在宮中唱戲。宮裏的戲台，受禮制所限，不能建得過大過高，太后多次流露出不滿足的神態。醇王想，清漪園不受這個限制，伶人們來來去去也要隨便些，應該選定一處好地方，給太后建一座又高又大的戲台，將京城裏那些當紅角色輪番召來給她唱戲。這不但會博得太后的歡心，更可以讓她沉湎於戲文中，不再干預政事。如此，國家大事便可聽命於自己，皇帝本生父便是真正的太上皇了。

想到這裏，醇王快樂得不自覺地哼起幾句皮黃來，巡視的腳步也跟着加快了。一會兒，怡春堂出現在他的眼前。

怡春堂是當年乾隆與他所寵愛的臣子們詩酒文會的地方，素以清幽高雅出名。在咸豐十年那次災禍中，它也受害不淺。

醇王踏進怡春堂的門檻時，映入他的眼簾的是一片衰落式微的景象：四周的泥築圍牆粉彩剝落，隨處可見洞穴，庭院磚坪上的縫隙裏雜生着各種野草；主體建築怡春堂雖未倒塌，但檐斷瓦裂之處很多，堂前的幾座銅香爐、銅仙鶴也被敲得癟肚彎腰，不成個樣子；東頭寬闊的土坪上原本種植着各種奇花異草香卉靈莖，而今因為沒有聖駕的駐蹕、名士的光臨，那些珍貴的花木早已枯萎腐爛，代之而起的是叢生的蔓藤蕪枝野荊荒條，成了鼠蛇狐兔出沒之地了。真正是「秦宮漢闕，都做了衰草牛羊野」。醇王心裏頓時浮起一絲末世的悲涼之感來。

極善察言觀色的張翼見主子久久地站着觀望，遂建議：「王爺，您不是要給太后建一座戲台嗎？我看就建在這裏好了，把這片草叢除掉，地方寬敞得很。」

這個建議不錯！怡春堂本就是飲酒宴豫之地，在此處建一座戲台正相適宜。醇王點點頭說：「這倒是一個好地方，可以考慮。」

見建議被採納，張翼很得意，又說：「王爺，這半天您也走得夠多了，不如在這裏歇會兒，過會子再細細地查勘，看戲台擺在哪兒最合適。」

一向養尊處優的醇王，一年到頭難得有一兩次這樣地勞動腳步，今天也的確是累了，便說：「你去安排吧！」

「喳！」

張翼領着王命，急忙去張羅。

清漪園雖然已成廢園，但長年來仍有幾十名看守人員住在這裏，這些人大多數是宮中年老力衰的太監。太監因為少年時被閹割，男不男女不女的，自覺低人一等，無顏回故鄉見父老鄉親，通常都是在年老後便離宮住進寺院道觀裏去，與和尚道士為伴，打發殘生。此外，一些廢而不用的行宮也是老太監們的棲身之所。當然，一些老宮女也因離家日久，無親無友，無依無靠，便和老太監們一起住進寺觀行宮裏，那也是常有的事。唐人的詩：「寥落古行宮，宮花寂寞紅。白頭宮女在，閒坐說玄宗。」寫的就是這個現象。

怡春堂的房屋保持得較為完好，清漪園的看守人員中有一半人住在這裏，經張翼一吆喝，老太監們很快便騰出兩間正房來，趕緊收拾清爽，恭迎醇王爺大駕。

待醇王落座，服侍主子慣了的老太監便魚貫而入，端茶遞煙，擦汗按摩，把個醇王侍弄得舒服愜意。他閉目養了一會兒神後，猛然想起張之洞應該久在園子裏等候了。就在怡春堂召見吧！他吩咐張翼去把張之洞尋來。

兩天前，張之洞接到醇王府的口諭，要他在清漪園裏等候王爺的召見。兩天來，他一直在為此事興奮着。他知道，這是老哥的推薦起了作用。醇王在朝廷上的地位，眼下雖不能與太后和恭王相比，但日後的作用卻是不可估量的，且老哥已摸到了他的底。這次召見豈可等閒視之！

但召見之地為何不定在王府，卻要選在已經廢而不用的清漪園呢？難道說，清漪園將會有大的舉動？聯想到幾年前盛傳的修復圓明園的事，張之洞對醇王這次郊外之行的目的已猜到八九分。明知醇王的召見會在辰末之後，為慎重起見，張之洞在昨天下午便抵達清漪園，今天一早便按王府的命令，在勤政殿內一間小偏房裏等候着。

在張翼的導引下，張之洞走進了怡春堂正殿，一眼看見醇王正坐在一張陳舊的鑲嵌着大理石的雕花大木椅上，便快步走上前，跪在石磚地上，一邊叩首，一邊稟報：「詹事府右春坊右庶子張之洞叩見王爺。」

「起來吧。」醇王將張之洞注視片刻後說。他也是第一次見到張之洞，或許同為男人的緣故，張之洞的短身寢貌，並沒有給他帶來如同慈禧初見時那種不悅之感。

張之洞起身，垂手侍立着。

醇王命令張翼：「給張之洞備一條凳子。」

張翼端來一張黑漆嵌螺鈿梨木鼓形凳子，雖然漆面有些剝蝕，但從造型的精美和螺鈿的細巧來看，當年亦是一件價值不菲的宮中用物。

張之洞忙說：「不敢，不敢！王爺的面前，哪有微臣的坐位。」

醇王微微笑了一下，說：「此地不是內廷，也不是王府，你就坐下不妨。我之所以選在清漪園與你見面，就是要你不拘禮節，咱們隨便閒談閒談。」

張之洞從來沒有直接與醇王打過交道，過去常聽人說醇王為人比較隨和，不像恭王那樣威棱，看來傳說不誤。張之洞是個心高膽大的人，心裏深處並不對權貴人物包括天潢貴胄在內，有甚麼特別的敬畏。科場上的輝煌成就，使得他從來就自視甚高。儘管職位不高，在大人物的面前，他向來沒有自卑之感，今天在這位皇上本生父的面前也一樣。他道了一聲謝，便大大方方地坐在奕譞的旁邊。

奕譞對張之洞這種不卑不亢的神態頗為滿意。雖是初次見面，對於張之洞其人，奕譞還是頗為了解的。這不僅由於張之洞作為清流黨中的骨幹，早已名播朝野的緣故，更因為在去年吳可讀屍諫事件中，張之洞挺身而出，維護了醇王府的利益。在奕譞看來，吳可讀遺摺的要害在於立即為穆宗立嗣；而此時立嗣，只有立恭王的孫子溥倬，皇位最終將落到恭王府。多虧了張之洞的兩道奏疏，既合經典，又順情理；既循家法，又宜將來，真正是深思熟慮，精詳嚴謹，無懈可擊，一錘定音，將一場無端而起的軒然大波治得風平浪靜。醇王怎能不感激張之洞？

出於這種心情，奕譞的話語極為客氣：「張之洞，把你從城裏請到郊外來相見，你不會覺得辛苦嗎？」

今上的父親召見一個臣子，莫說只是從城裏走到郊外，即使是從京師奔到天涯海角，作臣子的也是理所當然，不能有絲毫的怨意呀！醇王竟然以這種口氣作開場白，真讓張之洞既感意外，又受寵若驚。他忙恭敬地答道：「王爺太客氣了，王爺可以親臨清漪園巡視，微臣何敢言辛苦二字！」

奕譞隨意地笑了一下，問：「甚麼時候來的，等久了吧！」

「昨天下午到的。微臣做了十多年的京官，卻沒有來過清漪園。這次正好藉此機會瞻仰瞻仰，親身感受一下當年高宗、仁宗的雄風偉跡。」

奕譞心裏想：果然不愧為探花出身的名流，說起話來就是不一樣。他點點頭說：「這一座名園，當年是何等的壯麗非凡。可恨那些洋鬼子，把它和圓明園一道給毀了。你說說，這清漪園該不該修復下？」

果然不出所料，醇王此行的目的，正是為了修復清漪園！關於修復園林這樁事，張之洞對它的前前後後是十分清楚的。

作為一個儒臣，作為一個清流黨，張之洞向來不贊成朝廷大興土木，何況當此內憂外患國帑窘迫之際，修復大型園林以供一二人之遊樂，更為他所反對。故而對於過去阻止重修圓明園的一切言論，他都是讚賞的，然而今日面對着醇王的垂詢，張之洞卻猶豫了片刻。

慈禧太后把皇位送給了醇王府，醇王府自然要回報這份恩德。拿甚麼來回報呢？世俗間的一切，對於貴為太后的中年婦人而言，似乎都算不了甚麼。不如修復一座花園行宮，讓她在這裏頤情養性，安度天年。從這個角度來看，醇王要重蹈園工舊路，也並不是沒有道理的。遠期的目標是希望醇王能秉掌國政，以便年邁的老哥東山再起，進入權力中樞；近期的目標是要利用醇王和恭王之間的矛盾，為東鄉之事翻案平冤。這些都需要與醇王建立起一種過去所欠缺的密切關係。

想到此，張之洞毫不含糊地回答：「清漪園山水環抱，清靜幽雅，的確是個休憩的好處所，洋人縱火燒燬，真是喪盡天良。祖先親手創建的名園，後人自當修復。只是目前國庫不裕，不能全盤動工，宜選擇耗費較少的幾處工程先期施工，以後再慢慢地一處一處地復原。比如這座怡春堂，就大致完好，想來恢復舊貌所費不多，可以先動手。」

奕譞正是要藉此探測一下張之洞，估計這個清流黨骨幹多半會加以委婉的勸阻，卻不料他爽快地予以贊同，心裏想：看來張之洞的確不是書呆子，是個明白人。便說：「張之洞，你說的跟我所想的一個樣，清漪園是要規復，但要慢慢來。你這些年來給太后和皇帝上的摺子我都看過。你的摺子篇篇都寫得有理有據，是真正的奏章，不像有的人，做了幾十年的官，還不得奏議要領，盡說些不着邊際的話，朝廷拿了這樣的摺子也不能辦事。去年關於崇厚誤國的摺子，滿朝文武上的不少，最有力量的當數你的那幾篇，我看後激賞不已，建議太后召見你，當面聽聽你的想法。」

張之洞聽了這話很覺舒服。作為一個品級不高的官員，張之洞不太清楚內廷看摺子的程序。他一直以為現在也是過去傳下來的老套子，由外奏事處轉內奏事處，再送給太后裁奪，卻不知還有醇王插進來這個過程。他感激醇王一直在讀他的摺子：「蒙王爺錯愛，微臣今後惟有加倍努力才可報答。」

奕譞含笑點頭說：「南皮張府祖上積德殷厚，連出子青先生的狀元和你這個探花。聽說你小時在貴州長大，貴州偏遠貧瘠，良師難得，你的學問文章得之於誰的傳授？」

張之洞答：「微臣四歲由先父開蒙，家兄之淵因比微臣年長十歲，也是微臣的老師。八歲讀完四書五經，九歲開筆。十二歲前受業於曾搢之、張蔚齋諸師。十二歲後受業於韓超、丁誦孫諸師，並從呂賢基治經學，從劉仙石習小學，從朱伯韓習古文。呂、劉、朱等人均一代名師一代賢臣，微臣從他們處得益非淺。」

奕譞說：「你的詩文廣被傳誦，我的記性不好，背誦不多，有兩句詩我記得最牢，道是『文瀾不取歸熙甫，兵略時同魏默深』。讀你的摺子，氣勢充沛，鏗鏘有力，可知你的文章的確不是走的歸有光的路子。關於邊防方面的策略，計慮深遠，設防周到，有魏源之風。你如此注重用兵之略，是否與你父親在貴州徵討苗民叛亂有關？」

醇王居然知道自己的父親在任上討平過苗亂，這令張之洞感動。他想，這多半是子青老哥在王爺面前說起的緣故。

「回稟王爺，微臣幼時，先父任所常有莠民武裝鬧事。先父總是對微臣兄弟說，世道不寧，當文武並重。正是王爺所說的，微臣注重兵略，實受先父的影響。不過，還有一位業師，為微臣終生敬服，是他的輝煌軍功，激勵微臣研習兵略。此人即益陽胡文忠公。」

「噢，胡林翼是你的業師？他甚麼時候教過你的書？」

奕譞對胡林翼很敬重，這不僅因為胡林翼是湘軍的重要統領，戰功卓著，更由於胡林翼在防範戒備洋人這一點上，與他深為默契。奕譞一直不滿於曾國藩對天津教案的處置，他認為曾國藩在洋人面前太軟弱了，有損大清的國威。因為此，在奕譞的心目中，湘軍的首領人物左宗棠、胡林翼的形象要比曾國藩高大些。

「道光二十八年，胡文忠公出任貴州安順府知府，先父時任貴州興義府知府，彼此結為至交好友。先父慕胡文忠公道德學問，把微臣送到安順府署住了半年，和胡氏子弟一道早晚接受胡文忠公的教誨。後來微臣在順天鄉試獲售，那時胡文忠公正在黎平府招募黔勇援助湘鄂，得知消息後致書先父，說得令郎領解之訊，與南溪開口而笑者累日。南溪即微臣業師韓超，十年前已從貴州巡撫任上致仕。」

「原來你還受過胡林翼的親自教誨，怪不得高徒本自名師出。胡林翼可惜死早了，未及封侯拜相，得以大用。他後來在前線帶兵打仗，與你還有聯繫嗎？」

「有。」張之洞見奕譞如此敬慕胡林翼，似覺彼此間的距離拉近了許多，說話時也顯得隨便了些。「文忠公很忙，我不能多去信打擾他，但每年必有兩封信，一是賀歲，一是為他祝壽。文忠公不管多忙，總是親筆回我的信，指導我讀書作文，為人處世，細緻懇摯，情意殷殷。每有覆信，我都反覆誦讀，銘記於心。咸豐三年離京回貴州，咸豐六年入京赴試，兩次我都繞道去武昌看望他。文忠公總是留我在帳下住幾天，縱談古今治軍牧民之事。諄諄告誡我，讀聖賢書，千萬不可沉溺其中而跳不出來，光只會記憶古義、背誦箋釋、尋章摘句、吟詩作賦的學究，不能算是讀通聖賢了。聖賢大義，乃在於淳厚民心，治理天下，即經世致用。又說身處亂世，當首在拯民，拯民先要除暴，除暴須仗強兵，故兵略不可不研習。微臣牢記先師的教導，並深以先師武功之盛而自豪，遂留意兵略，十多年來雖為史官學政，亦不偏廢。日誦文章，夜讀兵書，已成習慣。」

「好！」聽了張之洞這番介紹後，努爾哈赤的後裔開始對這個詞臣刮目相看了：這或許是個文武兼資的能吏幹才，應是自己今後柄國所必須羅致的人員。他不再閒聊而切入正題。「張之洞，子青老先生把你的關於四川東鄉之案的三道摺子給我看了。照你摺子上說的，東鄉百姓的確是受了冤屈，朝廷過去的處理有失誤之處，太后可能受了他人的欺蒙。本王一向最恨貪官污吏，最喜為民作主，願意將這三道摺子親自交給太后，把東鄉的案子翻過來。但是，本王要鄭重問你一句話。」

說話之間，奕譞一直用嚴肅的目光盯着張之洞。張之洞見醇王的態度陡然變得如此峻厲，神情不覺悚然起來，背上冒出一絲熱汗。他挺直着腰桿說：「請王爺賜問！」

「張之洞，你身為胡林翼的受業弟子，理應秉承胡林翼對朝廷的忠誠，你在四川做過三年的學政，自然對四川官場民情有所了解。你現在能否以一個胡林翼的弟子和熟悉真情的學政的身份向本王保證：東鄉之案的內情你已完全掌握，三道摺子上所說的全是實話，而不是為了打擊別人，不是為自己沽名釣譽。」

一股為民請命甘受斧鉞的壯烈情懷，頓時湧動在張之洞的胸間。他對醇王尚不十分相信自己雖有憾意，卻更對醇王如此鄭重地把它當作一樁大事而欣喜，為了堅定這位性格脆弱的王爺的心志，張之洞霍然站起，然後雙膝跪下，斬釘截鐵地說：「微臣以先師為楷模，忠於朝廷之心可貫日月，身在蜀中三年，其官場民情瞭如指掌，東鄉冤案的前前後後，微臣均已一清二楚。王爺願為東鄉平民作主，嗚冤昭雪，真乃蜀民再生父母，微臣代東鄉冤民感激王爺如天恩德。皇天在上，后土在下，微臣摺子裏所寫的，句句是實，字字是真，倘有半點不實不真之處，請王爺斬微臣之頭，戮微臣之屍，以謝天下而懲來者！」

見張之洞起下這等大誓，奕譞也頗為感動。他斂容說：「張之洞，本王相信你，請起身，隨本王再到長廊、佛香閣去查看查看。」

10 慈禧送給妹妹的禮物居然被人踢翻在地

張之洞從清漪園回來的第二天，張之萬便離開了京師，回南皮老家繼續守制去了。桑治平則應邀在張之洞家住了三天。張之洞陪同桑治平逛海王邨，遊國子監，賞玩古董，品藻人物，所談極為融洽，二人均有相見恨晚之慨。楊銳一直侍奉左右，從老師與桑先生的交談中得益甚多。三天後，桑治平與張之洞依依不捨地分手，相約明春張之洞去古北口造訪，然後再一道登長城，攀燕山，欣賞造化和歷史賦予人類的精華。楊銳也暫時搬出張府，與何燃、黃奇祥一起拜會京中時賢，以便廣開眼界，拓展胸襟。張之洞很讚賞年輕人的這個決定。

在奕譞的干預下，四川東鄉縣的冤案終於得到平反。朝廷頒佈明諭：東鄉縣民並非聚眾謀反，不應派兵彈壓，原東鄉縣令孫定揚，原四川提督李有恆立即拘捕問斬，其他負有重大責任的文武官員也重新審判定罪。

張之洞為民請命的這一義舉，不僅使他在清流黨中再次獲得極高的聲譽，也得到京師官場的一致稱讚。楊銳等人回到四川，將事情進展的前前後後公之於眾，川中父老莫不愈加懷念那位督學三年建樹甚多的前學台大人，東鄉被昭雪的鄉民中甚至有人供奉張之洞的長生牌，早晚一炷香，晨昏三鞠躬。

清流黨人都於此中得到很大的鼓勵。恰好聖彼得堡又傳來佳訊，曾紀澤與俄國人的談判有所進展，迫於多種壓力，俄國有可能放棄伊犁城外的領土要求。這無異於將已吞入虎口的肥肉挖了出來，朝廷歡喜，清流黨人更是欣喜若狂，都認為是自己的巨大功勞，張佩綸、陳寶琛、鄧承修等人更是熱血奔湧，愈加放肆指謫時弊，糾彈權貴。他們紛紛上疏，彈劾工部侍郎賀壽慈、禮部尚書萬青藜、戶部尚書董恂、左副都御史宗勳、湖廣總督李瀚章，或劾他們貪污受賄，或劾他們昏聵誤政。張佩綸甚至將矛頭對準慈禧的娘家方家園承恩公府第，說公府新近建房仿照王府規模，有違禮制，請朝廷派員核查，即速制止。

張佩綸等人的這些彈劾，有的收到了效用，但大部分留中淹沒，只博得一批對朝政不滿者的喝采，反而招致了許多經不起核查的權貴們暗中忌恨。

張之洞牢記堂兄「為政不得罪巨室」的懇切告誡，沒有參與這場大舉糾彈權貴的熱潮。他雖然十分痛恨官場上的腐敗之風，但也深知不能輕舉妄動，正如堂兄所說的，在自己的聲名日漸隆盛之際，要更加謹慎持重。就在這個時候，宮中又爆出一樁少見的熱鬧事，一時間弄得沸沸揚揚，給一向壓抑沉悶、枯燥無味的內宮生活帶來一個富有刺激性的新鮮話題。

十一月下旬是醇王福晉的四十大壽。從十月中旬開始，四面八方的珍貴禮品，便絡繹不絕地被送進醇王府。

清流黨的首領李鴻藻是從不對王公貴族示以特別親近的。當年連慈禧的母親去世他都不去弔唁，何況醇王福晉的壽慶？張佩綸、陳寶琛、鄧承修十分欽佩李鴻藻這種硬骨頭氣，便一致決定不向醇王府送禮。但被公認為第二號人物的潘祖蔭卻不這樣，他早早地便把祖傳的一顆雞蛋大的價值連城的夜明珠送進醇王府。醇王福晉對這顆夜明珠喜歡得不得了。寶廷、吳大澂等人也都悄悄地向醇王府敬獻了重禮。

張之洞為此事思考了很久：送，還是不送？想起醇王對這次東鄉之事的翻案所起的關鍵作用，覺得不送點禮物表示祝賀，似乎於情理太不通了。但送個甚麼禮物呢？張之洞犯難起來。

張之洞父親官職不高，家裏人口眾多。父親的俸祿剛好夠全家度日，沒有積蓄，更談不上有甚麼祖傳珍寶了。他自己為官之初便立下志向，要做一個不貪財貨的清官。京官俸祿薄，如果不用手段獲取外來之財，則幾乎個個清貧；張之洞只是一個中下級史官，那就更不用說了。他兩放試差和學政，本來這都是可以生財的美差事。因為試差有程儀，學政有額外的收益，其數量都很可觀。尤其是四川學政，生童人數甲於天下，若額外收益全部攬於懷裏的話，三年學政下來，少說也有三萬銀子的收入。但張之洞恪守清廉為本的做官準則，一毫不取，三年前一擔行李兩袖清風入川，三年後依然一擔行李兩袖清風出蜀。如此做官，自然永遠富不起來。張之洞即使想送重禮也無錢購置，何況他向來不把情意之深淺與禮物之輕重聯繫在一起。

如此思來想去，他終於想出了一個好主意。

第二天，他打發大根騎一匹快馬，星夜奔到南皮老家，請子青老哥畫一幅五穀豐登、仙童獻壽的彩色圖畫。聽說是為醇王福晉祝壽用，張之萬興致極高。他戴起老花眼鏡，辛苦一整天，精心製作一幅丹青。大根帶回京後，張之洞又在上面親筆題了一首詩。然後再送到大柵欄裱舖，出了五両銀子的高價，用最上等的黃綾裝裱好。一切就緒後，張之洞大大方方地親自送到太平湖醇王府。

奇珍異寶太多了，醇王夫婦反而看膩了，見了這幅狀元探花兄弟的連袂之作，夫婦倆都覺得清新悅目，遂高興地收下。張之洞肩上的一副重擔終於放下了。

十歲的小皇帝也給母親送來一對極品玉如意，一座尺餘高的十九層純金佛塔。皇上的重禮把醇王府的喜慶氣氛推到了高峯。

慈禧對胞妹的生日自然是記得的，但這些日子裏她正鬧着病，精神不好。她素來腸胃消化不良，近來腹脹，不思飲食，但還是掙扎着處理國事，只是一回到後宮便渾身無力倒在床上。慈安太后見她這樣帶病勤政，又是欽佩又是心疼。醇王福晉暖壽的前一天，慈安特為提醒慈禧要給妹妹送點禮物。慈禧感謝慈安的關心，親自到御膳房挑了幾樣食品糕點，滿滿地裝了八大盒，命人趕緊給醇王府送去。

養心殿的太監小頭領李三順領了這個差使，喚來兩個小太監小勾子和二楞子做挑伕，自己空着手跟在一旁。正是太陽當頂的午正時刻，除了值班的太監宮女外，大家都午休了。空曠得一株樹一棵草都沒有的紫禁城裏靜悄悄的，頗有點死氣沉沉的味道。

走到太和殿旁邊的時候，小勾子想起了一件事，對李三順說：「還沒有照門哩！」

清廷內宮制度，太監宮女出宮，無論公私，均須經敬事房開出放行單，上面詳細寫明所帶物品，請午門關照放行。這種手續叫做「照門」。清朝中葉以後宮廷管理混亂，太監宮女要私拿點東西收藏起來很容易，但要運出宮外則較難，這就是因為午門把守嚴格的原故。太監宮女得到的東西，若不出宮，則無實際價值。要運出去，通常有兩條途徑可採取。一是買通敬事房開單的執事太監，將私物公開寫在門單上，護軍照單放行，私物便出宮了。一是買通護軍，檢查時開隻眼閉隻眼，私物也可出宮。

剛才出養心殿時走得匆忙，一時疏忽了，現在要去補辦照門，本來是可以的，但李三順卻不想去補。一則是他懶，不想走回頭路。二來估計敬事房的執事太監也休息了。那些傢伙仗着權力在手，架子和脾氣都大得很，要他們在午休時辦公事，給你的臉色決不會好看。三是李三順存心要跟護軍鬥鬥法。

上個月，李三順在養心殿的一個磚縫裏拾了一枚胭脂痕玉搬指，這枚搬指的玉質極好，很可能是某位大員在朝見太后時遺失的。李三順在宮中久了，頗能辨識玉器，他估計這枚搬指若到王府井玉器店裏去變賣，至少可以賣得三四十兩銀子。李三順是直隸人，有個遠房親戚在京城一家飯莊裏做夥計，通過這個親戚可以把這筆銀子帶回老家去。有次他奉命出宮辦事，便將玉搬指戴在手上，企圖混過午門。誰知護軍眼尖，硬是看見他手上戴的這枚玉搬指。因為門單上沒有寫明，他好説歹説都不管用。李三順因此恨死了午門護軍。這次要藉機跟他們鬧一鬧，出一出胸中的那口怨氣。

二愣子挑着食品擔，李三順在前，小勾子在後，三人來到了午門。

此刻在午門值班的護軍小頭目名叫玉林。玉林乃鑲黃旗出身，父親正做着步軍統領衙門三品銜巡捕營參將。另外有兩個兵丁。一個名叫祥福，正白旗出身，父親正在安徽綠營做都司。另一個名叫忠和，是個覺羅紅帶子。三個人都出身高貴，又都是二十歲左右，正在血氣方剛的年齡，眼睛角裏都沒有豎閹的位子。

李三順帶着小勾子、二愣子，大搖大擺地向午門走去。剛到門邊，玉林便厲聲喝道：「站住！出宮幹甚麼？」

李三順不自覺地收起腳步，神態卻依然傲慢，眼睛並不看着玉林，也不望着另外兩個護軍，拖長着不男不女的聲調：「幹甚麼？奉慈禧太后之命，送禮物到醇王府，為皇上的額娘祝壽！」「奉太后之命」、「為皇上的額娘祝壽」，如此使命，是何等的重大崇高！倘若是通常的門衛，禮讓尚恐不及，還敢再盤查嗎？但此處是午門禁衞，太后也好，皇上也好，他們耳朵裏聽得多了，也並不覺得就神聖得不得了，何況李三順這種不可一世的神氣，他們也討厭得很。

狗仗人勢！玉林在心裏惡狠狠地罵了一句後，冷冷地說：「把門單拿出來看看！」

「沒有。」李三順給一口頂了回去。

「沒有門單就不能出宮！」玉林也毫不客氣。

「好大的膽子，慈禧太后的東西你們都敢不放行，想造反嗎？」李三順雙手叉着腰，聲色俱厲地恐嚇。

「你不要嚇唬人！」玉林不吃他這一套。「沒有門單，如何能證明你奉的是慈禧太后的命令？」

「我李三爺在養心殿服侍太后多年了，你們難道不認識？」李三順指着自己的鼻子尖，趾高氣揚地尖聲叫着。

覺羅忠和禁不住冷笑道：「卵子都沒有，你也配稱爺們？」

太監最忌諱的就是這個「沒卵子」。這句話大大激怒了李三順，他氣勢洶洶地衝到忠和面前，鼓起兩隻嚇人的眼睛說：「混賬東西，你敢罵爺們？」

小勾子、二愣子也同樣受到了刺激，都捋起袖子來，緊跟在李三順的後面，隨時準備出手。局面很僵了。

護軍祥福脾氣稍好一點，李三順的身份他也知道，便走上前去圓場：「好了，好了，就算你們是奉太后之命辦公事，放你出宮吧！」

「慢着！」玉林也覺得忠和剛才那句話說得過頭了點，傳出去會得罪滿宮太監的，也想圓通一下算了，但「檢查」這道手續還得例行。這些太監們個個都是賊，萬一他們把宮中甚麼重要的物品私運出宮了，今後追查起來，責任都在他這個小頭目的身上。他衝着李三順，以命令的口氣說，「把盒蓋打開，讓我們檢查檢查！」

二愣子素來老實一點，聽了這話後便去揭開盒蓋。八隻點紅壽桃餑餑露了出來。

「打開第二盒！」玉林又命令。

二愣子將壽桃餑餑盒端起，下面是八隻拇指大的金黃耀眼的窩窩頭。

就在此刻，一肚子恨意未消的李三順腦子裏猛然冒出一個惡毒的點子來，他趁着忠和上前驗看窩窩頭的時候，暗地里伸出右腿來，將忠和的左腿一勾，忠和冷不防一個趔趄，碰着了二愣子的手。二愣子手裏端着的八個點紅壽桃餑餑全部掉到地上，沾滿黑灰。二愣子和忠和同時被這突然的一幕嚇得臉都白了。

「你這狗日的王八羔子！」李三順邊罵邊撲上前去，扭住忠和的衣領。「你把太后的禮物弄壞了，看你如何賠？」

忠和愣了一下後明白過來，原來剛才就是這個沒卵子的太監小頭目使的壞，有意絆他一跤。他畢竟是個紅帶子出身，又在肝火正旺的年齡，便憤怒地飛起一腳，踢在李三順的小腹部上，痛得李三順鬆手在地上打滾。他乾脆亂打亂踢，把一擔食品全部踢翻在地，然後爬起來，兇巴巴地指着三個護軍說：「你們阻擋太后的食品出宮，又毒打太后身邊的人，罪惡滔天。你們等着瞧吧！」

又轉過臉來對着小勾子和二愣子發命令：「食品擔子不要了，咱們回去向太后稟報！」

三個太監轉過身向着養心殿跑去。玉林、忠和、祥福望着他們的後影，心裏驟然湧出一股恐怖感：

事情鬧得如此之大，怎麼得了？

李三順回到養心殿，病中的慈禧尚在午睡中，他不敢打擾，便找到當班首領劉玉祥。他跪在劉玉祥的面前，邊哭邊訴說午門發生的這樁事，表白自己是如何的忍讓克制，控訴護軍是如何的跋扈囂張。李三順向劉玉祥着重說了三點：一，玉林公然說，慈禧太后的禮物也要檢查，眼睛裏根本沒有太后。二，忠和有意踢翻食品盒。三，罵太監沒有卵子，不配做人。

前兩樁都是衝着太后的，與劉玉祥無干，後面這句話則深深地刺痛了他。劉玉祥快五十歲了，在宮中當了四十年的太監，最怕的也是別人說起卵子，最恨的也是罵他不配做人。過去，別人笑他罵他，他只記恨在心裏，想算計也算計不到。這次好了，天大的把柄落在他的手裏，他要藉慈禧太后的無上權威來名正言順地懲罰他的敵人。

午後，趁着宮女進藥的機會，劉玉祥躡手躡腳地來到慈禧的身邊，待慈禧喝完藥後，他彎下半個身子向慈禧請安。

「食品送到醇王府了嗎？」慈禧的聲調比平日低了點，但依然清脆動聽。

「奴才正要稟告此事。」劉玉祥走前一步，靠近慈禧的床沿。「太后，食品沒有送出宮，給護軍踢翻了。」

「甚麼？」這可是宮中從來沒有過的怪事！慈禧的臉色突然變得鐵青，兩隻手開始痙攣。她根本不問原由，而是直接追查責任。「是誰踢翻的？好大的膽子，我的禮物他都敢這樣！」

「午門護軍忠和踢的。」劉玉祥心情憤怒地將李三順編派的事件經過敘述着，「三順帶着小勾子和二愣子，奉着太后的命令，挑着食品出宮。午門護軍小頭目玉林要三順拿出門單來。三順客氣地對他們說，敬事房的人睡午覺了，這是太后送給醇王福晉的，您就勞駕免了吧！玉林板起面孔說，太后的也不能免。三順說，那請先放我們出宮，下午再補一張送給您。玉林說，打開盒子讓我們檢查。三順說，都是太后御膳房做的吃食，不要檢查了吧。玉林又說，太后送的也要檢查！三順不同意，怕灰塵弄髒了食品。護軍忠和走上前來抓着三順的手，要他揭蓋子。三順不肯，兩人扭打起來，忠和飛起一腳，先踢翻了食品擔，再踢翻了三順。」

「反了，反了！」慈禧氣得牙齒咬得山響，腮幫鼓鼓地。她一把掀開被角，就要從床上起來，慌得劉玉祥和兩個宮女忙上前攙扶。

「太后息怒。」劉玉祥見幾句話就把慈禧激怒了，心中十分得意，討好地勸說，「太后，您在生病着哩，保重自個兒的玉體重要，犯不着跟那幾個混小子護軍計較。」

慈禧雖然天性褊急，容不得物，但平時還不至於這樣容易激怒，這次很快便生這樣大的氣，原因有兩點：一則她是給自己的胞妹當今皇帝的生母送一點生日禮物，居然因缺一張門單便遭這等侮辱，午門護軍簡直跋扈得天理難容。這不只是侮辱了她，也侮辱了她的娘家，還侮辱了當今的皇帝。這口氣，你叫她如何嚥得下！二來她正在病中。她素來好強，疾病害得她不能好好地處理政事，心裏煩躁，無名怒火正燒着，無事都想發洩一下，何況幾個卑賤的護軍欺侮到她的頭上來了，她怎麼忍受得了！

「快，傳我的旨意，把那幾個午門護軍統統抓起來，立即斬首示眾！」

她氣得雙眼呆望着簾子，也不知是在對誰下這道懿旨。

「把誰斬首示眾呀？」隨着門簾掀開，一個音色甜潤的女人聲音傳了進來，接着一搖一擺地走進了慈安太后。她是特地來探望生病的慈禧的。「妹妹，甚麼事惹得你生這麼大的氣？」

慈安其實要比慈禧小兩歲，按理她要叫慈禧為姐姐才對，但她是咸豐帝的皇后，而慈禧只是貴妃，在名位上要高出慈禧。慈禧只得委屈自己，叫她姐姐，自稱妹妹。

「姐姐，你幫我做主！」

一向剛強的慈禧，興許是在病中，也興許是受到了莫大的委屈，見到慈安後，竟突然變得脆弱起來，一句話剛說出口，便刷刷流下眼淚來。

在慈安的記憶裏，只有辛酉年在熱河行宮，咸豐帝駕崩不久，肅順等八大顧命大臣不把兩個太后放在眼中，自行執政的那些日子裏，慈禧才十分傷心地流過淚，才有時深更半夜抱着慈安的肩頭痛哭，說過「你要替我們娘兒倆做主」的話，那以後近二十年的歲月裏，包括同治帝去世的悲痛時刻，慈禧都沒有這麼痛哭過。慈安大為驚愕。

「妹妹，甚麼事，說出來，姐姐替你做主！」慈安心軟，見慈禧哭，她自己也邊說邊流起淚來。

「咱們剛才給老七府上送的一擔食品，午門護軍竟然不讓出宮，還踢翻了。姐姐您看，這午門護軍竟然欺侮到咱們的頭上來了，這還了得嗎？」慈禧邊說邊用手絹擦眼淚鼻涕，那模樣真的十分傷心。

「有這樣的事！」慈安也大為憤怒起來：護軍竟敢欺侮太后，日頭從西邊出來了？她嚴厲地問，「誰是今天當值的？」

「奴才在這兒。」劉玉祥忙彎下腰回答。

「把三順兒找來！」慈安命令。

「嗻！」

一會兒，李三順跟在劉玉祥的後面進來了。

「三順，你把午門的事情對兩宮太后說一說。」劉玉祥吩咐李三順。

李三順忙在兩宮太后的面前跪下。他見慈禧淚痕未乾，慈安怒容滿面，知兩位太后已被大大激怒，心裏很是得意，便繪聲繪色地把對劉玉祥說的話，又添油加醋地演說了一遍。

「真正是無法無天了！」

慈安氣得站起來，她也的確被震怒了。慈禧的禮物是在她的提醒下送的，這件禮物也可以看成是她們兩人共同的禮物。不給慈禧以面子，也就是不給她以面子。慈安一向懦弱，又無兒女，故對慈禧倚仗甚多。慈禧的兒子雖死，但現在的皇帝又是她的親外甥，今後當然會跟姨媽親，慈安還是處於弱勢。同治年代，慈安總是依着慈禧，讓着慈禧；光緒年代，這個做姐姐的依然得如此。以重懲幾個微不足道的護軍，來作為對慈禧的討好，應該說所費代價最低，何況這幾個護軍也的確情理難容！

「劉玉祥！」

「奴才在。」

慈安一字一頓地下達懿旨：「你到內閣去傳達我的旨意，要他們以皇帝的名義擬旨，命刑部立即拘捕午門護軍玉林、忠和、祥福，從嚴審訊懲辦，並將護軍統領交部嚴加議處。」

「嗻！」劉玉祥和李三順興高采烈地退了出去，立即奔向內閣傳達兩宮太后的聖命。

11 附子一片，請勿入藥

第二天下午，刑部尚書潘祖蔭奉到聖旨，他展開恭讀：

昨日午門值班官兵毆打太監以致遺失賫送物件情事。本日據岳林奏，太監不服攔阻，與兵丁互相口角，請將兵丁交部審辦，並自請議處一摺，所奏情節不符。禁門重地，原應嚴密盤查，若太監賫送物件，並不詳細問明，輒行毆打，應屬不成事體。着總管內務府大臣會同刑部，提集護軍玉林等嚴刑審訊，護軍統領岳林等着一併先行交部議處。潘祖蔭細細地研讀上諭，體味旨意。聖旨上講的是值班護軍毆打太監，否定太監兵丁互相口角一說，口氣嚴厲，要重辦護軍及其統領。太監屬內務府管，午門護軍屬步軍統領衙門管，按理應是刑部會同內務府和步軍統領衙門一道審辦，但聖旨既否定護軍統領岳林的上奏，排除護軍統領衙門的參與，且已申明嚴懲護軍。顯然，聖意非常明確，此事責任在護軍，太監無過，刑部應當遵照這個意思去辦理。倘若是一個普通的只會奉旨辦事的刑部尚書，按此去辦就行了，保證能得到符合聖意的嘉獎。但清流黨的第二號首領不是一個這樣的人。

中國歷史上曾有過不少太監把持朝政，干預國事，造成禍亂的現象，鑒於此，歷朝正直的大臣都主張對太監要從嚴管束，自己也從不與太監交往，明智的君主也知道整肅內宮的重要。滿人入關之初，是一個興旺發達的時期，順治帝曾為此專門鑄造了一個十三衙門鐵牌。

十三衙門即清初管理太監的機構。這個鐵牌上明文規定：「但有犯法干政，竊權納賄，囑託內外衙門，交往滿漢官員，越份擅奏外事，上言官吏賢劣者，即行淩遲處死，定不姑貸。」這條規定後來便成為整個清代禁止宦官干政的家法。相對於前代而言，清代在抑制宦官干政這一點上做得還是比較好的。首先破壞這條家法的，便是那位敢於藐視祖制的葉赫那拉氏慈禧太后，安得海出宮被斬後，她並沒有吸取教訓，改過自新，而是繼續重用太監。梳頭太監李蓮英這幾年就甚得她的寵信，去年已升為五品大總管了。

慈禧為何重用太監呢？野史上說，作為女人，慈禧喜歡那些閹割不乾淨的太監，因為他們身上還殘存着男人味。這種說法是想當然的。慈禧重用身邊的太監，其實也和歷代男性皇帝一樣，是因為她相信太監是自己的私人，可靠，尤其是利用他們來辦一些不能公之於眾的事情，最為穩當。

對於慈禧的這種行徑，朝廷中正派的官員們私下都有些議論，特別是那些激進的清流黨，更是對此痛惡不已。

憑直感，潘祖蔭覺得這樁鬥毆案，必定是太監失理在先，而慈禧又聽信了太監的一面之詞，藉聖旨來發洩自己的滿腔怒火，同時也要藉處理此事來樹立自己至高無上不可侵犯的權威。為了證實自己的分析，他親自提訊已被拘捕的玉林、忠和和祥福。提訊的結果，他的分析得到證實。

但內務府大臣恩良則要堅決按旨辦事。審訊不審訊都無所謂，玉林等人的陳述他根本就聽不進。作為內宮主管，恩良的這種態度是不難理解的。這是因為他不但要維護屬於自己管轄的太監們的利益，他更要藉此討好巴結他的頂頭主子——兩宮皇太后。在這種職務的官員眼中，向來是沒有甚麼原則和國家的概念的。面對着這種棘手的案子和尷尬的局面，才華過人的潘祖蔭頗感為難。思索再三，他決定採取投石探路的方式。

第一步先上一摺，將提訊玉林等人的情況上報。摺子上詳細記錄玉林等人的口供，試圖讓兩宮太后了解事情的另一面，希望她們在兼聽之後能變得明白起來。潘祖蔭請恩良會銜，恩良拒絕，他只得單銜上奏。幾天後，他奉到朱批：不可偏聽一面之詞，應從嚴從速審結此案。太后們接過潘祖蔭投過的「偏聽」之矛，反過來又投向潘祖蔭本人，弄得這位刑部尚書哭笑不得。

無奈，潘尚書只得採取各打五十大板的和稀泥的辦法，擬了一個懲處方案：護軍這邊，其頭目玉林責任較大，杖五百，罰去月俸三個月，祥福、忠和各杖五百；太監這邊，其頭目李三順責任較大，交內務府慎刑司責打五百，罰去月俸三個月，二愣子、小勾子各責打五百。

疏上，朱批責備刑部偏袒護軍，對玉林等人懲罰過輕。

潘祖蔭氣憤了。他在刑部衙門裏發牢騷：「既然刑部處置不當，皇上自己聖心獨裁好了，何必要借我們的口來說話！」滿尚書文煜生怕因此得罪太后而丟掉頭上的紅頂子，他勸潘祖蔭：「伯寅兄，何苦為幾個護軍惹太后生氣。太后說輕了，咱們再加重點。」

文煜自作主張重新判決：玉林從重發往吉林充當苦差，祥福從重發往駐防當差，覺羅忠和從重圈禁三年。他也不給潘祖蔭過目，便以刑部的名義第三次上奏。

三天後，上諭下達：

午門值班護軍毆打太監一案，曾諭令刑部、內務府詳細審辦，現據訊明定擬具奏。該衙門擬以玉林等發往邊地當差，自係照例辦理。惟此次李三順賫送賞件，於該護軍等盤查攔阻，業經告知奉有懿旨，仍敢抗違不遵，藐玩已極。若非格外嚴辦，不足以懲儆。玉林、祥福均着革去護軍，銷除本身旗檔，發往黑龍江充當苦差，遇赦不赦。忠和革去護軍，圈禁五年。均着枷號加責。護軍統領岳林，着再交部嚴加議處。禁門理宜嚴肅，嗣後仍着實力稽查，不得因玉林等抗違獲罪情形，稍形懈弛。懔之！對護軍處罰之重，對太監偏愛之深，不僅令潘祖蔭憤慨，令文煜意外，也令合朝大臣不滿。連日來，六部九卿的官員們紛紛私下議論；明明是太監虧理在先，為何只指摘護軍一方？明明是太監、護軍相互毆打，為何單說護軍毆打太監？護軍盤查，乃職守所在，即使出現毆打之事，也不可處以如此重的懲罰。革去護軍，已屬不輕，消除旗檔，聽之可駭，還要加上充當苦差，遇赦不赦，這一輩子永無出頭之日了。這種處罰，比打劫行兇還要重！尤其是忠和更慘，一個紅帶子居然被圈禁五年，而所犯之罪僅僅只是打了太監。這叫人如何能服氣！至於這背後的原因卻是再明白不過了：因為李三順是奉慈禧太后之命出宮的，打狗得看主人面，玉林等人可惜年少不知此中關係！

奉行職守的遭到嚴懲，違反宮禁的反倒無事，今後誰來遵制，誰來守責？官員們哀歎：門禁必將漸成虛文。

國家法紀不受重視，主子身邊的太監可以仗勢藐法，於是官員們又哀歎：如此下去，前朝宦官干政的故事再將重演，大清朝的朝政從此將多事了！

狀元出身時任工部尚書的翁同龢很想為此事上個摺子，提醒太后要杜防貂璫之弊。一天深夜，翁同龢來到好友協辦大學士軍機大臣沈桂芬的府上，探探他的口風。翁同龢想，如果他和自己一樣的看法的話，便和他會銜上奏。

朝中官員的擔憂，也是沈桂芬的擔憂，但他卻不願上摺。

沈桂芬對翁同龢說：「遞摺子給太后，這不明擺着是披龍鱗、捋虎鬚嗎？我六十多歲了，又多病，還能活得幾年。壽終正寢，得個好謚號，便是此生最後的希望了，犯不着為幾個護軍去觸怒太后。老弟，我也勸你多一事不如少一事，國家也不是你我二人的。她皇太后心中都只有自己個人，不把國家當一回事，我們多操這份心做甚麼！」

這話也說得有理。翁同龢的摺子也便不上了。

滿朝文武大臣大多數採取的也正是翁同龢、沈桂芬的態度，只在嘴巴上說說而已，對於這場皇家與部曹的鬥法，誰都不想參與。但翰林院有幾個書呆子與眾不同，他們卻敢於頂風逆浪，要為公理和正義去爭鬥一番。

這天午後，應陳寶琛之約，張之洞來到陳府。此時正是隆冬季節，天寒地凍，京師猶如置於一個大冰窟之中。陳寶琛夫婦都是福建人，十分畏寒，初冬開始便天天把火爐燒得旺旺的，一到陳家，張之洞彷彿有踏入春天之感。特別是客廳桌子上擺着的那幾盆福建特產——水仙花，更是為房間裝點着濃郁的春意。

張之洞端視着這幾盆可愛的植物，只見那密密叢生的蒜條葉，一根根筆挺筆挺地向上奮進，黃綠色的葉片裹飽含着蓬勃生機。許多葉片的頂部都結着花蕾，有幾個花蕾提前綻開了，淡黃晶亮的花瓣笑融融地面對着窗外的枯枝敗葉、寒山瘦水。在眼下百花凋謝的殘冬，這幾盆南國水仙給冷寂的寰宇帶來多少溫馨，多少生氣啊！

正在張之洞凝思遐想的時候，張佩綸也應約走進陳家的客廳。

「香濤，你先我一步了！」張佩綸對在水仙花面前出神的張之洞大聲打着招呼。

「你看這花開得有多好！」張之洞抬起頭來對張佩綸說。正在這時，陳寶琛出來了。他又笑着對陳寶琛說：「你們福建怎麼有這麼好的冬花？」

「這是我們福建地氣好的緣故。不只水仙，還有福橘、龍眼，都比別省的要好。」陳寶琛頗為自豪地說，「你這麼喜歡水仙，我送你一盤吧！」

「也要送我一盆！」張佩綸直接索求。

「好，一人一盆。」陳寶琛爽快地答應。三人坐下，喝着陳府的福建特產烏龍茶。

急性子張佩綸先開口：「弢庵，你把我和香濤召來，是不是為了午門鬥毆事？」

「正是，正是！」陳寶琛說，「前些日子，一個名叫劉振生的瘋子冒稱太監，從神午門進了內宮，險些造成大禍，神午門護軍也只是革職而已。這次太后為了自己的面子，可以不顧家法，不顧國紀，給午門護軍這麼重的懲處。這樣的大事，滿朝文武沒有一人遞個摺子主持公道，大清豈不要亡了嗎？」

「看來弢庵要上摺子了，有意把事情說得這等嚴重，好像大清就他一個人在支撐似的。」張佩綸打斷陳寶琛的話，笑着對張之洞說。

張之洞也笑了起來：「且聽他說完，看他是如何砥柱中流，力挽狂瀾的。」

「看來這大清是要靠我一人支撐了！」陳寶琛故意這麼說，他是想藉此刺激一下這兩位一向勇於言事的清流好友，希望他們也幫襯幫襯。「我關在家裏整整想了三天，擬了一道摺子，特為請你們來，幫我參謀參謀。」

張佩綸說：「不瞞你說，我也正想上個摺子。這種時刻，豈能沒有我張佩綸的聲音，想不到讓你着了先鞭。快拿出來唸唸吧，我和香濤幫你潤色潤色。」

張之洞說：「滿朝都是不平之聲，我輩豈能不上疏！」

「正是這句話，我還記得香濤兄的詩：白日有覆盆，刳肝訴九閽。虎豹當關臥，不能遏我言。沒有甚麼東西可以阻擋我們的聲音。我先遞，你們接着上。要讓天下人都知道，朝廷裏還是有敢於說話的人的。」陳寶琛氣勢豪壯地說着，一面從茶几上拿出一疊紙來。「我就不從頭至尾唸了，挑幾個重要的段落讀給你們聽聽。」

二張一同說：「我們洗耳恭聽。」

陳寶琛大聲唸起來：「臣維護軍以稽查門禁為職，闕防內使出入，律有專條。此次毆打之釁，起於稽查。神午門兵丁失查擅入瘋狂，罪止於斥革。午門兵丁因稽查出入之太監，以致犯宮內忿爭之律，冒抗違懿旨之愆，除名戍邊，罪且不赦。兵丁勢必懲夫前失，此後凡遇太監出入，但據口稱奉有中旨，概予放行，再不敢詳細盤查以別真僞，是有護軍與無護軍同，有門禁與無門禁同。」

「好！」張之洞拍手讚道，「有護軍與無護軍同，有門禁與無門禁同。這兩句話說得有力量。」

「本朝宮府肅清，從無如前代太監犯罪而從嚴者，斷無因與太監爭執而反得重譴者。」陳寶琛繼續中氣十足地朗誦着，「臣愚以為此案在皇上之仁孝，不得不格外嚴辦，以尊懿旨，而在皇太后之寬大，必且格外施恩，以抑宦官。若照日前處置，則此後氣燄浸長，往來禁闥，莫敢誰何？履霜堅冰，宜防其漸。」

陳府溫暖的書房裏，主人的福建官話抑揚頓挫鏗鏘有力，彷彿是對着那與嚴冬氣候一樣的冷漠輿論所作的宣戰。

張之洞一手端着茶杯，一隻手摸着下巴，兩隻眼睛凝視桌上那盆散發着清香的水仙花。他一言未發，腦子裏卻想得很多。上個月午門事件發生以來，張之洞就以他一貫關心時務的熱情，在注視着事態的發展和演變。

他曾當面問過潘祖蔭，也問過刑部其他官員，掌握了玉林等人的供詞。他還特地找過養心殿幾個較為熟悉的太監，打聽過李三順其人，事件的真相已明白無誤。至於對護軍的懲罰將會帶來怎樣的後果，他也看得清楚。他幾次想上疏說說自己的意見，但又幾次作罷。事情真難呀！難就難在規諫的是知遇之恩甚厚而喜怒又捉摸不定的慈禧太后，何況素來仁弱的慈安太后也持同樣態度！

張之洞先是殷切期盼兩宮太后能在怒火消除後，自己慢慢醒悟過來，不露痕跡地彌補過失。在這種企盼落空之後，他又懇切地盼望有地位崇高的人出來上奏，用忠誠來感化，用事理來點撥兩宮太后，使她們能悟以往之不諫，自己出面來作轉圜。他本人不捲入這場難堪的糾紛中去，而最後的結局又不至於給國家帶來不良影響。這便是張之洞所最為希望的。但幾天過去了，上這種奏章的人卻沒有，他心裏開始焦慮起來。

他認真地聽完陳寶琛的奏稿後，心裏很是舒坦：弢庵真不愧一個無私無畏的清流，敢於直陳太后的過失。先前，趙烈文讚揚曾國藩的廉潔，說大清二百年不可無此總督，今天移給陳寶琛最合適了：大清二百年不可無此言官。

但張之洞還是有所顧慮：慈禧太后正在對護軍惱火透頂，開頭一段便是為護軍辯護，會不會給她火上加油！他在心裏琢磨着：這樣一道針對太監護軍鬥毆事件的奏章，陳寶琛使用的是標準的佈局：護軍稽查無大錯，太監仗勢該訓斥，謹防由此而滋生的弊端。但這樣的佈局對於從諫如流的明君來說或許相宜，而對師心自用的慈禧來說未必合適。

「香濤兄，你發表意見呀，這樣寫可不可以？」張之洞還在反覆斟酌，陳寶琛已經逼將了。

「唔，行，行。」張之洞尚未考慮成熟，只得敷衍着，「我看可以。」

「我以為尚有所欠缺。」張佩綸背起手在客廳裏一邊踱步一邊說，「弢庵可能還有顧慮，話說得不夠明白透徹。依我看，乾脆挑明：護軍之處罰，罰不當罪。」

張佩綸走到茶几邊，端起杯子，喝口水潤潤喉嚨，然後提高聲調，義憤填膺似地說：「旗人銷檔，乃犯奸盜詐偽之事，至於遇赦不赦，必為犯十惡強盜、謀故殺人之罪。就算護軍完全無理，打了太監一頓，也不能這樣處罰。大清朝還有沒有王法呀？刑部還有沒有律令呀？眼下播之四方，今後傳之萬世，眾口將會如何議論呀？」

陳寶琛說：「幼樵說得對。我是有點擔心，怕說得過重，兩宮太后接受不了。」

「弢庵這個擔心，可能不是多餘的。」張之洞斟酌良久，已有主意了。

張佩綸堅定地說：「語氣重一點，會有些刺眼，但有好處。我最反對用鈍刀子割肉，半天出不了血。弢庵你一向痛快，為何這次瞻前顧後不痛不癢的。」

陳寶琛笑着說：「那好吧，就依你的，把這篇稿子改一改。」

「這篇可以用，不要再改了。」張之洞急忙制止。

「我看也不要再改了，就把它照原樣謄正，作正疏上。」張佩綸果斷地作出決定。「再來一道附片，不妨就按剛才所說的，補一劑苦一點的藥。」

「行！」

陳寶琛欣然採納張佩綸這個建議，立即揮筆擬寫。張之洞的心裏卻總有一些不太踏實的感覺。很快，陳寶琛的附片又出來了。他興奮地對張佩綸說：「前面幾句，我就用你的原話。先告訴你，免得犯剽竊之罪。」

張佩綸笑着說：「我不怕你剽竊。竊得越多，我越高興。」

陳寶琛大聲唸道：

　　再，臣細思此案護軍罪名，自係皇上為遵懿旨起見，格外從嚴，然一時讀詔書者無不惶駭。蓋旗人銷檔，必其犯奸盜詐偽之事者也；遇赦不赦，必其犯十惡強盜、謀故殺人之事者也。今揪人成傷，情罪本輕，即違制之罪，亦非常赦所不屬，且圈禁五年，在覺羅亦為極重。此案本緣稽查攔打太監而起，臣恐播之四方傳之萬世，不知此事始末，益滋疑議。臣職司記注，有補闕拾遺之責，理應抗疏力陳，而徘徊數日，欲言復止，則以為時事方艱，我慈安皇太后旰食不遑，我慈禧皇太后聖躬未豫，不願以迂戇激烈之詞干冒宸嚴，以激成君父之過。然再四思維，臣幸遇聖明，若竟曠職辜恩，取容緘默，坐聽天下後世執此細故以疑聖德，不獨無以對我皇太后、皇上，問心亦無以自安，不得已附片密陳。伏乞皇太后深念此罪名有無過當，如蒙特降懿旨，格外施恩，使天下臣民知至愚至賤荒謬藐抗之兵丁，皇上因遵懿旨而嚴懲之於前，皇太后因繩家法防流弊而曲宥之於後，則如天之仁，愈足以快人心而光聖德。

「好極了，附片更要勝過正疏！」不待照例的程式話唸完，張佩綸已為之鼓掌喝采。

「香濤兄，你看呢？」陳寶琛轉而問張之洞。

張之洞思忖了一會，說：「我還是剛才的顧慮，是不是話說得過重了點。」

「不重，不重！」張佩綸大大咧咧地拍着年長他十歲的張之洞的肩膀說，「老兄一向敢做敢為，這次為何這等躲躲閃閃的。」

說罷又對陳寶琛嚷道：「我們幫你當了半天參謀，你怎麼一點表示都沒有？」

陳寶琛笑着說：「我這就叫廚房上菜，我們邊吃邊說。」

吃完飯後天色已晚，二張告別主人各自回家。

回到家裏，張之洞還在回味着陳寶琛補寫的那道附片。「一時讀詔書者無不惶駭」，「臣恐播之四方傳之萬世」，「不知此事始末益滋疑議」，「激成君父之過」，「伏乞皇太后深念此案罪名有無過當」，這些話一直不停地在他的腦子裏迴旋着。認真地說，這些話都無不當之處，事情明擺着也是這樣，但聽起來卻不大順耳。目的是要讓太后收回成命，從輕處罰護軍，並給參與鬥毆的太監以懲處，不讓太監有得勢滋生非分之念。只要這個目的達到也就行了，至於手段是可以從權的。

太后死要面子，決不能有半點指摘她的意思，這是首要的。其次，太后眼下最惱火的是護軍。若是一個勁地為護軍辯護，則反而會更令太后生氣，一旦老羞成怒，堅持要按她說的辦，那就毫無辦法了，總不能為幾個護軍而喋喋不休地死纏着太后不放吧！

陳寶琛的附片，以「惶駭」「傳播」等字眼來暗裏指摘太后，又一個勁地為護軍辯護，恰恰在這兩點上犯了大忌。

「附片不能上！」想到這裏，張之洞堅定了這個認識，必須馬上制止。他提起筆來，寫了八個字：「附子一片，請勿入藥。」叫大根連夜送去陳府。

太后不能指摘，護軍不能辯護，剩下的惟有從「太監」着手了。再次提醒太后，注意前朝宦侍干政的危害，重申家法，杜絕亂萌，讓太后自己醒悟；並將前向劉振生一案並提，正可以看出管束太監之重要。對！就這樣寫，或許能帶來轉機。張之洞覺得為午門鬥毆事件再上一疏的責任，已義不容辭地落到自己的頭上來了。

為糾正太后的過失，為鳴叫護軍的冤屈，為抑制太監的得勢，也為陳寶琛正疏的有欠穩妥，張之洞施展平生文字功力，以極大的忠悃誠摯，以極度的委婉曲折，來表達自己一目了然的用心：

竊聞近日護軍玉林等毆太監一案，劉振生混入禁地一案，均稟中旨處斷。查玉林因係毆太監之人，而劉振生實因以與太監素識，以致冒干禁御。是兩案皆由太監而起也。

伏維閹臣恣橫，為禍最烈，我朝列聖馭之者亦最嚴。我皇太后、皇上遵家法，不稍寬假，歷有成案，紀綱肅然。即以兩案言之，玉林因藐抗懿旨而加重，並非以太監被毆也；劉振生一案，道路傳聞，謂內監因此事而獲罪發遣者數人，是聖意均見弊根，並非嚴於門軍而寬於近侍也。仰見大中至正，宮府一體，遏嘗有偏縱近侍之心哉！

護軍明明是因打太監而致罪，張之洞卻改為因抗懿旨而獲咎，貶太監而抬高太后，可謂煞費苦心。但兩次諭旨，均未有「懲辦太監」之類的一句話，這又作何解釋呢？張之洞含毫良久，終於想出了幾句估計能為太后接受的話來：

惟是兩次諭旨俱無戒責太監之文，竊恐皇太后、皇上裁抑太監之心，臣能喻之，而太監等未必喻之，各門護軍等未必喻之，天下臣民未必喻之。太監不喻聖心，恐將有藉口此案恫嚇朝列妄作威福之患；護軍等不喻聖心，恐將有揣摩近習諂事貂璫之事。

接下來，張之洞說，嘉慶年間林清之變，實因太監為內應，本年秋天在內廷天棚裏搜出火藥一事，也起因太監的失職。因此，張之洞建議：

相應請旨，嚴飭內務府大臣將太監等認真約束稽查，申明鐵牌禁令，如有藉端滋事者，奏明重加懲處。

最後，張之洞以經典上的兩句名言：「履霜堅冰，防其漸也」，「城狐社鼠，惡其托也」，來暗示太后：一須防止太監仗勢驕縱，二則防止成為狐鼠之輩的憑藉。

寫完後，他從頭至尾又細細地看過一遍。通篇文字，既沒有一句為護軍辯護之意，也沒有半字觸犯太后至高無上的威嚴，而是緊緊扣住抑制貂璫得勢的祖訓家法。張之洞想，這樣的奏章，倘若太后都不能接受的話，大清的朝政，大概也就沒有多少指望了。

過了幾天，張之洞在翰林院門口遇到陳寶琛，問他附片上了沒有。

陳寶琛答：「上了。」

「你怎麼不聽我的勸告？」張之洞頗為失望。

陳寶琛說：「接到你的字條後，我第二天去徵求幼樵的看法。幼樵說，附片比正疏還要好，如此精義，不用可惜。我自己也和幼樵持同一看法，若附子不入，此藥或將於病無效。」

張之洞跌足歎道：「弢庵呀弢庵，你口口聲聲要太后從諫如流，自己先就做不到這一點。你比我小十歲，品級資望都不及我，我之規勸你尚且不能聽從。太后居九五之尊，多少人捧她求她，讓她懼她，她如何能輕易聽進逆耳之言？可見要從諫如流，對君王來說是多麼之難；而歷史上那些能採納人言的君王，又是多麼地難能可貴啊！」

陳寶琛啞然望着張之洞，對他這番感慨無言可駁。

在名醫薛福辰的精心治療下，慈禧腸胃不適的痼疾近來已大為好轉。隨着身體的康復，她的心情也日漸舒暢起來。醇王福晉這天進宮來，照例先向兩位皇太后請安。見姐姐一掃病態，容光煥發，歡快地拉着姐姐的手恭賀：「好姐姐，你是越活越年輕，越來越漂亮。妹妹我簡直不敢和你坐在一起，怕別人說你是妹妹，我是姐姐。」

說得慈禧滿心歡喜，對着菱花鏡子一照，昔日的照人光彩果然重又出現，眼前的妹妹的確不如自己的美麗。醇王福晉的話和菱花鏡裏的形象，給四十多歲的慈禧帶來的喜悅，遠不是中外大臣的頌詞和藩屬國的貢品所能比擬的。

兩姐妹手拉手敍起家常話來。

醇王福晉說：「上次我過生日，姐姐送的禮物雖沒收到，但心意我深領了。姐姐為此事嚴懲了午門護軍，我和王爺都感到不安。」

慈禧安慰妹妹：「護軍打了我的太監，理應懲處，這與你們無干。」

慈禧只這麼一個胞妹。當年父親過世，家道中落，就是這個妹妹和她一起，陪伴着母親度過了那段冷清的歲月。妹妹和她，雖是一母所生，性格卻完全兩樣。妹妹寬容隨和，沒有權力慾望，兒子雖貴為天子，她卻並沒有驕矜之態。慈禧特賞她在紫禁城裏坐黃龍大轎的殊榮，但她一次也不坐。慈禧對此甚為讚賞。與所有獨裁者一樣，慈禧自己是權慾狂，卻又希望別人都沒權慾。

「話雖這麼說，但畢竟是因為我的生日禮物而引起的。」醇王福晉心裏懷着誠懇的歉意。「外間的人說，午門這事兒，太監爭了面子，只怕他們今後會翹尾巴。我知道姐姐向來管束太監甚嚴，但外人不知道，以為姐姐向着太監。姐姐為這事兒受累了。」

妹妹這幾句輕柔懇摯的體己話，在慈禧心裏驟然引起了震動：各省官吏，市井百姓，還不知為這件事嚼些甚麼爛舌頭哩！

說了一會子家常話後，醇王福晉告辭姐姐，去看她的寶貝兒子。李蓮英送來了幾份奏章。

特命全權與俄國洽談伊犁事件的駐英法公使曾紀澤的奏疏說，與俄國談判已近尾聲，被崇厚割讓的伊犁南部八萬里的領土，已從俄人手中奪回，只是給俄國的兵費銀將會增加二百萬両銀子。這項改訂條約，即將簽字。

慈禧看了這份奏疏很是寬慰。八萬里土地爭回，這是給她的臉上增了大光，她將會以保守祖宗江山有功的英雄，贏得天下臣民的尊敬，至於多二百萬両銀子，這與她毫不相干，自有四萬萬百姓去出。

四川總督丁寶楨也有一份奏章，說東鄉冤案平反昭雪後，川中父老同聲頌揚朝廷英明，東鄉冤民的親屬家家供上太后、皇上的牌位，祝福太后聖躬康泰，壽比南山。

慈禧看完這道摺子後舒心暢意地笑了。久病新痛邁向老境的皇太后，從來沒有像現在這樣珍惜健康，盼望長壽的了。

看了這兩道奏摺，慈禧的心情特別好，她離開暖床，在閣子裏隨意走動，又喝了一杯吉林將軍銘安新呈的長白山人參湯，重又坐到床上。她拿起另一份摺子來。這摺子正是陳寶琛為午門事件所上的正疏和附片。

若是在前些日子，慈禧看了這兩道摺片，定然會怒火中燒。她可能不會看完，就會將它扔在一邊，說不定還會提起朱筆寫幾句話，對上疏者嚴加申飭。但她今天沒有這樣，而是沉下氣來耐心讀完了。這一來是病癒身體好了，二則是曾紀澤和丁寶楨的奏摺給她帶來了喜悅，三是妹妹的那幾句話也引起了她的反思。

在二千年帝制的最後一段歲月裏，執掌中國朝政達四十八年之久的這個女人，畢竟不是等閒之輩，當她心態平和的時候，也是知道權衡利弊的。

陳寶琛的話說得是難聽，甚麼「播之四方」「傳之萬世」之類的話，她壓根兒就反感。但平心而論，幾個護軍的處罰也是重了點，為了這件小事，讓天下後世去議論紛紛也是不值。

慈禧對自己前些日子的意氣用事頗有悔意。正在這時，李蓮英又送來一個摺子，這正是張之洞擔心陳寶琛的言辭過激而補上的《閹宦宜加裁抑摺》。

慈禧讀完這個摺子後，心裏甚是寬慰。張奏和陳奏有明顯的不同。張奏沒有說她有任何不當之處，也沒有為護軍辯護，這兩點最讓慈禧舒服。慈禧最討厭別人指摘她的過失。她的過失，只有在她省悟之後，自己來糾正。她也最恨別人替她所討厭的人說好話，她所討厭的人，只有在被處罰以後仍不改對她的忠誠，才能換取她的回心轉意。

至於張之洞指出謹防閹宦得勢這一點，慈禧在聽了妹妹的那幾句話後，便開始省悟了。兩者相鬥，抑此必定導致揚彼。作為一個老練的政治家，慈禧是深知此中三昧的。

她思考一下後，將內奏事處的秉筆太監喚進來，口述一道新的上諭：

午門值班兵丁毆打太監一案，護軍玉林等因藐抗獲咎，原屬罪有應得。惟念門禁至為緊要，嗣後官兵等倘誤會此意，稍行顧瞻，關係非輕。着格外加恩：玉林改為杖一百，流二千里，照例折枷，枷滿鞭責發落；祥福改為杖一百，鞭責發落；忠和改為杖一百，仍圈禁兩年，圈滿後加責三十板；護軍統領岳林免其交部嚴議。太監李三順，着交慎刑司責打三十板，仍着內務府大臣恪遵定制，將各太監嚴行約束。禁門重地，若值班人等稍加疏懈，定當從嚴懲辦，決不寬貸。

第二天，當這道新的上諭由內閣傳達出去後，一個多月來密切注視着事態發展的官場士林，終於有一種壓抑已被解除之感。儘管從律令來看，護軍還是處理過重，但太監畢竟受到了懲罰。熟悉內廷情況的官員們，已經從這兩年來李蓮英格外受寵中看出一些苗頭，這次懲處李三順，無疑對這一有可能乘勢增長的苗頭是一個遏制。人們盼望早已為歷史所唾棄的貂璫干政的故事不要在本朝重演，同時也對敢於頂風浪披逆鱗的骨鯁之臣表示最大的敬意。

這天傍晚，張佩綸在自己的家裏，設宴款待兩位為午門事件轉圜起了關鍵作用的朋友。醉意朦朧中，陳寶琛深以自己將隨着這個事件傳名青史而自得。杯盤相碰聲裏，張之洞則深為自己所愛戴的慈禧太后，不失為度量寬宏的明主而興奮。此刻，他還不可能想到，就是這一道目的與陳奏相同，措辭比陳奏婉轉的摺子，改變了他的命運。一段多姿多彩、光芒四射的人生歲月，即將在張之洞的面前揭開序幕。

第二章

燕山聘賢

1 赴任前夕，張之洞深夜造訪醇王府

自從那次破格召見之後，張之洞的一舉一動，便都在慈禧太后的注視之中。議論東鄉翻案事時，醇王又在慈禧面前稱讚張之洞關心民瘼、仗義執言，是社稷之才。張之洞在慈禧的心目中又加重了份量。醇王還特為告訴慈禧，張之洞贊成修復清漪園。身為清流而不反對園工，慈禧對此很喜歡。她由此看出張之洞對她的忠心。吏部揣摸太后的旨意，將張之洞的品銜提高一級，由正五品升為從四品。不久，又正式授職為正四品的翰林院侍講學士。

午門事件中，張之洞的奏疏只言謹防閹侍之患，而不言及她處置之失當。作為一個老練的政治家，這中間的良苦用心，慈禧在事後也是能感受得到的。「委婉曲折，忠心可憫」，這是慈禧後來在與慈安的閒聊中對張之洞的知心評價。於此可見，她確實看出了張之洞的穩健和成熟。

在慈禧看來，這些都是清流中他人所缺而張之洞獨具的長處。清流人物飽學善辯，喜談國事，攻訐在位者不留情面又往往能擊中要害，但幾乎個個鋒芒畢露，咄咄逼人，只求文章做得痛快，卻並不去考慮事實上辦不辦得通。慈禧一向認為，清流人物可以做言官，也可以做學官，但不能做實事，更不能擔當重任，因為他們不懂得現實世界與聖賢經典之間的差距有多麼大，也不知道「閉門造車易，出門合轍難」的道理。嚴格地說，他們都不是穩重成熟的務實幹員。然而這個張之洞，卻有清流之長而無清流之短，確乎是一個難得的人才，她決定破格越級簡拔。

張之洞現居正四品銜的侍講學士之位，越級提拔，可以擢升為正三品銜的詹事府詹事，也可以擢升為從二品銜的內閣學士，兼禮部侍郎銜。朝廷提拔官員向來慎重，越級簡拔的事並不多見。慈禧記得，近幾十年來內外傳為美談的一次越級簡拔，是三十多年前道光爺提拔曾國藩的事。

道光二十七年，六十七歲的道光爺在一次例行的翰詹考試後，將曾國藩升授內閣學士兼禮部侍郎銜。曾國藩為從四品銜的侍讀學士，猛然間升為從二品銜的內閣學士，連升四級，一時朝廷內外議論紛紛。

曾國藩的考試成績名列二等第四，並不優異，考試之前也沒有十分引人注目的表現，大家都不明白道光爺憑甚麼對曾國藩如此恩寵。後來，曾國藩組建湘軍，百戰沙場，為朝廷收復江南，在手握重兵功高天下的時候，並不造反，而且益發對朝廷忠心耿耿。直到這時，歷史才證明道光爺是多麼的富有遠見，其識人之眼光、用人之魄力是多麼的不同凡響！

慈禧則更從深處思考：曾國藩後來之所以如此，或許正是對當年連升四級的回報。眼下又是多事之秋。皇帝年少孱弱，國家比道光時期更需要棟樑之才。向祖宗學習，演曾國藩故事，將張之洞連升三級，直接升授內閣學士兼禮部侍郎銜？

然則，張之洞真的是第二個曾國藩嗎？連升三級，可是非同尋常的異數，他張之洞能受得起嗎？

正當慈禧猶豫不決的時候，朝廷內突然發生一場大變故。

光緒七年三月初七，慈安太后駕崩鍾粹宮。消息傳出，朝野驚愕！

慈安才四十五歲，素來身體康健，不像慈禧時常鬧病。當「太后升天」的話傳到宮外時，不少大臣還以為是慈禧死了。這意外的變故，導致當時及後世的許多傳聞。有一則流傳最廣、常被野史及說書人所樂道的說法是：當年咸豐帝病重時，頗為身後之事而憂慮。咸豐帝只有一個兒子，這位六歲的皇子乃懿貴妃那拉氏所生。皇后紐祜祿氏為人柔懦謙退，而懿貴妃性格剛強好出風頭。咸豐帝擔心今後懿貴妃母以子貴，干預朝政，出現牝雞司晨的局面。咸豐帝的寵臣協辦大學士肅順建議：當年漢武帝立弗陵為太子而殺其母鈎弋夫人，此事可以效法。咸豐帝心腸軟，不忍心這樣做，便給皇后留下一紙遺墨，上面寫着：若今後懿貴妃干預朝政的話，皇后可憑此執行家法。皇后將這道聖旨藏着。二十年過去了，已升為慈禧太后的那拉氏雖然一直在執掌朝政，但對已升為慈安太后的紐祜祿氏執禮甚恭。慈安認為再保留這道聖旨已沒有必要。為了表明自己的這番心意，慈安對慈禧說出這樁事，並當面將咸豐帝的遺墨燒掉了。不料，這反而成了慈禧的一塊心病，她總懷疑慈安還會有別的辦法可以制約她，於是先下了手。她親手給慈安送來一盒糕點，糕點裏放着毒藥。慈安吃了這盒糕點後即刻暴死。

這事是真是假，已很難確鑿考訂。依常理而論，這種可能性不大，因為慈禧無此必要。二十多年後，光緒帝、慈禧太后兩天內相繼死去。傳說慈禧自知不起，不願光緒帝在她死後報復她，便先毒死光緒帝。這兩個傳聞如出一轍，意在揭露慈禧的心狠手辣。但現存的清宮檔案完整地保存了光緒帝病情的記錄，證明他確實病入膏肓，不可醫治。這種傳聞的產生，或許是由於慈禧晚年劣跡太多，人們恨她的緣故吧！不過，自古以來宮闈秘事，其間的曲曲折折，當時的局外人尚不可能清楚，何況百年後的今天！我們就姑且不論吧。

但慈安的去世，的確為慈禧更順暢地推行她的意圖掃清了障礙。這是因為名義上慈安在慈禧之上，且慈安為人隨和，王公親貴中許多人有事都願意找慈安，而慈安也樂意為他們說話。恭王便是其中一個。自從同治四年他與慈禧發生第一次衝突後，其感情上更趨向於慈安，遂有後來瞞着慈禧，與慈安一道降旨斬安得海的事。

現在，橫在慈禧前面的這道障礙既已掃除，她可以放開手腳來自我安排了。確切地說，清末的慈禧時代，是從這個時候才真正開始的。

就在慈安去世後不久，一連十多天，彗星天天夜晚出現在參宿和井宿之間。朝臣私下紛紛議論、都認為這是上天示儆，主政者當省愆修德。慈禧也為此異常天象而不安，下詔求言。應詔上書的不少，但無非都是勤政愛民、寬刑薄賦等一套老生常談，慈禧對這些迂儒之言無多大興趣。這一天，她被一道摺子所吸引。這道奏章裏所說的話與眾不同。

奏章上說，彗星頻現，當思弭災防患，而當今防患之道，其大者莫過於西北之邊防及東南之海防。西北邊防，責任在陝甘總督。其總督曾國荃拜命半年來，以養病為名，安臥湘鄉不赴任。東南邊防，責任在兩江總督。其總督劉坤一暮氣深重，且有吸食鴉片之嗜好。建議朝廷開去曾國荃陝甘總督之職，另委賢能。劉坤一現蒙內召，正可藉此令彭玉麟署理。彭玉麟既為中興宿將，又無驕惰之氣，深孚眾望，足資起衰振疲。

慈禧看上疏者姓名，正是張之洞。她合上張之洞的摺子，認真地思索起來。

二十年前，當她廢去顧命大臣執掌朝政時，正是江南戰火瀰漫之際，她一改咸豐帝左右瞻眴的態度，把東南大局全權託付給曾國藩，同時又悄悄地培植李鴻章的淮軍勢力，讓這支軍隊成為牽制曾國藩湘軍的力量。不久，湘淮軍合作，平定了江南。繼而又以淮軍為主力，撲滅了捻軍。到了同治七年，內地烽火基本熄滅。

就在朝野歡呼「同治中興」的時候，慈禧發現，十八省督撫，已經有多半落到湘淮將帥的手裏。她十分擔心這些人將居功坐大，弄出一個尾大不掉的局面來。這些年來，她小心翼翼地對付着這批湘淮宿將，採取籠絡、制裁、頻繁調動、相互掣肘等多種政治手腕，終於保持了政局的大致穩定。然而，時刻防範這批軍功顯赫的大臣，仍是令慈禧頭痛的一件大事。發佈曾國荃陝甘總督的上諭已半年了，他仍在湘鄉老家悠閒地住着，託辭不上任。陝甘地當西北，乃軍務要衝，曾國荃如此無視朝廷，怎不令慈禧惱火。但曾國荃身為攻打江寧的頭號功臣，慈禧也不便公開申飭他。劉坤一是湖南新寧人，二十五歲率團練加入湘軍，轉戰湘桂，戰功卓著，三十五歲便身居巡撫高位，四十三歲便做了總督，今年才五十二歲，年紀並不大，但大官做久了，不免有些倚老賣老的味道，近來頗為縱情聲色。慈禧對他也很不滿意。

曾、劉身上所體現的「驕」「暮」之氣，正是那些因軍功而至高位的督撫普遍存在的毛病。它既是對朝廷權威的削減，也敗壞了官場的風氣。敲一敲這兩根翹起的尾巴，對那些頭腦昏昏的大員也是個震動。慈禧接受張之洞的建議，革去曾國荃的陝甘總督之職，任命彭玉麟署理兩江總督。也因這個建議，使慈禧不再猶豫，決定援道光帝的先例，破格越級簡拔張之洞！

光緒七年七月，一道煌煌諭旨下達：張之洞補授內閣學士，兼禮部侍郎銜。這道聖命，使張之洞轉眼之間連升三級，由一個中級官員躍為從二品的卿貳大臣。這是咸豐、同治、光緒三朝中少有的一次破格簡拔。

張之洞奉到這道諭旨，真有喜從天降之感。清流朋友的祝賀，同僚的羨慕，故舊門生的恭喜，家人的歡欣，這一切為他織成了一張大喜大慶之網。

這天午後，他收到張之萬從南皮老家派人專程送來的一封信函。守制在家的前總督除向堂弟表示祝賀外，並鄭重其事地告訴堂弟，應該盡快去醇王府走一趟，在醇王面前表達對聖恩的感激之情。照慣例，獲得遷升的官員在奉旨之後要給朝廷上一道謝恩摺，然也僅此而已，不需再向別的推薦者表示謝意。張之洞也正是這樣辦的，他的腦子裏還沒有想到要去感謝別的甚麼人。堂兄的這封信給他一個很重要的提醒：是的，別的王公大臣那裏都可以不去，醇王府是非去不可的。

他想起去年堂兄應醇王之邀悄無聲息的北京之行，想起那幾天堂兄頻繁地與醇王會晤，又想起堂兄為他安排的在清漪園與醇王的見面。就因為有這些活動，才有東鄉冤案的昭雪；說不定也就因為有這些活動，才有今日的越級超擢。太后—皇上—醇王—堂兄，他似乎突然看到了一個既明顯又隱約的網絡，悟出了一個既簡單又深邃的道理。一條前途無量又不無風險的道路，已在自己的面前鋪開了。

張之洞不願意讓人知道他與醇王府有甚麼特殊的關係，遂在一個夜色深沉的晚上，獨自一人踏進醇王府。

「王爺富貴尊榮，應有盡有，微臣雖然做了二十年京官，但仍兩袖清風。微臣知道王爺為微臣的這次遷升很費了神，卻無法給王爺送上一件像樣的禮物。微臣今夜甚麼都沒帶，只帶上一顆對朝廷的忠心：今生將為太后，為皇上，為國家竭盡全力，鞠躬盡瘁。」

張之洞這番莊重誠懇的話，使醇王為之動容。從本性上來說，醇王也不是一個貪財好貨的人，他並不很希望別人給他送禮。他的兒子現正做着皇帝，為他的兒子盡忠，豈不是給他的最好禮物？

醇王莞爾一笑，說：「為國薦賢是我的本職，只要足下今後盡忠太后輔佐皇帝，我也就滿意了。」

張之洞忙說：「王爺的話，微臣將一輩子銘記在心，對太后、皇上忠心耿耿，為國家辦事實心實意。」

「這就好，這就好。」醇王順手從几上拿起一隻淡黃色的瑪瑙鼻煙壺來，在鼻孔下面來回地移動了兩下。

醇王不愛禮物，但這個鼻煙壺就是一件禮物，它是潘祖蔭送的。潘祖蔭是個有名的古玩鑒賞家收藏家，尤愛鑒賞收藏鼻煙壺，家裏藏的各種鼻煙壺不下千數，遇有同類型的，他便會拿出多餘的來送人。潘祖蔭常說他送鼻煙壺給人沒有功利目的，其實這中間也很複雜，要細細追究起來，還是有功利的居多。就拿這個煙壺來說吧。行家們都說，這個煙壺的用材最為名貴，這塊瑪瑙也不知在地底下埋了多少年，整個北京城找不出第二個。李鴻藻曾問他要，他捨不得，光緒皇帝登基不到一個月，他就帶了這個鼻煙壺進了醇王府，送給了喜聞鼻煙的皇上本生父。這種不露形跡的文雅禮物，倒也正合了開去一切差使的醇王的心意。

吸了一陣鼻煙後，醇王的精神大為振作。眼前這個即將擔當大任的名士，畢竟還是要向他透點底才是，免得他日後認不清主子。

「去年子青老先生來京晤談，盛讚足下道德文章有古人之風，我於是約請足下來清漪園一見。又讀到足下為四川東鄉民人鳴冤的三道摺子，對子青老先生的讚許深信不疑，多次在太后面前薦舉足下。午門事件過後，太后亦與我談起過足下的摺子。我對太后說，如此忠誠而穩重的人，釋褐二十年了，至今尚屈居下僚，若不超擢，不僅使他本人心冷，只怕朝廷也會眼睜睜地失去一個大才。太后當即頷首，果然便有此罕見之舉。我為足下賀喜。」

張之洞明白醇王這番話的用意，忙離座拱手：「王爺大恩大德，微臣沒齒不忘！」

「坐下，坐下！」醇王對此甚是滿意，在張之洞重新坐下後，面帶微笑地說，「昨日上午，太后召我進宮，向我垂詢兩件事：一是工部右侍郎王鶴年出缺十多天了，以何人補授為宜。一是山西近年來麻煩事不少，曾國荃並未治理好，衞榮光接手後更是混亂，晉撫一職擬換個人，問我心中有合適的人沒有。足下今天來得正好，我想問問，假若太后現在就要足下去幹一番實事，足下是願意留在京師做侍郎呢，還是願到外省去做巡撫？」

就在醇王說這番話的時候，張之洞的腦子裏已想了很多。他首先想到的是，醇王決不是他自己所標榜的不問國事的那種人，正如老哥所說的，他對國事關心得很。接着張之洞又想到，看來醇王在太后的決策過程中，對太后有不可低估的影響。同時他又想，那麼恭王呢？恭王又處在一個甚麼位置上呢？或許，關於工部右侍郎的補缺和山西巡撫易人這兩件事，太后也與恭王商議過。無疑，太后正在將醇王倚為臂膀；當然，恭王至今仍是太后最重要的幫手。

張之洞毫不猶豫地說：「微臣深謝王爺的厚愛，倘若太后真的願意交給微臣一樁實事的話，微臣願選擇巡撫一職。不要說山西尚非十分貧瘠之地，即便是雲、貴、甘肅等省，既貧困又偏遠，微臣也願意前去。微臣不是不知侍郎一職尊貴舒適，為的是有一方實權，有一省土地，可由自己充分展佈。」

「好，志氣可嘉，我當向太后稟明足下這番志向。倘若太后予以成全，足下自應實心實意去做，為太后為朝廷分勞；若留在京師做侍郎，也是好事，料理本職事務之餘，還可以時常為朝廷拾遺補缺。」

「謝謝王爺！」張之洞起身向醇王深深一鞠躬，「微臣這就告辭了。」

「好，我送足下兩步。」醇王也起身。

「不敢。王爺如此，則微臣擔當不起。」張之洞忙又一鞠躬。

醇王笑了笑說：「我也要走動一下，活動身子骨。另外，我還要問一句話。」

「王爺要問甚麼話？」張之洞剛挪動的腳步又停了下來。

「咱們邊走邊說吧！」

張之洞只得跟着醇王走出小客廳。

醇王說：「上次子青老先生來京時，他身邊有一個人，我見他器宇甚是不俗。問子青老先生，說是他的一個老朋友，住在古北口，特為來京城與他相見。又說此人精於繪畫，畫技比他還高。不知足下與此人有往來否？」

顯然，醇王說的這個人就是桑治平。張之洞答道：「今年春天我本擬去拜訪他，他恰好有奉天之行。故那次分手之後，我與他還沒再見過面。」

醇王說：「聽子青老先生說，此人很有些經濟之才，若荒廢在山野江湖也實在可惜，你可以勸勸他，出來為國家做點事。我想要他給我畫一幅畫，就畫古北口那段長城，不知他願不願意。」

張之洞說：「王爺如此看得起他，他必定感激萬分。為王爺畫畫，他自然是非常樂意的。」說話間，二人來到王府庭院，張之洞再次請王爺止步。醇王說：「好吧，我就不送了，足下靜候佳音吧！」

十天後，張之洞奉到上諭：着補山西巡撫。真的就有一方土地來由自己親手經營管理了，二十多年來的人生抱負，眼看就有實施的時候了，張之洞心中歡喜無盡。他忙着交代公事，接待各方朋友，安排內務，打點行裝，以便儘快啟程赴任。

不料，就在張府上下喜氣融融的時候，一樁大不幸的事突然發生了。

2 王夫人突然難產去世

原來，王夫人近幾日裏因過於勞累，引發早產，又加之難產，在床上痛苦地掙扎一日一夜之後，終於懷着無窮無盡的眷戀離開了人世，孩子也沒有保住。張之洞緊握着夫人漸漸冷下去的雙手，放聲痛哭，久久不願鬆開。

張之洞原本為此事做了很周密的安排。他知道夫人產期將近，為怕發生意外，他決定自己一人單獨赴任，而將夫人留在京師，由大根夫婦在家裏料理一切，待百日產期滿後，再由大根夫婦護送去太原。王夫人對這個安排很滿意。對丈夫這次出任山西巡撫，她心中的喜悅一點也不亞於丈夫。丈夫遠行，做妻子的怎能不過問？儘管張之洞一再關照她不要多費心，王夫人還是不顧產期在即，親自操辦着各種家事。又是清理衣服，又是置辦被褥，又是打發人上街為丈夫買各色各樣好吃的食品。她一再對身邊的男女僕人嘮叨着：山西苦寒，四爺又不會照顧自己，要多為他準備些吃的用的。

她終於累倒了。接下來便是腹痛流血不止，慌得府中女僕們趕忙扶她上床，又四處去請接生婆，待到張之洞深夜回家時，王夫人已不能開口和丈夫說話了。

真好比晴天一個炸雷，給吉星高照的張府以措手不及的猛烈打擊。人們歎惜王夫人命薄，已經到手的撫台夫人都無福消受；人們也憐恤張之洞，在就要身膺重寄的時候，失去了一位難得的賢內助。

連日來，張之洞更是以淚洗面。他日夜呆呆地坐在夫人的靈柩旁，素日裏的靈氣和才華彷彿統統離他而去，就像一個低能兒似的，不知如何來打發今後的歲月。

許多人都不知道，張之洞的情感世界裏，有着常人所少有的深深的缺憾。這種缺憾，又無形地影響着他一生的性格和情緒。

張之洞四歲時，他的母親朱氏便去世了。小小的心靈裏，永遠不能淡忘母親最後的那一刻：母親緊閉着雙眼，父親坐在母親的病床邊。父親的妾魏氏一手抱着他，一手牽着六歲的胞姐。大家都在流淚。他不明白眼前發生的是甚麼事情，只是一個勁地在魏氏的懷裏嚷着扭動着，要到母親的身邊去。好長一會兒，母親睜開了眼睛，向各人都望了一眼，然後吃力地抬起手來，指了指魏氏懷中的兒子。魏氏走過來，將張之洞放在朱氏的身邊。朱氏用手摸着兒子的頭，眼眶裏的淚水不停地湧出。張之洞大聲喊着：「娘，娘！」朱氏聲氣微薄地對站在床邊的魏氏說：「我的這兩個兒女就託付給你了。」

魏氏邊哭邊說：「夫人放心，我會對他們好的。」

朱氏又對丈夫說：「我的首飾和金戒指，你都替我保管好，日後鳳兒出嫁，就當我送給她的嫁妝。」

「我記住了。」張瑛點點頭，將鳳兒拉過來。

鳳兒的臉挨着母親的臉。母親的淚水與女兒的淚水流在一起。

過一會兒，朱氏又對丈夫輕聲說：「我的那張琴，在洞兒成婚的時候，你要洞兒將它送給媳婦，就算是我這個做婆婆的送給她的禮物。」

張瑛說：「好，再過幾年之後，我就把琴交給洞兒，由洞兒日後交給他的媳婦。」

朱氏交待完後，又睜大眼睛死死地看着自己的一雙兒女，強拚着力氣撫摸着兒子的臉蛋。突然，母親的手從張之洞的臉上掉了下來，接着便是合府上下一片哭聲。

就這樣，四歲的張之洞永遠失去了無限疼愛他的母親。

朱氏去世後不久，張瑛鄭重其事地領着兒子走進母親的琴房。他親手揭開罩在琴上的布套，讓兒子好好地看看。這是一張古琴，琴面有四尺多長，八寸來寬，黑黃黑黃的，上面繃着七根粗細不等的絲弦。

張瑛對兒子說：「這是你母親娘家陪嫁之物。你母親常常以此自娛，她的琴彈得很好。」

張之洞似懂非懂地聽着。第二天，張瑛便將這張琴收藏起來了。

魏氏從此擔負起撫育張之洞姐弟的責任。朱氏生前對魏氏不錯，加之魏氏自己又沒生育，故而對小姐弟兩人很好。再好也比不上親娘的貼心，小姐弟倆常常想起自己的生母，暗自流淚。然而，不幸的事再次降臨到張之洞的頭上。與他一天到晚形影不離的胞姐，三年後又因傷寒病去世。七歲的張之洞眼看着活潑可親的姐姐離他而去，哭得死去活來。

張之洞其實兄弟姐妹不少，但一母同胞，又真正親密無間的只有這個姐姐，誰料她又過早夭折了。從那以後，張之洞似乎與歡樂笑容絕了緣，他一門心思鑽進四書五經之中。聖人的教誨，昔賢的睿智，陪伴他孤寂的童年，啟沃他苦澀的心靈。十六歲那年他高中順天鄉試第一名。十六歲的解元是古往今來科舉史上少見的奇跡，足以令所有讀書人豔羨，張瑛和張家的西席們莫不開懷大笑。哪怕就是在這樣的喜慶日子裏，張之洞也沒有一種發自心靈深處的舒心暢氣之感。

在張之洞的記憶裏，他生命中的第一件舒暢事，是髮妻石氏的來歸。

十八歲那年，張之洞與石夫人結了婚。石夫人那年也十八歲，她的父親石煦在貴州都勻府做知府，與張瑛是同級官員，又是直隸同鄉，關係密切。在兩位父親的撮合下，一對小兒女在興義舉行了隆重的婚禮。

書香門第出身的石夫人，不僅漂亮賢淑，更兼知書達理，對丈夫溫存體貼，關心備至。遵循母親的遺囑，張之洞將古琴親手交給石夫人。石夫人本不會奏琴，聽說是婆母心愛的遺物，又是臨終前的鄭重囑託，她含着眼淚接過這件不平常的禮物，決心學會操琴。

心靈手巧的石夫人，不到半年就能奏出動聽的樂曲。魏氏常說，少奶奶奏琴，就像當年夫人一樣：一樣的姿態，一樣的神情，一樣的好聽。每聽到這種話，張之洞便欣慰無已。其實，母親當年奏琴的情形，他的腦子裏一點印象都沒有了。或許是因為魏氏常唸叨的緣故，或許是在他多年來對母親綿綿不絕的追思中無端形成的幻覺的緣故，張之洞彷彿覺得母親當年就是這樣的，在琴房裏一邊撫琴，一邊低吟，傾訴着她對丈夫，對兒女，對生命的無窮無盡的熱愛……

漸漸地，石氏在張之洞的心目中替代了逝去多年的母親，他那一顆渴望得到人間真愛的乾涸的心田，終於注入了清洌的泉水，無聲無息，清涼滋潤。張之洞從心底深處真正感受到了人生的歡悅。

第二年，石夫人生了一個女兒，取名仁檀。二十四歲那年，石夫人又生下了長子仁權。兒子的降生，使張之洞有一種生命延續的快樂感。再過兩年，張之洞點探花入翰苑，步入了仕途，石夫人帶着一雙兒女也來到北京。小家庭裏有着說不盡的美滿幸福，其樂融融。誰知樂極生悲，石夫人突然撒手人寰。張之洞千呼萬喚，也不能喊回愛妻的一縷芳魂。年幼的姐弟在母親遺體邊伏地痛哭，也無法使慈母再睜開眼睛。

張之洞想起夫人的種種美德：善良、寬厚、勤勞、儉樸。有一件事，令張之洞永生不能忘記。

張之洞嗜酒，經常喝得酩酊大醉，石夫人多次規勸，他都不聽。有一天他又喝醉了，深夜才回家。石夫人在家苦等苦盼，見他這樣晚才回來，不免說了他幾句。張之洞聽得煩了，拿起書桌上的大石硯便向夫人頭上擲去。石硯擲在石夫人的頭上，頓時血流如注，暈倒過去。張之洞嚇得忙給夫人包紮，對自己剛才的魯莽悔恨不已。第二天夫人醒過來了，他懷着深深的歉疚向夫人賠不是，並發誓今後再不喝醉了。夫人沒有責備他，反而安慰他說，若從此改掉了這個壞毛病，她心甘情願受此一難。夫人的賢德令張之洞大為感動，從此以後他果然不再酗酒。清苦的日子已經過去，而今事業有成，家境日漸好轉，她卻獨自一個走了……

張之洞想起這些往事，悲從中來，和淚寫下三首悼亡詩：

酒失常遭摯友嗔，韜精豈效閉關人。
今朝又共荊高醉，枕上何人諫伯倫。

龍具淒淒慣忍寒，筐中敝布剩衣單。

留教兒女知家訓，莫作遺簪故鏡看。
空房冷落樂羊機，忤世年年悟昨非。
卿道房謀輸杜斷，佩腰何用覓弦韋。

自從石夫人去世之後，童年時代那種落寞孤寂之感，又常常偷襲着張之洞的心靈。看着一雙稚氣正濃的兒女沒有慈母的照顧，他在寂寞中更添一重悲傷。孰料不幸接踵而來。三年後，十三歲的仁檀又得急病死去。仁檀酷肖其母，稟性善良溫和，小小年紀便知道關心父親，疼愛弟弟，是張之洞的掌上明珠。愛女的夭折，簡直摘去了他的心肝。很長一段時間裏，他心裏一直有一種厭世之感。

五年後，張之洞在湖北學政任上續娶唐氏夫人。唐夫人乃湖北按察使唐樹義之女。兩年前丈夫病逝，便帶着女兒回到娘家，住在父親的官衙內。一年前女兒又不幸死了，唐氏內心悲苦。唐樹義見學政亦是中年喪婦，與中年喪夫的女兒恰好匹配，便親自為女兒作伐。張之洞憐自己，也憐唐氏，遂答應了這門親事。唐氏夫人人品不錯，但因是再醮，心裏總忘不了前夫夭女，情緒抑鬱，對仁權缺乏疼愛之情，小公子總是對繼母怯生生的。再加上唐夫人自小嬌生慣養，懶而任性，張之洞勸她學習奏琴，她一口拒絕，張之洞心中大為不懌。這個續弦夫人並沒有給張家帶來多大的歡樂。過了兩年，唐夫人也因病長辭人世，留下半歲的兒子仁梃。

再次遭到喪妻之痛的張之洞，哀歎自己的命運多舛，他不想第二次續弦了。不久，他奉命典試四川，便將二子留在京師，託人照料，自己孤身一人前往巴蜀赴命。

鄉試剛揭榜，張之洞便遵旨留在成都任四川學政。四川號稱天府之國，物產豐阜，人物俊秀，揚雄、李白、三蘇為雄奇的巴山蜀水增添迷人的魅力。張之洞喜歡這塊土地，決心為培養今世的四川人才全力以赴。

這一年，張之洞來到龍安府主持府試。知府王祖源與他是老熟人。那年他從武昌回到北京時，與王祖源同住羊圈胡同達半年之久，因為同在翰苑供職，彼此走動較勤。去年，王祖源以編修資格外放龍安府。王祖源科場不順，五十歲才中進士，做了個老翰林。翰林院是青年才子的發祥之地，老名士在此處則前途不大，外放郡守，乃是最好的歸宿了。

老友見面，十分快樂。王祖源將學政請到家中，二人坐在書房裏，一杯清茶，海闊天空地敍舊話今，談興甚濃。張之洞指着牆壁上一幅題作《國色天香》的彩繪，笑着對主人說：「這畫定是出自閨閣之手。」

「何以見得？」

張之洞極有興致地說：「牡丹乃羣芳之首，甚為閨閣所喜愛。此其一。花朵豐滿而艷麗，葉片肥大而鮮嫩，旭日紅亮而明媚，這是人世間極具圓滿之美景，向為閨閣所追求。此其二。『國色天香』四字，雖端正大方，但因力度不夠顯得有些纖弱，顯然出自閨閣手筆。此其三。有此三點，我敢斷言這幅牡丹圖是位女丹青手的傑作。」

王祖源哈哈大笑起來：「香濤好眼力，這畫正是小女懿嫻之作。」

懿嫻，張之洞的腦中立即浮出一位姑娘的形象。四年前的一天，張之洞正在王家，與王祖源的兒子王懿榮聊天。王懿榮那時是國子監的一名監生，勤勉博學，尤好古董鑒賞，與張之洞很談得來。正說話間，書房門口走過一個女子，王懿榮隨口說了句「懿嫻回來了」。張之洞抬起眼來望過去，見懿嫻面孔清秀，身材勻稱，有一種大家小姐的風範。再仔細一看，他發現王家小姐走路不太平穩，有點向左邊傾斜，像是左腿有點毛病。張之洞心想：難怪來到王家多次，都沒有見過懿嫻小姐，原來是腳有點殘疾，不願見生客。他心裏微微歎息：多好的一個小姐，不該有這點毛病！

「懿嫻能畫這麼好的畫，過去從沒有聽說過。」張之洞離開座椅，走到《國色天色》圖面前，細細地欣賞起來。

王祖源也站立一旁，拈鬚微笑，陪着客人欣賞。

「懿嫻出嫁幾年了？丈夫在哪裏做官？」張之洞隨口問老友。

「還沒有出嫁。」

張之洞頗為吃驚。四年前見到時，估計也有二十好幾了，現在不快三十了嗎？遂脫口問：「她多大了？」

王祖源臉上的笑容不見了：「不瞞你說，今年二十九，是個老姑娘了。懿嫻甚麼都好，模樣兒周正，性子也溫順，就是小時候得了場大病，病好後，左腳便不怎麼靈便了，請了不少醫生，都治不好。懿嫻心性高，等閒人她看不上，家境好本人好的，又嫌她的腳，就這樣高不成低不就地耽擱了。」

張之洞又一次在心裏歎惜：「如此才華出眾的丹青高手，倘若一輩子困於閨門，心裏不知有多大的憂愁！」

因為張之洞十分讚賞懿嫻的畫藝，知音難得，又因為舊時的鄰居在偏遠的貴州重逢，是件令人興奮的巧事，在衙門晚宴上，王祖源破例將女兒喚了出來，同在一個席上吃飯。張之洞又當面稱讚了一番。懿嫻大大方方地聽着，臉上蕩漾着甜美的笑容。這笑容，似乎頓時化開了張之洞心中兩年多來的鬱積，心情變得格外輕鬆起來。那天晚上，他喝了很多酒，說了很多話。他發現，王家的小姐一直在靜靜地聽。那樣的安詳，那樣的寧靜，就如同《國色天香》圖上那朵帶露低垂的白牡丹。

過了幾天，王懿榮從外地轉道來龍安看望老父老母。王祖源告訴兒子，張香濤這些日子正在龍安府，又說他很喜歡懿嫻的畫。

王懿榮忙去文廟拜訪老友，又在閒聊中得知唐氏夫人已在兩年多以前過世了。王懿榮聽了這話，心中怦然一動。他回到家裏，向父母建議把妹子許配給張香濤。人品、地位，自不必說，從年齡上看，張香濤今年才四十歲，正好相當。惟一不足的是，張香濤有過兩次婚姻，且有兩個兒子。但妹子年近三十，又有殘疾，要想再尋一個超過張香濤的人也很不容易。王祖源夫婦對兒子的建議完全贊同，但懿嫻是個有主見的人，大主意還得她自己拿。

那天見面之後，懿嫻對張學台印象極好。其實，懿嫻多年前便從父兄嘴裏知道了張香濤，來四川後也常聽人說起這位學政大人的名士風度和實幹作風。那天的晚宴上，一切傳聞都得到證實，尤其是他由衷地讚歎《國色天香》圖，更給這個獨居閨中的老姑娘以極大的心靈滿足。他居然是個鰥夫，且一人孤身在任，莫不是天賜良緣？懿嫻沒有猶豫，一口答應了。

得到全家同意之後，王懿榮才對張之洞提起這事。這樣一個處子才女肯屈己下嫁，何況彼此之間有過一段前緣，張之洞還有甚麼可講的！他一點也不嫌懿嫻的跛腳，不要說有娟秀的五官可以彌補，即便相貌平平，有此等精彩的繪藝，也足以讓這位富有藝術才情的學台大人傾慕不已了。

為了表示對王家老姑娘的珍重，張之洞請尊經書院山長名宦薛煥作媒人，又請四川總督吳棠作主婚人。婚禮那天，成都各大衙門的官員、各大商號的老闆、錦江書院及尊經書院的士子代表，都來學台衙門祝賀，一時間轟動了整個錦官城。

婚後，王氏夫人裏裏外外照應周全，成了張之洞的得力助手。公餘，丈夫吟詩，妻子作畫，詩情畫意融為一體，成都士林官場津津樂道，傳為美談。王夫人靈慧，樣樣都行，惟獨不會奏琴。鑒於唐氏的前車之轍，張之洞不願因奏琴一事引發心中的不快；又想到王氏年近三十，再學藝也難，不忍心看她勉為其難，遂不提古琴一事。學政期滿後，張之洞攜夫人離川回京。

四川人多事繁，學政收入較他省要豐厚，張之洞將自己的大半積蓄都捐給尊經書院購置書籍。離川前夕，按慣例，藩庫將張之洞三年期間應得的各項雜費及程儀二萬兩銀子取出送給他，他堅辭不受，要藩庫將此項銀兩用於周濟貧寒士子，及補充家境困苦的舉人進京應試的途費。對於丈夫這種不近常情的清廉之舉，王夫人完全理解，全力支持。

然而臨到成行時，張之洞卻發現自己竟然連回京的旅費都窘迫了，不得已將珍藏多年的書籍賣出。回到京師，親友們前來祝賀，張之洞一時連治酒席的錢都沒有。王夫人將母親送給她的狐皮馬甲拿出典當，才使得張之洞沒有在親友面前丟臉面。

王夫人胸次寬闊，視仁權兄弟如同己出，待下人也寬厚和氣，這些都令張之洞欣慰。眼看着那些才學平庸的同僚一個個遷升騰達，而自己總在中允、洗馬這類中低官職上徘徊不前，張之洞常有懷才不遇之感，有時也會無端地煩躁憤怒。這時，王夫人總會以女性的恬淡沖和來緩解他的火氣，安慰他，勸說他，讓他慢慢地化去心中的塊壘。

京官清貧，翰林院尤其是冷衙門，張府人多開支大，收入不豐，王夫人總是量入為出，精打細算，把個家政安排得井然有序。前年，十九歲的仁權結婚，王夫人將自己從娘家帶來的金手鐲偷偷變賣，為仁權籌集聘金。張之洞得知後感動不已，愈添敬重。

如此賢惠識大體的夫人，在即將身膺封疆重寄的時候，張之洞是多麼地希望她成為自己日後繁劇政務的內助，一起分擔憂愁，一起分享快樂，可是如今……

張之洞環顧素花白幔裝點的靈堂，凝望着沉重黑暗的棺木，不禁悽然淚下，從心底深處湧出永恆的悲歎：

重我風期諒我剛，即論私我亦堂堂。
高車蜀使歸來日，尚借王家斗面香。

妄言處處觸危機，侍從憂時自計非。
解釋篝火悲憤意，終羞攬袂道牛衣。

門第崔盧又盛年，饁耕負戴總歡然。
天生此子宜棲隱，偏奪高柔室內賢。

他想起自己四十五年的生涯中，四歲喪母，七歲失姐，二十歲無父，三房妻室及長女均先自棄他而去，人世間最難以接受的痛苦接連不斷地降臨，難道真的就要如孟子所說的那樣，天將降大任於斯人也，必先苦其心志……

張之洞懷着深深的悲傷，對着王夫人的遺像喃喃自語：「懿嫻，你走了，今生今世我再也遇不到你這樣的好女子了。看來，我這一輩子，只有為國操勞的義務，沒有享受天倫之樂的福份。我就要去山西赴任了，這是太后、皇上對我的器重。懿嫻，你放心去吧！準兒我會好好照看，她會順利長大成人的。」

辦完王夫人的後事，張之洞開始張羅赴晉事宜。他巴望早點到山西去，這不僅是他急欲借一方土地施展自己的平生抱負，同時也想離開這個令他時刻觸發舊情的庭院，儘快讓繁劇的政務來沖淡錐心的悲痛。

這一天午後，張之洞正在書房裏清理書籍，準備挑一些隨身帶去。正在這時，一位不速之客突然闖了進來。

「老弟，還認得我嗎？」來人拍了一下張之洞的肩膀，爽朗的川音中充滿笑意。

張之洞回過頭來一看，不覺大吃一驚：「秋衣，原來是你，好多年不見了！」

「是呀，自你離開成都後，五年了，再也沒有見過面。」秋衣在書桌邊的椅子上坐下後又問：「弟妹呢？都還好吧！」

「好甚麼？」張之洞沉重地低下頭來，輕輕地說：「她已故去一個月零三天了！」

「甚麼！」秋衣刷地站起來，驚訝得睜大了眼睛。「這是怎麼回事？她還只有三十幾歲吧！」

「唉！」張之洞悲傷地歎了一口氣，把王夫人去世的事簡單地說了幾句。

「多好的一位弟妹！年紀輕輕的，怎麼就這樣走了呢？」秋衣一個勁地搖頭歎息，「怪不得你又黑又瘦，氣色很不好。弟妹的靈位擺在哪裏？我去瞧一瞧，鞠個躬，也算盡個心意吧！」

王夫人的靈牌，暫時還安放在張之洞的臥房裏。張之洞將秋衣領進臥房，對着王夫人的靈牌，秋衣整衣肅容，默默地三鞠躬。望着眼圈已現濕潤的老朋友，當年在成都學政衙門裏，秋衣與他們夫婦飲茶談笑的情景又浮現在張之洞的眼前。

秋衣是張之洞一個特殊的朋友。

光緒元年夏天，四川學政張之洞在楊銳、大根等人的陪同下，到德陽去看望一個病危的學子。回成都的那天中午天氣極熱，半途上張之洞突然中暑暈倒。

楊銳、大根心裏着急，四處並無人家，一碗茶水都找不到，更何論醫治？

大根說：「我爬到樹上望一望，看哪個方向最近處有房屋，就把四叔往哪裏背。」

大根爬上一株高大的楓樹，一會兒便下來了，對楊銳說：「左手邊山坳處好像有幾間房屋，我們到那邊去。」

說罷，背起張之洞就走，楊銳等人緊跟在兩旁，約摸走了三四里路，果然見前面出現一座題為「上清觀」的小道觀。進了門後，見屋子裏有一個人正在聚精會神拓印一截殘碑。楊銳走上前去，客氣地叫了一聲：「道長，打擾了！」

那人抬起頭來，原來是一個四十多歲的清瘦漢子。那人說：「我不是道長。你們要做甚麼？」

楊銳說：「我的老師趕路中了暑，要借這裏休息一下，如能幫我們尋個郎中就更好了。」

那人一聽，忙將手中的活放下說：「把病人背到裏屋，放在床上。」

大根背着張之洞進了隔壁的另一間房。房裏有一張床，床上鋪着篾蓆，雖簡陋，倒也還乾淨。大根將張之洞平放在篾蓆上，那人掐張之洞的人中，又在四肢幾個關鍵部位上用力按摩着，然後搬出一隻尺餘見方的舊木箱來，打開木箱，裏面有七八個大大小小的乾葫蘆。那人從一個小葫蘆裏取一撮黑黃色細粉，倒進張之洞的嘴裏，又從陶罐裏倒出一小碗水來，將張之洞嘴裏的細粉灌下去。

「沒有事，很快就會好的。我們都出去，人一多，熱氣大，病人不舒服。」

中年漢子帶着楊銳等人回到原來那間屋，他仍舊拓他的殘碑，不再說話。

沒有多久，大根突然發現張之洞從隔座屋裏走了出來，他驚喜地迎上前去：「四叔，你都好了！」

「好了，好了！」張之洞笑着說，「剛才拖累了你們。」

楊銳等人忙過去扶着，又指着中年漢子對張之洞說：「剛才就是這位師傅餵藥給你吃的。」

「謝謝你了。」張之洞感激地說，「你的藥真是靈丹妙藥，一灌進肚子裏就好了。叫我怎麼謝你哩！」

那漢子高興地說：「哪裏是甚麼靈丹妙藥，土方子罷了，不要謝。請坐，請坐！」

張之洞見那漢子雖身著布衣舊履，然眉宇之間卻有一股清奇磊落的氣象，心中甚有好感。他在漢子的對面坐下來，親熱地問：「師傅是叫甚麼名子？本地人嗎？」

漢子說：「我住在青神，這幾天來上清觀做客。我叫吳秋衣。」

「秋衣？」張之洞笑了笑，他覺得這個名字頗為少見。

「秋衣這兩個字，取自李白的一首詩。」吳秋衣隨口唸道，「洞庭湖西秋月輝，瀟湘江北早鴻飛。醉客滿船歌《白苧》，不知霜露濕秋衣。我喜歡這首詩，尤其喜歡不知霜露濕秋衣這句，便把秋衣借來做了名字。」說罷笑了起來。

「這是李白遊洞庭湖五首詩中的一首，的確寫得好，我也很喜歡。」張之洞邊說邊看吳秋衣手下的殘碑，心中猛地一驚。

原來，那截黑灰色石碑上清晰地刻着「法正之墓」四字。法正是蜀先主劉備手下的一位大謀士。傳說劉備慘敗於東吳，退兵白帝城時，諸葛亮在成都跌足歎道：「假若法正在皇上身邊，決不至於有此失利。」可見法正的才略之高。可惜法正英年早逝，諸葛亮很傷心，親自為他題寫墓碑。熟悉史冊的張之洞知道，「法正之墓」這四個字當是按照諸葛亮的手跡摹刻的。諸葛亮傳世的手跡甚少，這四個字即便是摹刻也顯得十分珍貴，可惜這塊碑只有下半截，上半截應當刻着法正生前的官職。

張之洞問：「這塊殘碑是哪裏找來的？」

秋衣說：「上清現打算再建一間房子，信徒們向觀裏捐獻磚瓦石塊。有個信徒捐了三牛車石塊，這是其中的一塊。那個信徒說，他家有一座幾百年的祖宅，這些石塊都是那座祖宅的基石。墓碑究竟出自何處，已無人知道了。」

張之洞最是喜歡古器碑帖之類的文物，無意之間在此地看到了如此珍貴之物，如何不高興！他從秋衣手裏拿過已完工的拓片來，仔細欣賞着：拓片墨色深淺適度，點劃勾捺清清楚楚，丹書的筆勢，鐫刻的刀法，都完好地體現了出來，拓者無疑是個技藝嫻熟的高手。張之洞喜歡碑刻，卻不能自己動手拓印。這樣的巧工能匠，居然棄於荒山野嶺之中而不為世知，真正可惜！

「這字真的拓得好！」張之洞讚道，「你這手藝哪裏來的？」

「四處漂蕩學的。」秋衣淺淺地笑了一下說，「我一生最愛碑文篆刻，三十年來，只要有空，我就挑一擔空籮筐在窮鄉僻壤、古嶺老山四處轉悠，遇着年代久遠的斷石殘片，我便拾起來放進籮筐裏，遇見好的碑刻，就將它拓下來。遇上拓工，我便細心地一旁觀摩，把他們的技術偷學過來。就這樣，三十年來，我也搜羅了幾十塊珍稀古石，拓下幾百件上等碑刻，無形之間，拓技也精了。」

這是少見的有趣人：愛好如此高雅，行為如此獨特，且好詩詞懂醫道，值得與之交往！

張之洞站起來，誠懇地說：「我和你志趣相投，我想與你交個朋友。你方才給我解了暑，我也感激你。我邀請你到我家小住兩天，我們多談談話，我也藉此表示點謝意！」

秋衣問：「你家住在哪裏？」

「就住在城裏。」

「好吧！」

吳秋衣也起身洗洗手，拍了拍身上的舊布衫，甚麼也沒帶，便和張之洞等人一道離開了上清觀。從一路上的談話中，張之洞知道吳秋衣今年四十五歲，從小在藥鋪裏做抓藥的小伙計，天長日久，也便成了半個醫生，一般的常見病，他都可以治得好。工餘則好讀詩詞古文，尤愛書法篆刻，此興趣幾十年來不衰。八年前，妻子去世，即未再娶，兩年前獨生女出嫁。從那以後，他也便辭了藥鋪的事，靠着積蓄和替人治病的收入，專門去尋找和拓印古碑古刻。

進城到了九眼橋鬧市區，張之洞指着一邊一個蹲着大石獅的衙門說：「我就住在這裏，我是這裏的主人。」

大根對吳秋衣說：「這是學政衙門，我家四叔是學台張大人。」

「哦，你就是學台大人，怪不得對古碑帖知道得這麼多！」言談中，吳秋衣得知張之洞的金石學問甚多，心裏一直在猜想，此人很可能是尊經書院裏的一位教書先生，或者也可能是城裏裱畫鋪、古董店裏的一個行家，卻不料，竟是學台大人。「我叫張之洞，字香濤，我們是朋友，你不要叫我大人，叫名叫字都行。」

「好，好，我是個沒受過正規教習的散淡人，也不懂士林和官場的禮儀，我不習慣叫甚麼老爺、大人。你貴為學台，我賤為藥工，但你若真正願意與我做朋友的話，那我們就應該是平等的。今後你直呼我的名，我也直呼你的字。」

「最好，最好！你這種性格我最喜歡！」

張之洞邊說邊拉着吳秋衣進了衙門。

楊銳和大根都還從沒有見過這樣的平頭百姓。他們想像中，吳秋衣一旦得知與他說了半天話的人竟是四川的學台，必然會驚駭莫名，誠惶誠恐，因為所有的小民見了官家都是這樣的，吳秋衣卻不這樣。大根把他看作怪人，楊銳稱他為奇人。

吳秋衣在衙門裏住了兩天，張之洞將他平生所藏的字畫碑帖都拿出來讓吳秋衣看。吳秋衣邊看邊評，爽直尖刻，許多評議都很有見地，張之洞為得到一個好朋友而快樂。

臨走的時候，張之洞說：「我們倆都是鰥夫，你可常來我這裏坐坐說說話。」

從那以後，吳秋衣真的常來做客。一襲布袍，滿身塵土地出入學政衙門，引來不少世俗人的好奇眼光：學台與藥工成了好朋友，真個是難得！

後來張之洞與王夫人結婚，居然也把這個布衣朋友請來坐在貴賓席上，吳秋衣磊磊落落的，也不以地位卑下而自慚。他還是照常來張府，於是與好繪畫書法的王夫人也成了朋友。

離開成都回家前夕，張之洞送他二百両銀子，資助他的脫俗事業。吳秋衣也不推脫，坦然收下。就從那以後，張之洞再也沒見過吳秋衣了，但常常會想起這位與眾不同的布衣之交，不料他今天竟突然出現在眼前！

吳秋衣告訴老友，去年夏天他沿着漢唐時代的劍閣大道，離開四川到了關中平原，然後再從陝西到河南，從河南到直隸。這次遠遊的目的，一是行萬里路以廣見聞，二是到京師來看看老朋友。進城後才聽說老友已升山西巡撫，多方打聽才找到家來，幸而尚未離京；但這未離京的緣故卻是因為夫人的不幸故去，真讓人悲哀。吳秋衣勸老友節哀，即便不能接受，也要強迫自己接受這個事實，對這種生老病死之事要達觀看待。張之洞感激老朋友的一番真心，親人棄他而去的事，已經歷好多次了，雖痛苦，但還不至於頹喪，何況眼下正有大任等着，必須打迭精神迎接繁劇。張之洞邀請老友和他一起到山西去，幫他做點事情。

吳秋衣想了想說：「官場上的事我實在不能為你幫一點忙，我這次就不隨你去了，我要在京師住幾個月，若有機會，再去太原看你。不過，我這次無意之間發現了一個真正可以幫助你的人，你若能請得他和你一道去山西，必可有大用場。」

張之洞的精神立時振作起來，問：「這是個甚麼人？你何以這樣看重他？」

吳秋衣慢慢地說：「早就聽說古北口是個險要的關口，這次在城外恰遇兩個家住古北口的商人，正從江南做生意回來，於是暫不進城，和他們一道去了古北口。這兩個商人走南闖北，見識既廣，為人又大方，我和他們很是投緣，一路上說話很多。」

吳秋衣喝了口茶後，繼續說着：「我對那兩個商人說，听說古北口一帶百姓生活窮苦，從你們身上看來，倒不像是這回事。兩個商人告訴我，古北口本是一個窮地方，在幾年前都還苦，這四五年間因為出了一個好莊主，帶領眾人發家致了富。」

自從奉旨以來，張之洞常想到今後該如何治理山西。行政牧民之事，他可真的沒有經驗。古北口這個莊主，引發了他的興趣：「這個莊主是如何讓他的莊民過上好日子的？」

「我也這樣問過這兩個商人。他們說莊主有幾個好招數。一是把全莊都組織起來，就像當年的太祖爺在關外管理八旗一樣，把分開的五個手指握成一個拳頭。這樣，做甚麼事都有力量。二是從山東引來好的莊稼種，種籽好，產量提高了，大家都有飯吃，三是做買賣。古北口歷來產一種名叫沙棗的棗子，味道不大好，雖產的多，但賣不了錢。莊主讓大家曬乾製成果脯。他自己琢磨出一種好調料，加上這個調料後，沙棗果脯又甜又脆。莊主又告訴大家，江浙一帶人喜吃甜食，運到那裏可賣大價錢。果然這一招很靈，這幾年古北口靠這個買賣，家家都發了。這兩個商人就是剛從上海回來做沙棗果脯生意的。」

張之洞點點頭：「這個莊主的確有頭腦。」

「到了古北口，我特為拜訪了這位莊主，果然名不虛傳，有真才實學。香濤，你去山西做巡撫，若有一個這樣的人在身旁，一定會是你的左右手。」

張之洞邊聽邊想，古北口的能幹人，會不會是桑治平？但他不是本地人，又怎麼可能做莊主呢？

「這位莊主叫甚麼名字？」

「桑治平。」

果然是他！張之洞兩眼發亮，興奮地對吳秋衣說：「他是我的老朋友，過兩天我去古北口看他！」

「你的老朋友？」聽了張之洞的介紹後，吳秋衣為自己的慧眼識才而高興。

張之洞赶忙修書一封發往古北口，與桑治平約定十八號在他們家裏相見。

3 一位報國心強烈的熱血之士，偏偏年輕時又錯投了主子

河北平原上，有一座由西至東逶迤連綿的羣山。它西起潮白河河谷，一直向東延伸，直至消失在山海關旁的渤海灣。它就是中國的名山之一燕山。自古以來，燕趙多慷慨悲歌之士，無數悲壯的故事在這裏發生，無數英雄豪傑在這裏創造生命的輝煌。燕山，這位中華民族五千年文明史的無聲見證者，它與中華兒女同憂患，共歡樂。

古老的長城在燕山身上蜿蜒穿過，將中原和塞外劃開成兩個世界。就在潮白河附近，有一道天然峽谷。峽谷兩邊山勢陡峭，巨石嶙峋，乃周圍百餘里南北必經之路，真可謂一夫當關，萬夫莫開。這就是萬里長城上著名的關隘古北口。

兩漢時期，中央政府便開始在古北口設立縣衙。唐代曾在此處設東軍、北口二守提。宋代時為使臣出遼必經之地。金代在此建鐵門關。明洪武十一年重建古北口城，設東、北、南三道城門。清初在此處建造行宮，為皇家消夏避暑之所。康熙晚年在熱河興建避暑山莊，又擴建木蘭圍場，每年暑季皇室便遷往熱河，此處遂漸漸衰落下來。

當年，桑治平在漫遊天下浪跡江湖之後，看中了這個地方。他喜愛古北口的雄偉險奇。莽莽蒼蒼的

羣山，高深幽冷的峽谷，樸拙厚實的長城，彷彿正是中華民族的形象寫照。住在這裏，似乎時時刻刻都能夠感受到一種蒼老而凝重的脈搏在不停地跳動。桑治平還喜歡這裏的人煙不多，民風淳樸，沒有塵世中的喧鬧爭鬥。或許是有過行宮的緣故吧，關注國事的流風遺韻依然存在，只要你用心搜尋，京師的大動向都可以通過不同渠道傳到這裏。況且離京城不遠，倘若要打聽個究竟，快馬加鞭，朝發關口，夕至天街，也方便得很。

桑治平竟然是這等具用世之心的人，他又為何不到長安城裏去闖蕩闖蕩，到潢池中去遊戲一番呢？原來，這中間有一個非同尋常的變故在內。

二十年前，桑治平還是一個名叫顏載礽的英俊後生，從河南洛陽老家來到京師參加會試。顏載礽學問博洽，詩文俱佳，是一個前途看好的年輕舉人。他自認為可以一舉高中，卻不料放榜之日，金榜上並沒有他的名字。顏載礽殊為失望。他怏怏不樂地在京城晃蕩幾天後，決定回家苦讀，下科再試。

這天，他正在會館裏收拾行裝，一個穿戴闊綽的中年男子推門進了他的房間，極有禮貌地問：「請問，你就是顏孝廉嗎？」

「是的，我就是顏載礽。」顏載礽完全不認識此人。「先生找我有何事？」

「哦，終於找到你了。」中年男子面帶笑容地說，「我是肅相府裏的，肅相請你過去坐一坐，不知你現在有沒有空？」

肅相，不就是協辦大學士肅順嗎？顏載礽心裏吃了一驚：我與他無一點瓜葛，他身居相位，是皇上最為信任的大人物，怎麼會知道我這個二十來歲的落第舉子呢，而且還邀我去他的府上坐一坐？顏載礽大惑不解。他初次到京師，與京師官場無一絲聯繫，關於肅順，也只是二十多天前，一個偶然的機會才得知一些。

那是京師春天裏少見的一個風和日麗的上午，中州會館裏的應試舉子們都在伏案攻讀，再過幾天，會試就要進場了。同為洛陽籍的孟生對顏載礽說：「聽說京師南郊的龍樹寺有個牡丹園，眼下正是牡丹花開的時候，今天天氣這樣好，我們何不到龍樹寺去看看，說不定那裏的牡丹花已開了。」

來自牡丹之鄉的顏載礽，聽孟生這麼一說，忙起身：「我們現在就去！」

兩人結伴來到龍樹寺。寺裏冷冷清清的，遊人很少，原來牡丹還沒有開。孟生說：「沒有牡丹看，我們去看看佛殿，會會法師吧！」

顏載礽對菩薩與和尚無興趣。造化誕育的山水花木，才真正充滿着生趣靈氣。牡丹花雖未開，但它碧綠鮮亮的葉片、含苞待放的花蕾，也足以使人賞心悅目。顏載礽一人留在牡丹園裏，饒有興致地東看看西望望，胸中湧動着一股生命的機趣。

這時，牡丹園裏又來了一個人，也是二十多歲的年紀，儒雅英邁，風度翩翩。那人甚是豪爽，與顏載礽一見如故，興致勃勃地聊起天來。兩人天南海北、上下古今地神聊，從歷史到現實，從學問到時局，彼此的看法多有相同之處。到了中午時分，二人談興猶濃，那人又請顏載礽和孟生的客，在龍樹寺附近的小酒店裏，三人又暢談了個把時辰。酒席上，那人將當今的協辦大學士肅順大大地讚揚了一番，說扭轉乾坤振興大清的希望全寄託在此人身上。臨分手時，那人告訴顏載礽，他乃湖南湘潭人王闓運，在京師朋友家做客，過幾天就要回湖南老家去。顏載礽也把自己的姓名身份告訴了他。

這位肅順，在王闓運的眼裏，就是管仲、樂毅一類人物。不管他有甚麼事，衝着這一點，去見識見識也好。顏載礽答應了。來到肅府，肅順立即走出書房迎接。

顏載礽見肅順方面大耳，器宇軒昂，步履快捷而穩重，立時對這位權傾朝野的協揆有極好的印象，心裏想：怪不得王闓運將他敬重得如同天神一般。

顏載礽跟着肅順進了小客廳。坐下後，肅順面色和氣地說：「我家的西席王闓運前幾天離家回湖南去了，臨走時向我舉薦了你，說你的才學不在他之下。」

哦！原來王闓運是肅府的塾師，是他說起了我。顏載礽心中的疑團頓時解開了。他認真地傾聽着。

「聽說你這次會試未第，我想你不必急着回家，就在京師住下，我聘你接替王闓運。只有兩個學生跟你讀書，他們也還聽話，不會給你添很多麻煩。學生不用功或做錯了事，你儘可教訓他們，不要有顧忌。早早晚晚，你可以用來自己讀書作文。至於薪水，也和王闓運一樣，每月十二兩，是京師通常人家的兩倍，你看如何？」

沒有寒暄，也不繞圈子，清楚明白，簡潔乾淨，這正是王闓運所讚賞的肅順的一貫作風。是一個做事的人。顏載礽在心裏想。他尋思着：在肅府做幾年西席，是可以學到許多書冊上沒有的學問的，況且報酬如此豐厚，也足見東家對西席的重視。他答道：「中堂如此看得起我，我自然感激不盡。只是我年輕學問淺，怕耽誤了兩位公子的學業。」

肅順哈哈一笑：「你不必謙虛了，王闓運既然推薦了你，你必然可以勝任得了。要說年輕，王闓運也比你大不了幾歲，他的學問才華要遠勝過那些翰苑老夫子。好了，就這樣定了，明天就叫人把你的行李搬進來吧！」

就這樣，顏載礽成了肅府的西席。一晃半年過去了，顏載礽和東家的關係越來越密切。他佩服肅順辦事的果斷剛強、大刀闊斧，不講情面，不留後路。肅順也喜歡年輕西席的人品才情，更欣賞他的胸有大志，不同流俗。

肅順空閒的時候，常常會把顏載礽召到書房去談話，跟他談自己的治國方案，談大清的未來。肅順對顏載礽說，他平生最敬慕兩個人：一個是輔佐齊桓公的管仲，一個是幫助漢武帝的桑弘羊。管仲的學問在《管子》一書中，至於桑弘羊，為國家謀財富而不惜得罪巨室，以致冤死，則更令人又敬又憫。顏載礽也說些對國事的看法，及對歷史上治亂興衰的研究體會。到後來，肅順便像信任王闓運那樣地信任顏載礽，要顏載礽代他起草奏疏。顏載礽也便由西席變成了肅順的心腹幕僚。

這時，政局突然發生了巨變。英法聯軍打進北京，咸豐皇帝逃奔熱河行宮，肅順奉命隨駕，顏載礽仍留在府中教書。後來肅順感到顏載礽不在身邊有許多不便，遂將他召到熱河，兩個公子的塾師則另聘他人。

顏載礽在熱河行宮住了將近一年，參與不少高層機密，親自感受了咸豐皇帝去世前後，熱河行宮無形的刀光劍影。他當時不可能料到，這段歲月是如此的不平凡，以至於影響了中國近代歷史的進程，而被後世的野史、小說渲染得神乎其神，蒙上一層又一層撲朔迷離、永具魅力的色彩。他只是感覺到，權力的爭鬥原來是這樣的勾心鬥角你死我活，而權柄的執掌者又都是這樣的口是心非表裏不一。這一切，都令年輕的洛陽舉人為之傾注了極大的興趣，又常常百思不解。

大行皇帝的梓宮就要回京了。在那些日子裏，顏載礽見東家幾乎天天食不知味，夜夜睡不合眼，沒日沒夜地與其他幾個顧命大臣在緊張忙碌，神色悚然地磋商各種事宜。顏載礽憑直覺感到要出大事了。

顏載礽跟着東家伴隨梓宮一道啟程了。這天午後，大隊人馬抵達密雲縣城。六百來里的路程已走了四百里，一路上安安靜靜。顏載礽鬆了一口氣：再有三天，就可以進京，總算平安過來了。

吃過晚飯後剛剛睡下，肅順便打發人將他叫起。顏載礽趕緊來到肅順的房間。

肅順說：「馬上就要進京城了，我想起兩道重要的上諭要擬。」

顏載礽面色莊重地望着東家，聆聽他的下文。

「第一道上諭：着兵部侍郎勝保火速帶所部南下，赴安慶兩江總督衙門，聽候曾國藩調遣。第二道上諭：着兩江總督曾國藩轉福建按察使張運蘭，火速帶所部來京聽候調遣。」

顏載礽明白東家這兩道連夜趕急草擬的上諭的重要性。一年前，勝保在通州敗於洋人時，肅順曾力主殺勝保以肅軍紀，恭王奕訢則出面保他。顯然，勝保恨肅順而親奕訢。勝保所部現今處於拱衛京師的地位，若他被奕訢所用而與肅順作對，那事情就麻煩了。相反，曾國藩在江南打仗，一直得到肅順的大力支持。肅順於曾國藩有知遇之恩，曾國藩的部下來京師取代勝保，將可確保京畿的安全。

這的確是一個事關重大的決定！

顏載礽十分佩服東家的頭腦清晰。不過，他又想，是不是晚了點呢？大行皇帝賓天不久，勝保即向皇太后具摺請安，已遭斥責。勝保違背祖制，直接給皇太后上摺，這一點當時就應該引起警惕。現在距大行皇帝賓天已兩個多月了，若京師有新的部署，不早就安排穩當了嗎？再過兩三天就要進城了，這時才調兵換將，還來得及嗎？顏載礽一邊草擬上諭，一邊這樣想着。

突然，從窗外傳來一陣陣馬蹄聲，似乎是從遠處向這邊奔來。漸漸地，馬蹄聲越來越大，並伴隨着嘈雜的人聲和時明時滅的火把。肅順刷地起身：「出事了！」

就在這時，一陣急劇的打門聲傳來，有人在高喊：「肅順開門！肅順開門！」

果然晚了！顏載礽臉色突變。「肅順」，誰敢這樣直呼肅相的大名？一定是出大變故了。肅順走到窗邊，跌足歎道：「老七在裏面，他們叔嫂勾結一起來抓我了！」

恭王奕訢排行六，醇王奕譞排行七，肅順向來以「老六」「老七」這種不恭的稱呼來叫咸豐皇帝的這兩個親弟。

說完這句話，肅順來到桌邊，面色峻厲地對顏載礽說：「我要完蛋了，你沒有必要跟我一起完蛋。你趕快從後門逃走，老七的人不認識你，不會抓你的。」

說話間，又是一陣劇烈的打門聲。肅順親手打開後門，將顏載礽推出門外。顏載礽含着眼淚，對着東家鞠了一躬：「中堂保重，我走了，你還有甚麼話要對我說嗎？」

肅順鐵青着臉：「沒有甚麼話可說了，你日後若有機會做大事的話，要吸取我的教訓。」

說完「砰」的一聲把後門關了。

顏載礽躲在門後的一棵老樹邊，親眼看見肅順被醇王的隊伍綑綁着走了。

三天後，顏載礽趕到京城，他徑直向肅府奔去。只見肅府前後左右都佈滿了全副武裝的兵丁。街頭上看熱鬧的行人悄悄地告訴他：「肅中堂出大事了，家被抄，家眷被看管起來了，所有親友都不准進去。」

顏載礽掛念肅府的兩位小公子，不知這兩個弟子的情況如何，問看熱鬧的人，都說不清楚。有的說若犯了謀逆大罪，按律令兒子也要處以極刑。有的說，肅府是黃帶子，大概有優待，兒子不至於死。聽了這些話後，他心裏更是焦急。

除開肅順的兩個兒子外，顏載礽心中還惦記着一個人，這個人叫秋菱。

秋菱是肅府的丫鬟。顏載礽進府後，肅順親自安排她照顧塾師的衣食起居和書房打掃。秋菱十七歲，人長得清秀，性情文靜，手腳又勤快，顏載礽喜歡她。

秋菱無父無母，只有一個哥哥在河南老家種地。家裏實在苦得很，日子過不下去，不得已被賣到肅府，從此與家鄉斷了聯繫。她只知道自己所住的村子名，這個村子屬於河南哪個縣她都不清楚。秋菱時常想家鄉，想哥哥，卻無法回家見哥哥。她那天一眼看到顏載礽，又聽他說一口河南話，就彷彿有一種見到自己哥哥一樣的感覺，從心底裏湧出一股對顏載礽的親熱之情，因而對顏載礽照顧得格外周到。

秋菱聰明好學，但家貧不能讀書。顏載礽有空便教她認字。秋菱學得很快，幾個月下來便能認得千把字了，教者和學者都歡欣不已。漸漸地，兩人心中便你有了我，我有了你，彼此之間益發親近了。

秋菱身為丫鬟，自認配不上舉人顏載礽。她把愛慕之情深藏心底，不敢表露出來，只是以加倍的關心體貼來隱隱透示一點痕跡。顏載礽是個莊重而有大志的人，平素想的總是金榜題名和建功立業等大事，何況作為相府的西席，對相府的下人更應待之以禮，持之以節，所以他心裏明明愛着秋菱，亦知秋菱愛着他，卻也不肯把這種情感流露出來。於是，兩人都互相暗戀着，不挑明。

這對青年男女純潔的初戀，便這樣在朦朦朧朧似有似無之中進行着。

顏載礽要去熱河了，秋菱柔腸千結，依依不捨。她熬了幾個通宵，給他做了一雙厚底鞋，悄悄地塞進他的行囊。在行宮的日子裏，顏載礽常常想起秋菱，想得熱切的時候，便把那雙鞋子拿出來，輕輕地撫摸着。他捨不得穿在腳上，而是將它放在枕頭下，似乎覺得秋菱在夜夜陪伴着自己。過去在相府，天天見面，顏載礽還不覺得甚麼，一旦分離，才覺察到秋菱已在他的心中有了極重的份量。他盼望着皇上早日回京，肅相也便可早日伴駕同行，自己也便早日可見到心上人。

這一天，肅順悄悄地對顏載礽說：「皇上病勢很重，我心裏焦急。你趕緊回京裏一趟。我有一包祖上傳下來的還魂散，保存在福晉手裏，你拿來給皇上服用。快去快回！」

說着將一封寫給福晉的信遞給顏載礽。顏載礽不敢怠慢，從御馬房裏借了一匹千里快馬，立即出發。第二天傍晚就趕到了肅府。他從肅順福晉手裏取到還魂散後，便回到自己的房間，正想躺下來歇息一會兒時，門輕輕地推開了！

「秋菱！」顏載礽興奮異常地喊了一聲後，便快步向秋菱奔了過去。或許是思念之情累積得太多太多再也無法抑制，或許是一時熱血奔湧，根本沒有想到要抑制，顏載礽一反離京前的穩重自持，一把將秋菱抱在懷裏，秋菱漲得紅通通的臉緊貼在顏載礽的胸口上。望着秋菱又羞又喜的神態，顏載礽覺得世上再也沒有哪個女人能比得上她。他們不再講話，兩顆心卻早已融為一顆。他不顧一切地吻着，終於，他把她抱上了床……

「秋菱，回京後我就娶你，我和你一輩子相親相愛！」

在送秋菱出門的時候，顏載礽反覆地這樣說着。

「我相信你的話。」秋菱溫柔地點着頭，「我盼你盡快回家！」

肅府祖傳的還魂散並沒有挽回咸豐的生命，三十一歲的年輕天子駕崩熱河，行宮裏的政局突然變得異常的錯綜複雜。顏載礽似乎覺得每一天都是在充滿着殺機的氣氛裏度過，鑾輿回京的日子被一天天地推遲。終於啟程了，終於可以見到秋菱了，卻萬萬沒有料到，竟然會如此風雲突變，世事全非。京城是回到了，肅府也近在眼前，秋菱卻再也見不到了。瞬刻之間，他有一種頹然心死之感。

顏載礽不情願就這樣離開肅府，他一連四五天守在肅府的旁邊，注視着肅府的內外動態。每日裏只見肅府裏的傢具擺設、大櫃小箱一件一件地被兵丁們搬上馬車，不知拉到甚麼地方去了，而肅府裏的大小主子奴僕則一個也見不到，當然，也見不到兩個公子和秋菱。到最後，大門小門甚至連窗戶在內都貼滿了封條。大部分兵丁都撤走了，只留下幾個兵丁在府門外遊弋。看熱鬧的人也沒有了。僅僅幾天前，還是高車軒馬門庭若市的肅府，頓時死一般的寂靜下來。在萬般無奈之際，心緒淒涼的顏載礽只得遠離肅府。

他決定在京師住一段時期，一來看看事態的發展，二來也想在偶爾之間遇上肅府的舊人，打聽打聽兩位公子和秋菱的下落。

不久，肅順被指謫為奸佞之首，公開殺頭示眾。他的兩個兒子則免於追究，被一家遠親收留，藏之於深宅，與世隔絕。至於肅府的舊人，顏載礽一個也沒遇上，秋菱的情況也打探不出半點。按着國家的律令，被殺頭抄家的大員，其府中的奴僕一律籍沒歸官。顏載礽心想，秋菱或被賣給某個官府做女僕，也或許被遣送到邊遠之地，發配給戍邊的罪員做妻妾了。

可憐的肅中堂，可憐的公子，可憐的秋菱！一切都完了，一切都改變了。顏載礽長長地歎了一口氣，滿腹悽愴地走出城門。

他也不敢回家，便在昌平租了一間茅屋，過起隱居生活來。

陡然而起的政變很快便過去了。無論從國家大局來看，還是從市井民間來看，這場政變似乎沒給社會帶來甚麼變化。朝局穩定，江南的戰事繼續進行，京師老百姓一如既往地過着平淡的日子。剛開始還可以聽到一些關於政變的議論，三五個月後連百姓的街談巷議也聽不到了。再過一段時期，人們似乎已經把這樁驚天動地的大事，給徹底遺忘了。

顏載礽覺得悲哀。是人類天性只顧眼前，易於淡忘往事，還是那樁往事本不值得留在記憶裏呢？是今天的大清國民已變得愚昧麻木，還是史冊上那些慷慨激昂、可歌可泣的文字，原本就是幾個文人的想當然筆墨，與當時的社會其實並沒有多大的關聯呢？

這番陡然而起的大變局給顏載礽強烈的刺激，作為朝廷最恨的肅黨成員，考進士做官這條路自然給堵死了。他於是乾脆斷絕這份心思，跳出四書五經、八股試帖，一心一意去研讀史書、兵書、輿地、農學、荒政等書籍，像青年時代的左宗棠那樣，儲備着真才實學，靜待天時。

他記住肅順對他說的敬佩管仲、桑弘羊的話，傾注極大的心血潛心於《管子》《鹽鐵論》中。他最終在這裏看到了人世間的真學問，由衷佩服管仲、桑弘羊，也由此而佩服肅順的眼光。他心裏深深地為肅順歎息，也為大清國歎息。肅順丟了腦袋，大清國丟失了一個有真本事的治國大才。肅順就是今天的桑弘羊。他有桑弘羊一樣的才幹性情，一樣的不顧一切推行自己的強硬主張，終於也一樣的招來殺身之禍。

為了避免牽連引來不必要的麻煩，顏載礽決定改名換姓。

桑弘羊是他的同鄉，說不定桑顏兩家在歷史有過親戚瓜葛，於是顏載礽借桑為姓，取名治平，字仲子。這裏既有追慕管仲、桑弘羊之意，也有一份懷念老東家的情感隱藏其中。

桑治平小時便酷愛畫畫。擺脱了功名桎梏後，他有了較多時間，於是重操畫筆。他細心揣摩古人筆意，又注意觀察身邊的山水蟲魚。他是個天賦極高的人，在「外師造化，中得心源」的過程中，繪畫技藝迅速提高。這不僅使他在讀書思考的同時，可以獲得丹青之娛，同時又為他解決了生計的大問題。他靠賣畫維持着衣食無憂的生活。

在昌平隱居五年後，桑治平開始雲遊天下的壯舉。他先到東北，在白山黑水間考察滿洲部落發祥的歷程。從東北返回後他又漫步三晉，遙想那段無年無仗的春秋歲月。然後他南下中原，登嵩山，遊河洛，邁過潼關來到長安、咸陽，感受漢唐盛世的遺風餘韻。從長安折轉向南，越秦嶺，穿劍閣，來到巴山蜀水之間，憑弔武侯祠、白帝城，咀嚼一代名相輔佐兩朝的艱辛。繼而飛渡三峽，於兩岸猿聲之中舟抵荊楚大地。在江陵舊國，在黃鶴樓頭，緬懷當年楚莊王的霸業、三閭大夫的忠憤。再從芳草萋萋的鸚鵡洲起錨升帆，順江東下，登上收復不久的古都城垣。在一片廢墟之中，遊秦淮，覽鍾山，泛舟莫愁湖，佇步勝棋樓。想起剛剛熄滅的遍地烽火，追思六朝走馬燈似地改朝換代，這座龍盤虎踞的石頭城，浮沉了幾多帝王英豪，積澱了幾多歷史滄桑！從江寧北上，與豐沛子弟聊高祖軼事，聽淮陰侯後裔訴千古奇冤，瞻仰至聖、亞聖之祀廟，觀泰山日出黃河入海之雄奇。

經過這段歷時三載，縱橫數萬里的徒步旅遊，桑治平似乎感受到五千年中華古老文明的真諦所在，觸摸到華夏民族生生不息的律動脈搏，腦子裏常常有電光石火般的智慧閃爍，心境時常覺得如瑤池之水洗過後的清晰明淨，而立之年的舉人桑治平，經過讀萬卷書行萬里路的鍛造錘煉，已經成熟了，真正地立了起來，他覺得自己可以擔當大任，為國效力了。但朝廷對肅黨仍追查得很緊，他這個為肅順草擬了不少重要文書的西席，又怎能出頭露面，去保和殿參加會試，以科場勝利來走上仕途呢？不入仕途，又哪能獲取官位為國效力呢？

雖然仕途無望，但桑治平並不氣餒，一則他可以耐心等待機遇，二則即使一輩子遇不到機遇，讀書作畫，寄情山水，安貧樂道，淡泊寧靜，也是充實的人生。

在踏進京門的前夕，桑治平在古北口結識了一個比他大二十多歲的忘年好友。此人姓柴名廣，乃周世宗柴榮的四十六代孫，也是一個喜歡讀書思考的人。柴廣家道殷實，膝下只有一女，見桑治平非凡夫俗子，有意招他為婿。這些年來，桑治平惦記着秋菱，從未想過婚娶之事。漫遊天下的壯舉中，也包含着尋覓秋菱的一份深厚情意在內。八年過去了，秋菱杳無音訊。看來此生不能續那段情緣了，桑治平接受柴廣的美意。柴氏賢惠，婚後生下一女，小日子過得甚是甜美。

桑治平久靜思動，總不甘心平生所學一無展佈，於是告別岳父母和妻兒，外出尋找機遇。同治九年，他在姑蘇城內遭竊落難，被迫賣畫籌集回家的旅費，就這樣遇到了張之萬。桑治平見張之萬雖貴為狀元巡撫，卻並不擺官場架子，對他平等相待，又同好丹青，談話投機之處甚多，遂答應留在巡撫衙門。

住在衙門一段時期後，桑治平冷眼觀察張之萬，見這位撫台雖不是擎天大才，卻也勤政愛民，稟性純良，不是那種欺詐貪婪、兩面三刀的俗吏，遂有心幫他做一點事。不久，張之萬升閩浙總督，桑治平跟隨他來到福州。閩浙兩省，自古乃東南要域，若從春秋時期的眼光來看，也是一個大國了。隨着彼此友誼日深，桑治平定下心來，欲竭盡平生本領輔佐這位制台大人，為國為民做出一番實事來。不料，張之萬卻要告老還鄉，桑治平只得遺憾地離開福州，回到古北口，繼續過他與詩書畫冊、山水林木為伴的淡泊生涯。

古北口住的多是柴姓人家，柴廣做了多年的莊主，人望很好。柴廣晚年多病，莊主事多委託桑治平辦。桑治平將二百多戶的柴家莊當着一個小國來看待，借此試試牛刀。他以管子治國之策，採桑弘羊為政之術，果然把柴家莊整治得面目一新，深孚柴家莊人的信任。前年，柴廣去世，全莊一致推舉他這個外鄉外姓人做新莊主。桑治平於此也獲得事業小成的滿足感。

前些日子，他收到張之萬從南皮寄來的信。信上說：舍弟擢內閣學士兼禮部侍郎銜，要不多久，或實授侍郎，或外放巡撫。若內授侍郎則罷了，若外放巡撫，乃一方諸侯，正可以借此做一番事業。彼時開府立幕，必將廣納人才，望賢契前去就他。對舍弟而言，得一大才相助，如同增一臂膀；對賢契而言，平生才學可得施展，此亦為極好之機遇，切望留意。

桑治平接到這封信後，很為張之洞的超常擢升而高興。張之洞的確是官場中的人才，他的翰林做得與眾不同，可知他今後的巡撫也會做得與眾不同，為這種有才的朋友佐幕是可為的，何況自己多年來所積累的治世實學，也總得有所施展才是。不過，轉念他又想，已是過了四十歲的人，精力早不如從前的充沛，對世事也看清看淡了許多，辦起事來大概也不會有太高的熱情；再說，畢竟是為別人佐幕，不是自己做巡撫，古北口住得好好的，柴家莊也有一番雖小卻有意義的事業可做，有必要出去嗎？

正在桑治平如此思來想去的時候，他收到了張之洞的來信。

4 出山前夕，桑治平與張之洞約法三章

張之洞坐在大根駕駛的騾車上，沿着京師通往塞外的千年古道，經過兩天的搖晃顛簸，於午後到達古北口。張之洞在北京住了十多年，還從沒有到過這裏來。他環顧一眼四周，果然地勢險要。

綿延四百餘里的燕山山脈，從這裏發源。它在發源處便奇峯陡起，偏又在此處生就一道大峽谷。峽谷兩邊山坡峻峭，彷佛造化為方便下界芸芸眾生，讓他們有個南北通道，而用神工鬼斧劈開似的。兩邊山坡都是堅硬的巖石。石縫裏頑強地生長着各種樹木，有低矮密集的灌木叢，也有高聳雲霄的樟楠松柏。傳說為秦始皇時代建築，明代重修的古長城基本上保存完好。它像一條不見首尾的巨蟒，在古老的燕山山嶺上緩慢地爬行，一會兒騰空躍起，一會兒俯首低徊，給這處千年古隘壓上了沉重的歷史重荷，也給它增添了動態的生機和情趣。古老的關樓依然雄峙着，顯得威嚴勁挺。

由於山高路窄，行人稀少，這裏顯得格外的安靜幽深。剛過午後不久，太陽便看不見了，一切都罩上一層灰黑的色彩。巖石是灰黑的，樹木是灰黑的，古長城是灰黑的，附近星星點點的民居是灰黑的，連廢置多年的行宮也是灰黑的。關內關外，充塞着一股濃厚的肅穆氣氛。古北口真是一座禁衛京師的神奧難測的險要關隘。

張之洞正在佇足神思的時候，有一個人已走到他的身旁，笑着向他打招呼：「香濤兄，説來就來了！」

張之洞回頭一望，站在旁邊的正是桑治平。他高興地説：「正要向人打聽你的家，不想你就來了。你怎麼這樣巧就遇到了我！」

桑治平説：「你道古北口是京城？這裏不過巴掌大的一塊地方，芝麻大點的事立即全古北口就都知道了。聽鄰居説，有一個官員模樣的人，從京師坐騾車來，在關口停下，四處觀看。我想十有八九是你。」

「那你接到我的信了？」

「前天就接到了。」

桑治平説着，一邊又與正在照料大青騾的大根親熱打着招呼，轉過臉來對張之洞説：「到家裏去吧，就在前面。」

張之洞主僕跟着桑治平，來到一座宅院門前。一道泥築的圍牆，圍出一個寬敞乾淨的四合院來。桑治平指着大門説：「請進吧，這就是寒舍。」

張之洞邁進門檻。正面四間是坐北朝南大瓦房，兩廂六間側房均為高粱稭蓋頂，庭院裏有一大塊種着蘿蔔、大白菜的菜地，一羣雞鵝在菜地邊遊戲。四合院裏洋溢着濃鬱的農家氣息。

桑治平將張之洞帶至正房邊，指着右側的一間房説：「這是我的書房，我們就在這裏説話吧！」

坐下後，張之洞見書房左邊牆壁邊擺着一長條書架，上面整齊地放着百餘冊書籍。比起張之洞的書房來，桑治平的書大概不及十分之一。書架旁邊懸掛着一張條幅，上面寫着：

夫大丈夫能左右天下者，必先能左右自己。曰：大其心究天下之物，虛其心受天下之善，平其心論天下之事，潛其心觀天下之勢，定其心應天下之變。

左下角有一行小字：柴廣恭錄明誠意伯劉伯溫先生語。

張之洞面對這張條幅沉吟良久，心裏想：宇宙間從大的範圍來看是天下，從小的方面着眼即吾心，這二者其實是一回事。想左右天下，必先得左右自心。劉伯溫是個大智者。他回過頭來問桑治平：「聽說柴廣是你的岳丈，柴家是柴榮的後人，是這樣的嗎？」

桑治平說：「你怎麼知道柴廣是我的岳丈？」

張之洞說：「我的一個布衣朋友前幾天特地來古北口拜訪過你。他叫吳秋衣，還記得嗎？」

「記得，記得，那是個很有趣的人。」

「他在我的面前竭力推舉你。」

「他怎麼推薦我的？」

「他說你有管仲、樂毅之才。」

桑治平笑了起來：「我怎麼可以跟管、樂相比，一個江湖流浪者而已！倒是柴家的確為柴世宗的後裔。可惜也早已沒有鐵券丹書，淪為平民百姓了。」

說話間，側面牆壁上一幅水墨畫又引起了張之洞的注意：莽莽蒼蒼的燕山上，起伏着蜿蜒曲折的萬里長城，古北口高聳於畫面的左下角，雄偉的關樓凌空矗立，俯視着一望無際的關東大平原。

看到這幅畫，張之洞猛然想起醇王的囑託來。

「醇王爺聽家兄說過，兄台長於繪事，想請你為王府畫一幅古北口中堂。我看這一幅就很好，請你照這個樣子再畫一幅如何？」

提起醇王，二十年前密雲縣深夜拘捕肅順的那一幕，又浮現在桑治平的腦子裏。他本想斷然拒絕，但又怕張之洞難堪，便說：「這幅畫是好幾年前畫的，近年來我一直未拿過畫筆，技藝生疏了。過兩年吧，待我活活手後再畫吧！」

桑治平的那一段歷史，張之洞並不知道。他想這大概是出於文人的清高吧，他不願隨便給王府送畫，以避巴結之嫌，這也是可以理解的，遂笑着說：「好吧，這事以後再說。」

柴氏進來，向張之洞問好後，請他到廳堂吃飯。桑治平的獨生女燕兒也同桌吃。雖是山村野外，無京師的豪華闊綽，卻比京師的菜蔬新鮮爽口，尤其是幾碗燕山野味，則更是城裏所吃不到的。一頓晚飯吃得大家興致極高，張之洞與桑治平的家人也顯得親切隨便了。

吃過晚飯後，桑治平陪着張之洞遊覽了古老的關樓和前朝的行宮，又細細地看了看這段長城的建築。掌燈時分，二人重回書房，開始談及正題。

桑治平說：「接到你的信，知你蒙特別聖恩，擢升山西巡撫，先要向你賀喜。」

張之洞說：「不瞞老朋友，久屈翰苑，突然得到外放一方的聖命，我自然是興奮而深懷感恩之情。

只是巡撫地位雖尊，卻也擔子沉重，不比在京師做言官史官，到底只是寫寫說說，不負實際責任。因此，奉命至今，心裏一直未曾安妥過。早就想來拜訪你了，只是因故延遲了時日。」

桑治平用心傾聽着張之洞的話，聽得出說的都是實話。他說：「誠如你所說的，一省巡撫的確擔子沉重，它直接關係到百姓的切身利害，要辦的都是有關國計民生的實事，不是能言善辯、引經據典就可以解決得了的。」

張之洞點點頭說：「你說得對，我所缺的正是辦實事的經歷。過去雖做過湖北、四川兩省的學政，那也還只是與書籍和士人打交道，錢糧刑名這些經濟大事並未着邊。你曾在家兄身邊做過多年幕友，富有經驗，我很想能隨時得到你的點撥。我也不繞圈子了，開門見山說吧，我這次到古北口，就是來敦請兄台出山，隨我去太原，幫幫我的忙如何？」

桑治平端起茶杯，慢慢地喝了一口，繞開張之洞的所問，說：「前些日子我收到青帥從南皮發來的一封信。信上說你已蒙擢升，或將實授侍郎，或將外放巡撫。」

「噢！家兄這麼快就把我的事告訴你了。」張之洞頗為驚訝，「家兄信上還說了些甚麼？」

「青帥信上說，」桑治平放下茶杯，「若實授侍郎則罷了，若外放巡撫，則希望我能為你佐幕。」

「你看，我們兄弟倆想到一起了。」張之洞懇切地說，「仲子兄，請你務必幫幫我的忙。」

「我能幫你做些甚麼呢？」桑治平面色凝重地思索着。

「你可以做我的幕府總文案。當然，這個職位事情多，煩雜，不一定會適合你。要麼，就不負任何實際責任，就作為我的朋友在衙門裏住着，幫我出出主意，當當參謀。不管你選擇哪種身份，我都按山西巡撫衙門前一任總文案的薪銀發你雙俸，保證你一家老小無衣食之虞。」

桑治平笑了笑後說：「我並沒有和你一起辦過一件實事，平時所說的，都只是嘴上功夫。常言說得好，說的容易做的難，你憑甚麼就這樣相信我？」

張之洞認真地說：「憑我們交往時我對你的了解，憑家兄對你的信任，也憑這次與你素昧平生的吳秋衣的舉薦。」

桑治平聽了這句話後，心中頗為感動。士為知己者死，就憑着這番真誠的相知，就值得出去幫幫他。

桑治平端起茶碗來不做聲，慢慢地喝了幾口茶，放下茶碗後，從從容容地開了口：「大清國曾有過康、雍、乾三朝的興旺時期，祖孫三代加起來有一百三十多年之久，可比漢唐的文景、貞觀、開元、天寶，而為期之長，又要過之，實為難得。但自從嘉慶初年白蓮教鬧事以來，朝野就再也沒安定過，國勢頹敗的趨勢，從那以後，再也不能遏止。特別是道光二十年鴉片之戰以來，戰火不息，國無寧日。先是太平軍在廣西起事，一直打到江寧，十三四年間朝廷和太平軍打來殺去，把個錦繡江南毀得如同廢墟一般，這中間還雜夾着天地會、三合會、捻子等一起哄鬧，直到同治七年捻子全部平息之後，才算透過一口氣來。但西北一帶回民的騷亂卻並沒停止，等到前幾年左宗棠的大軍從關外班師回朝，西北的亂事才可謂勉強止住。看起來西北一隅之亂不關中原大局，其實，源源不絕的糧餉都是從中原運過去的，在西北打仗，與在中原相差不多。這中間還夾雜着一個英法聯軍打進北京，都城陷淪，皇上北逃。如果用內憂外患民不聊生綱紀混亂人心浮動這些老話，來套這四十年來的現況，的確一點不過份。香濤兄，這就是你這個山西巡撫所處的大的時勢背景。」

張之洞點點頭說：「你說的都對。我們是生在亂世，我做的是亂世官，亂世中的老百姓都不好做，想要做有所作為的官就更難了。」

「這是從國勢的大處而言，若從小處山西一省而言，情況大體差不多。」桑治平繼續說下去，「山西那塊地方，十多年前我去過，我由娘子關入的境，一路東看西問地進了太原府。在城裏住了半個月，再南下，由榆次到太穀，再到祁縣、平遙，經洪洞到靈汾，最後過中條山進入河南，去訪孟津古渡，澠池舊盟。我在山西省足足盤桓了一個半月。」

聽說桑治平有這段經歷，張之洞興奮起來，愈發感到此去山西非要將他請去不可。

「山西貧苦，但更複雜。」桑治平繼續說下去，「那時是趙長齡在做巡撫，我沿途所見莫不是吏治腐敗，民生凋敝，沿途所聞莫不是呻吟哭泣怨聲載道，到處聽說有綠林響馬在打家劫舍。過中條山時，我親眼見到幾處嘯聚山林的強人，每一處都有兩三百人之多，一個個衣衫襤褸而又面色兇惡，真使人又憫又恨。當時，江南還未完全平靜，安徽、河南又鬧捻子，山西號稱完富之省。其實，既不完更不富，內部都朽爛了。只是那些做官的要保住自己的頂子，報喜不報憂，太后、皇上坐在紫禁城裏，哪裏知道他的三晉子民正在飢寒交迫之中哩。前幾年山西大旱災，據說王粲筆下的『出門無所見，白骨蔽平原』的慘象又出現了。這兩年可能有所好轉，但估計也好不了多少。香濤兄，你這差使領的不是地方呀！」

張之洞在桑家的書房裏來回踱步。桑治平說的山西省的情形固然是事實，但其他各省又比山西強得多少呢？湖北雖稱糧倉，自古有「湖廣熟，天下足」的民謠，但做過三年湖北學政的張之洞非常清楚，經過前些年湘軍和太平軍的混戰，湖北元氣大傷，不但年年不熟，即使偶爾有一年熟了，連湖北本省民眾都不能滿足，何況天下！四川也比湖北好不了多少。天府之國的錢糧，因江南戰事淘空得差不多了。至於吏治的腐敗，官民之間對立的情緒，東鄉之案便是一個突出的例子。要想做一個輕鬆太平的巡撫，眼下十八省怕是找不出一個省來。

張之洞苦笑着說：「朝廷所差，身不由己呀！山西再貧瘠，我也只得去赴任了。」

「我幫你出個主意，可以讓你躲開這個差使，另謀優缺。」桑治平眨了眨眼睛，狡黠地笑着。

「你有甚麼好主意呀？」

「你可藉生病為由，請假三個月，禮部侍郎王世民已病入膏肓，大概在這一兩月內便會出缺。那時你再請醇王幫幫忙，調一調，不去太原，而補王世民的缺。如此，則可免去一項苦差而獲得一優缺。你數任學使學政，一向以詞臣言官聞名於世，補禮部的缺，正可謂人地兩宜，今後仍可以一邊做官，一邊吟詩作文，不失文人本色。」

「仲子兄此言差矣！」張之洞正色道：「古人云，士大夫於進退之處，當謹慎自重。我張之洞一生清白狷介，於自身進退之處光明磊落，不願也不屑於玩弄此等小伎倆。上個月醇王召見我，問我若有巡撫與侍郎兩者可選的話選何缺。我毫不猶豫地回答，願選巡撫。不是不知道巡撫苦累而侍郎優裕，乃是願為國為民做幾件實事。早在進翰苑之初，我就對子青老哥說過：平生志趣，雅不以文人自命。文人清高，自娛有餘，若幸而有幾篇詩文做得好的話，不僅可享譽當時，還有可能傳名後世，但究竟於國於民實效不大。倘是命運不濟，不得實職，也只得如此了。我今日幸而得到太后、皇上器重，外放一方巡撫，且正當年富力強之時，豈可因所赴之地貧瘠艱難而止步？仲子兄，實話對你說，只要能為山西百姓辦成幾樁實事，給山西百姓帶來實惠，我日後就是累死於三晉，也心甘情願，決不後悔！」

「好，志氣可嘉！」桑治平擊掌讚道，「香濤兄之志與桑某不謀而合，剛才的話，不過戲言耳，請萬勿記在心上。關於履任後的打算，你有沒有好好想過？」

「實話告訴你吧，我奉旨才幾天，內人便因難產而去世。遭此不幸，方寸迷亂，故這一個多月來根本無心思考履任後的打算，我很想聽聽你的高見。」

聽到這話後，桑治平心頭一沉：人生禍福真是捉摸不定。他知道遇上這等不幸之事幾句安慰話並無補益，不如不說，只以沉默來表示心中的同情。

過了好長時間，桑治平才開口：「陶淵明說得好：縱浪大化中，不喜亦不懼。應盡便須盡，無復獨多慮。嫂夫人該去就讓她去吧！生者活在世上，該做的事也還得要去做！」

「也只能這樣想了。」張之洞無可奈何地應了一句。

「你請我出來為你佐幕，這是你相信我，我很感激，惟其如此，才更須坦誠相待。我要對你說句老實話，我這二十年來已差不多已拋開了儒學，我習的乃是雜學，兵家、陰陽、墨、道一併看重，尤重管學即管子之學，愛讀《鹽鐵論》，奉管子、桑弘羊為宗師。從名教角度來看，我乃野狐禪一類，不為正統士人所齒。你是清流名士，或許難於接受，與其日後不歡而散，不如今日先挑個明白，行則共事，不行則各不相干。」

以儒家信徒自居、以聖人名教為性命的張之洞，乍一聽到這番話，頗出意外。不過，他到底不是倭仁、徐桐那樣的迂腐理學家，稍停一會兒，他說：「管仲九合諸侯一匡天下，桑弘羊創平準均輸良法，都是一時之大才，奉管、桑為師，也並非不好。你不妨詳細說說你的看法。」

「自漢武帝罷黜百家獨尊儒術以來，戰國時期的百家爭鳴變近兩千年來的一家獨霸，這對鞏固皇權統一人心或許有利，但卻扼殺學術壓制人才。尤其不好的是，儒家發展到後來成了一門空疏之學，虛偽之學，與孔子當年的學說相差甚遠，與國計民生更是毫無聯繫。依我看，中國淪落到今天國弱民貧的境地，尋根溯源，便要追尋到漢武帝所推行的這種霸道國策上去。」

張之洞用心聽着這位隱逸者的獨特議論，注意到他並沒有攻擊孔子的學說，只是指責西漢以後的儒家學派，這與全盤否定周公孔孟還是有區別的。

「天底下國與民的事，《管子》一書開宗明義就講清楚了。凡有地牧民者，務在四時，守在倉廩。倉廩實則知禮節，衣食足則知榮辱。又說政之所興在順民心，政之所廢在逆民心。又說天下順治在民富，天下和靜在民樂。一部《管子》反覆陳述的就是這幾層意義，而這幾層意義則揭開治國治民全部奧秘。也就是說，為政者的所有作為，最終的結果都要落實到百姓的頭上，即使百姓快樂。快樂在於富有，富有在於有吃有穿，有吃有穿才知禮節榮辱。而二千年來的所謂儒學只講禮節榮辱，不講衣食財富，完全顛倒了本末。香濤兄，在我看來，中國之誤，誤在從政者只重虛不重實，只重末不重本。這如何能得到百姓的擁護，又如何能把國家治理得好？」

張之洞心想：他的話雖然偏頗了些，但不能說完全沒有道理，士人的興趣確實重在禮義廉恥上，對農工商不屑於過問，特別是宋明以來，更大談心性命理等等，越談越玄，越談越空，故後人批評宋明亡國就亡在空談上。誠如管子所說的，禮節榮辱建立在倉廩衣食上，尤其是鄉間農夫市井小販，他們不懂詩書胸無大志，吃飽穿暖才是他們的追求。過去做學政，做翰林，打交道的是士人官吏，他們都衣食無憂，自然有心思談禮節談榮辱。現在去做巡撫，錢糧賦稅肅匪辦案，樁樁件件都是與小民打交道。小民求的是溫飽，巡撫又怎能不去關心他們的溫飽？

想到這裏，張之洞說：「管子說倉廩實則知禮節，衣食足則知榮辱，這話極有道理。做牧民之官，應時時記取這兩句話，讓百姓足衣足食。其實，聖人之教也很注重這方面，孟子說黎民不飢不寒，不王者未之有也。也就是講為政者當順民心，使百姓有吃有穿。」

桑治平面露欣色說：「香濤兄果然是明理達事的人，如此說來，我們有共同的語言。依我看，你此去山西應重在為百姓謀實利，也就是說為百姓的豐衣足食而努力，要用三五年的時間，使三晉百姓富足起來，如此你張香濤才是一個好巡撫；至於具體如何富民裕民，到達山西後再從容計議！」

張之洞高興地說：「讓山西百姓過上好日子，這是作一個晉撫的本職，在這點上我與你完全一致。當然，我信仰聖人名教，我不會改變，你奉管仲、桑弘羊為師，你也不必改變。你做我的幕賓，我看重你的為學。你治的是致富之學，正好幫我出主意想辦法，讓三晉早日富裕起來，以你之長補我之不足，這不是合則雙美的大好事嗎，你還猶豫甚麼呢？就委屈你做我的山西巡撫衙門的總文案吧！」

「慢點。」桑治平說：「你的長子已成家，自然留在京師，次公子今年多大了，是留在京師還是隨你去太原？」

「我想，待我安定下來後，還是接他到太原去讀書為好。」

「這樣吧，我還是以公子師傅的身份住在衙門裏，幫助你做點事。」

「好，就這樣！」張之洞興奮地說，「薪水不變，還是總文案的樣。我們就這樣講定了。」

「不過，我們得約法三章。你若依，過幾天我就隨你啟程；若依不了，則你去你的太原府，我守我的古北口。若日後你違背這三章，我會中途拂袖而歸，你也不要怨我。」

張之洞趕緊說：「這樣最好，你約的是哪三章，說出來，依得了就依，依不了明天我就一人回京師。」

桑治平說：「這第一章是，你張香濤不能做貪官。對中國的官場，老百姓第一恨的是貪官污吏，我桑某人也第一恨的是這種人。岳武穆說，文官不愛錢，武官不怕死，天下就太平無事。這話最是說到點子上了。曾文正公為官之初，就立下不存發財之宗旨，所以他贏得人們的尊敬。他故去多年了，人們還在懷念他。這首要的是因為他是一個清官。曾文正公說得好，既然選擇做官一路，就不要存發財之念。若想發財，你去經商好了。經商得來的金銀，哪怕堆積如山，老百姓不但不會咒罵，還會佩服，因為這憑的是自己的一種本事。利用朝廷給予的權利，去巧取豪奪百姓血汗換來的錢財，那就是黑心腸，爛肝肺，不但本身挨罵是應該的，就是殃及子孫也是罪有應得。」

桑治平藉這一章大發議論。他並非要訓誡張之洞，而是隨處可見的貪官污吏，使他胸中憋了一肚子氣，只要一觸及到這個話題，他就會滿腔憤怒。

見他還要一個勁地說下去，張之洞不得不打斷：「仲子兄，不要說下去了，我理解你的心情。對於貪官污吏，我和你，和千千萬萬老百姓一樣的痛恨。從小起，身為知府的父親便諄諄告誡我們兄弟：為官之道，首在清廉。這句話，幾十年來我一直銘記在心。兄台請放心，『不貪污』這一條，對別人且不論，對我張之洞來說，決不是難事。湖北學政任上三年，於例可得的一萬五千兩銀子，四川學政任上三年，於例可得的二萬兩銀子，我分文未受，全部捐獻給經心書院和尊經書院。有這段資歷在前，你應該相信我。」

「我相信你。你在湖北、四川的義舉，的確令人欽佩。不過，」桑治平強調，「學政到底不能跟巡撫相比。與學政打交道的是學官與學子，學官多清寒自守之人，學子乃在山之泉水，均知自愛。而巡撫握一省之大權，打交道者遍及士農工商。士農工好說，這商者之中真是魚龍混雜，以魚居多。為獲取暴利，任何手段都使得出來。他們能以最為巧妙之手段讓你受賄而不自知，受賄而心安理得。到時候，若讓我知道你有受賄情事，又規諫不悟的話，我會即刻拂袖而去。」

「假若我日後真的有受賄之事的話，不待你拂袖而去，我自己會先向太后、皇上請求處分，開缺回籍。好了，這第一章就說到這裏吧，你的第二章呢？」

「這第二章嘛，」桑治平摸了摸未留鬍鬚的下巴說，「剛才說過，到山西去是為的做實事。所以我這第二章是，你不能以做官當老爺為目的，而是要為三晉百姓辦實事，每年至少要辦兩三件實事，切切實實地給老百姓帶來福祉。」

張之洞忙點頭：「這是自然的。做地方官，與做言官史官最大的區別，一在務實，一在立言。不要看我張之洞這些年來都在做立言的事，其實我最看重的還是實實在在的業績。言官難免有空泛清高之失，而造福於百姓的實績，卻是功德無量。這第二章我會做到的。假若一年下來，我沒為三晉父老做幾件大實事，你儘管棄我而去好了。請問第三章。」

「香濤兄，」桑治平想了一下說，「此番我隨你去山西，純是朋友之間的私人幫忙。所以這第三章，是我的幾點要求：第一點，不管今後我為你出了多大的力，你也不要在給朝廷的奏章中提到我的名字，更不要保舉我。」

「仲子兄，」張之洞打斷桑治平的話，「這我就不理解了。子青老哥說你有舉人的功名，乙榜入仕，也是正途出身，你為何就不想得個一官半職，既可以光耀門第，日後又可以自己親手宰理一府一郡？」

桑治平說：「若在二十年前，我不但想積功保舉，做縣令知府，還想中進士點翰林，進軍機入相府哩！可是現在我已沒有這個念頭了，只想為國為民做點實事。」

張之洞大惑不解，身領官職和做實事，二者並不矛盾呀！為何要把它們如此對立起來呢？他知道隱逸者大多有一些怪癖，也便不再追問，且聽桑治平說下去。

「第二點，你也不要在官場士林中言及我。這樣，我還可以常常代你去市井鄉下私訪，為你提供更多的實情。」

張之洞覺得這一點最是重要。處上位者，極容易壅於下情。如此，或師心自用，或偏聽偏信，許多有才幹又有心辦好事的官員，最後沒有辦成好事，其原因多半在此。假若身邊有幾個正直又貼心的人，充當自己通達下情的耳目，這個官就好做多了。難為桑治平這樣屈己利人。他禁不住對着桑治平一拱手：「仲子兄，你能這樣代我着想，真令我感激不盡。只是你如此委屈自己，讓我過意不去。」

「我這樣做，絲毫不覺得自己受了委屈，你不要過意不去。」桑治平淡淡地笑着。

「行，就這樣說定了。」張之洞激動地握着桑治平的手說，「我不僅為仁梃請了一位師傅，也為我自己請了一位師傅。日後，請你隨時為我糾誤正謬，以匡不逮。」

「言重了，香濤兄！」桑治平動情地說。

兩雙滾燙的大手緊緊地握着。好長一會兒，張之洞鬆開手，對桑治平說：「剛才你的約法三章，我都依了，現在我向你提一點小小的請求。」

「甚麼事？」

「你不願為醇王府畫畫，也罷了，我不為難你。」張之洞眼望着牆壁上的古北口圖說，「你這幅畫，我太喜歡了。連綿的羣山，古老的長城，正是我們華夏雄偉山川和輝煌歷史的一個縮影。至於這座高高聳立厚實堅固的古北口關樓，我想正可以作為受太后、皇上之命，出巡一方的大吏的象徵。我此番受命撫晉，就要像古北口關樓守住山川長城一樣，為朝廷把守三晉要地，外防洋人從西北侵入，內鎮奸佞從腹心作亂，讓百姓安居樂業，使山西成為真正的完富之省。仲子兄，你把這幅畫送給我吧，我要把它懸掛在巡撫衙門的簽押房裏，讓它天天激勵我，鞭策我。」

桑治平興奮地從牆上取下古北口圖，捲好，雙手遞給張之洞：「這畫就送給你了，願你一諾千金，說到做到。」

「說得好極了！」

張之洞鄭重地接過畫卷，凝重的目光遙望着窗外。初冬的子夜，一輪滿月正高高地掛在半空。溶溶月色之中，懸崖峭壁顯得更加幽遠瑰奇，深不可測；千年古長城宛如一條盤旋前行的蒼龍，欲騰空飛躍；巍巍的重檐關樓，就像一位威武森猛的大將軍，怒目按劍，巋然屹立。古北口冷清的冬夜，是多麼強烈地震撼着未來晉撫的心弦啊！

張之洞將畫貼在胸口上，像是回答桑治平的話，又像是喃喃自語：「一諾千金，說到做到。燕山為證，長城為證，古北口關樓為證！」

5 來到山西的第一天，張之洞看到的是大片大片的罌粟苗

第二天，張之洞與桑治平約定，半個月後在京城相會。

回到京師，張之洞立即被煩雜的應酬所包圍：清流黨人的宴請，張佩綸、陳寶琛、寶廷等關係最為密切的老友的懇談，翰苑同寅的相邀，山西籍京官的戲酒，弄得他天天神志紛雜，疲憊不堪。他極不情願應付這種場面，但出任巡撫乃天大的好事，請宴的這些人又都是多年的老朋友，怎麼能推辭呢？

山西在北京城裏的幾家大票號的老闆，聯合在前門外大街最有名的一家羊肉館、乾隆皇帝當年駕臨過的南恒順擺下十桌酒席，三天前便給張府送來了尺餘長的燙金大紅請柬，並邀集一批巨賈名流作陪。張之洞接到這份請柬後十分為難。前些日子那些宴請，雖說也包含着明顯的功利目的，但畢竟還有一份溫情脈脈的舊時友誼在內。這些票號老闆，過去與他沒有絲毫往來，說得上「情」和「誼」嗎？倘若不是外放山西巡撫，他們會獻出這份濃烈的殷勤嗎？這不是露骨的討好巴結，能說是甚麼呢？剛剛戴上珊瑚紅頂的清流名士，厭惡地將這張大紅請柬甩在地上。

這時，從古北口趕來的桑治平剛好踏進張之洞的家門，笑着說：「發誰的脾氣哩，把這好的燙金帖子扔到地上。」

「仲子兄，你來了！」見桑治平提前兩天來到京師，張之洞很高興，忙親自接過他的行李包，說，「是山西一批票號老闆聯合請我的客，我才不要他們巴結哩！」

桑治平彎腰拾起帖子，將上面的名單掃了一眼，說：「這都是一批財神菩薩呀，你去山西做巡撫，沒有他們的支持可不行。」

一句話提醒了張之洞：是的，此去山西，天天要和錢糧打交道，怎麼可以再像過去那樣清高，不理世俗呢？但張之洞心裏實在是不願和這些唯利是圖、奸猾成性的錢莊老闆打交道。他望着桑治平說：「這餐飯我實在不願意去吃，你說怎麼辦？」

桑治平說：「飯不去吃可以，但不能掃他們的面子，你日後用得上他們的時候多啦！」

他思忖一會兒說：「泰裕票號是實力最強的錢莊，他的老闆孔繁崗經商有道，是山西票號老闆們的領袖。他的名字排在第一位，顯然這次宴請是他發起的。他的面子你一定要買。你不妨給他寫一封措辭委婉的信，就說深謝諸位的好意，只因日內要入朝向太后、皇上陛辭，不能分心外騖。此次承乏貴鄉，尚望多多惠顧，明年我們在太原再共飲一杯吧！」

張之洞笑着說：「還是你這個辦法好，飯沒有去吃，人也沒有得罪。」

第二天，泰裕錢莊的大掌櫃親自來到張府，送上一張萬兩銀票，還有孔繁崗一封「權當程儀，萬望笑納」的極盡謙卑客氣的親筆信。

還沒離開北京，賄賂就已經開始了，張之洞不得不佩服桑治平的先見之明。按照他的脾性，真想當面撕毀銀票，把來人轟出去。不過，桑治平昨天說的話十分有道理，的確不能那樣對待這些財神菩薩，看來桑治平有這種內方外圓的處事才能。張之洞把這事交給他，要他代自己全權辦理。

約半個鐘點後，桑治平笑瞇瞇地走進書房，對張之洞說：「事情辦好了。」

「你是怎麼打發他們的？」

桑治平說：「我對泰裕大掌櫃說，孔老闆的盛意心領了，但程儀不能接。因為朝廷已經發下，再收別人送的程儀，便是嫌朝廷的程儀發少了，對朝廷不恭。這一萬兩銀票請璧還給孔老闆，說不定今後會遇到意外的短缺，那時再來向孔老闆討。泰裕的大掌櫃聽我這樣說，很滿意地收回銀票，並說，今後若有用得上泰裕票號的地方，張撫台儘管吩咐。」

張之洞說：「這樣最好。你想得周到，今後是會有不少公益事，要那些財神爺出錢的。」

桑治平說：「這些事太煩神了，我給你掛個免戰牌吧！」

桑治平拿起紙筆來寫了幾個字：打點行裝要緊，一切應酬謝絕。他問張之洞：「把它貼到大門口去如何？」

張之洞說：「行。有關啟程的許多事宜，我們得安安靜靜地考慮了。」

按照通常的規矩，新任巡撫踏入本省境內的第一天，要舉行一個隆重的歡迎場面，一位道員級的官員受現任巡撫的委託前來迎接，然後坐上八抬大轎慢慢行走，沿途宿在官方設立的驛站裏。每路過一個縣境，該縣的知縣必到交界處恭迎。沿途一切，皆由前來迎接的官員安排，新任巡撫不用操半點心，坐在大轎裏閉目養神，或沿途看風景，優哉遊哉。有的接待官員為討歡心，甚至在半途上，還會悄悄地讓一個年輕漂亮的女人進轎來，陪着巡撫大人說話解悶。幾乎所有的新巡撫，都是這樣一路舒舒服服地來到省城，然後在巡撫衙門裏接過前任交上的大印、王牌，開始正式視事。

桑治平建議張之洞不這樣做，而是來個微服私訪。這是個好主意！張之洞在童年時代就聽說過不少微服私訪的故事。在老百姓的心目中，能夠微服私訪的官員都是好官。現在輪到自己來做一方大吏了，正好親身嚐嚐微服私訪的味道，尤其是未到任之前更好。整個山西省，眼下無一人認識你，正好藉此良機多訪訪下情。上任之後再要微服訪查，多少有些障礙。

他將北京的家和仁梃、準兒，都交給長子仁權夫婦和女僕春蘭等人照管，待山西那邊一切安頓妥貼後再接過去。冒着暮冬的寒風大雪，張之洞帶着桑治平和大根離京上路了。

張之洞和桑治平都穿着青布棉長袍，外罩一件厚羊皮馬褂，看起來就像兩個年關將近回家度歲的塾師先生。大根則短衣綁褲，一副下人打扮。為防意外，他在腰間紮了一根鏈條。這根鏈條是他父親留下的，精鋼打就，細細的有八尺長，剛好在腰上圍三圈。危急時，它是極好的防身武器，揮舞起來，三五條漢子近不得身。平素，又可當繩子使用。出遠門時，大根總是帶着它，圍在腰間，外褂一罩，誰都不知道。

三個人僱了一輛騾車，順着直隸官馬大道南下。一路上或談詩書掌故，或談眼中所見的民風，說說笑笑，曉行夜宿，倒也不覺勞累。大約走了半個月，這天傍晚，三人來到直隸和山西的交界處娘子關。

娘子關屬山西平定縣。這一帶地勢高峻，山嶺連綿，惟有此處低窪，形成一條較為平坦的大道，可供車馬通行，如同咽喉一般，扼控着山西與直隸兩省的往來。自古以來，此處便築關設卡，成為兵家必爭之地。唐高祖李淵在太原府起兵反隋，委派女兒平陽公主帶一支女兵駐紮於此。娘子關一名，便由此得來。

張之洞久聞娘子關大名，然從未來過。他對桑治平說：「上次在古北口，你說你十多年前也是由此處進的山西。」

桑治平說：「是的，由京師到太原，只有這一條大路。我當時也是由此進山西的。」

「那你是舊地重遊了，明天給我們當個嚮導吧！」

第二天一早，三人穿過娘子關，進入平定縣。桑治平笑着對張之洞說：「從此刻起，我們就進入了你的領地，變為你的子民了。」

張之洞也笑着說：「還沒有接過大印、王旗哩，我還管不了這塊土地。」

大根說：「趁着這幾天還未接印，四叔你多走些地方，一接過印，就沒有自在功夫了。」

張之洞感歎：「大根這話說得對，一入官衙，則身不由己。」

桑治平說：「所以我一生不做官，沒有管束，倒也自由自在，痛痛快快的。」

三人一邊說，一邊來到內城下。

桑治平說：「登娘子關都是從內城門上，外城門不能上。」

大根笑道：「山西人自私，修了個關樓，只能讓本省人上。」

張之洞說：「大根這話錯了。自古設關，都是為着防備別人的，當然外面不能上，只能從裏面上。」

娘子關樓不高，大家很快便登上了樓台。樓台上有幾個守關的兵丁。通常時候，關樓任遊人上下走動，兵丁並不過問。

張之洞在樓台上信步走着，遙望娘子關內外形勢。這裏果然是晉冀兩省的天然分界處。關樓南北均是一眼望不到邊的蜿蜒山嶺，猶如一道屏障般地把華北大地分成兩處。關樓北側的桃河，水流湍急，氣勢奔放，給娘子關增添無限風光。

張之洞對站在一旁眺望遠方的桑治平說：「此地形勢，真是險要無比，一夫當關，萬夫莫開，說得一點都不錯。」

「是的。」桑治平說，「所以當年李淵造反，派一隊娘子兵把守此地，關外的數萬隋兵就是進不來。」

「戰國時代，韓、趙、魏三家都是強國。我今天登上娘子關，看關西山河，的確有一股雄奇之氣。但為何這幾十年來，山西卻貧瘠不堪呢？」張之洞望着桑治平問道。

「這就是要你撫台大人前來解答的問題喲！」因張之洞提到了韓、趙、魏三國，桑治平突然想起一個比娘子關更有意思的去處。「香濤兄，當年趙氏孤兒，你知道被藏在哪裏嗎？」

那還是三晉未曾分離的時候，晉國大夫趙朔被晉景公殺害。趙朔死前將遺腹子託付給門客程嬰，程嬰以自己兒子的一條性命換來趙氏孤兒趙武的性命。後人把這段故事搬上舞台，便是有名的《搜孤救孤》。

張之洞說：「聽說程嬰帶着趙武，在一座大山裏隱居下來。不過，我不知道是在山西哪座山裏。」

「就在附近的山裏呀！」桑治平得意地說。

「真的？」張之洞興奮地問，「這座山叫甚麼山？」

「原叫盂山，就因為躲藏了趙氏孤兒，就改名藏山了，離此地只有三四十里路。」

「山上有甚麼東西可看嗎？」張之洞最喜名山勝水，尤其是那些與歷史典故相聯繫的山水，若在不遠處路過，他是非得繞道去看看不可的。

「有哇，我那年去看過。」桑治平興致盎然地說，「那裏有亭閣廟宇，有龍鳳二松，還有祭祀程嬰、公孫杵臼等人的報恩祠，還有藏孤洞，還有傅山的題詩。」

「傅青主的題詩，你記得幾句嗎？」張之洞欣喜地問。

傅山字青主，是明末清初山西籍的大學者、大書畫家、大醫學家，他拒絕接受康熙皇帝給他的高官，一直在家鄉過着清貧的布衣生活，在山西民間享有極高的聲譽。

「我還大致背得。」桑治平定定神，背了起來，「藏山藏在九原東，神路雙松謖謖風。霧嶂幾層宮霍鮮，霜台三色綠黃紅。當年難易人徒說，滿壁丹青畫不空。忠在晉家山亦敬，南峯一笏面樓中。」

「那我們去看看！」張之洞思古之幽情立即被傅山的詩激發出來。「仲子兄，你帶路吧！」

三人順着桃河河谷向西偏北方向走去。一陣陣西北風迎面吹來，風乾冷而勁厲，給三晉大地帶來的是一片蕭瑟肅殺之氣。百姓都躲在泥棚子裏貓冬去了，荒原上的泥土和生物都凍得硬硬的，整個世界彷彿只有他們三個人在野外行走。但新上任的山西巡撫的心中卻並沒有寒意，他在熱情充沛地構思整治這塊土地的宏圖大計。

張之洞冒着刺骨的冷風，邊走邊對桑治平說：「山西在古代也是富庶之地，現在變得如此貧苦。我看一是官吏沒有治理好，二是百姓不勤勞。你們看眼下天氣雖冷，但戶外還是有很多事可做，可大家都縮在家裏，一個都不出來。這種習慣今後要改過來。」

大根笑着說：「這麼冷的天，土都凍得跟石頭一樣，您要他們出來做甚麼呢？」

張之洞說：「怎麼沒有事做？事在人為嘛！可以上山打獵挖藥材呀，可以外出跑單幫呀，還可以放牧呀，可做的事多啦。」

桑治平說：「我漫遊過許多地方，發現一個地方有一個地方的風尚。風尚不同，氣象也就不同。比如海邊的人特別信運氣，所以敢於冒險的人多。淮北一帶強梁人受推重，故那裏多鹽梟馬賊。山西這地方的鄉民的確比較懶散，怕是貧苦的一個主要原因。」

張之洞指着桃河兩岸說：「這一帶土地平坦，又有河水可以澆灌，應是良田沃土，可惜也沒有耕種好。」

大根突然有所發現。他指着前方對張之洞說：「四叔您看，那邊長滿了莊稼，看來這地方還真是好田土哩！」

順着大根的手勢，張之洞看見前邊平整的土地上，果然生長着許多小樹苗樣的植物。再一看，遠遠近近都長着這種東西；放眼看桃河兩岸，也盡是這種小樹苗。張之洞奇怪地說：「這是些甚麼東西，好像從沒見過，咱們走近去看看。」

大家快步走上前去。

這都是些一兩尺高、拇指頭粗細黑褐色的稈稈，有的主幹上還長着更細的枝條，無論是主幹還是枝條，都沒有一片葉子，哪怕是凋敝後掛在上面的殘葉也沒有，一律在寒風中瑟瑟索索地抖動着。若不是成片成片的栽種，這種東西無論長在哪裏，都不會引起人們的注意。

「這是甚麼莊稼？」張之洞彎下腰去，仔細盯着這些光禿禿的稈稈，疑惑地問着身邊的桑治平和大根。張之洞生長在官府人家，從小在書齋裏讀書習字，這些年做的也是學官和京官，對於鄉村裏的農作物不太熟悉。

大根瞪着眼睛看了半天，搖搖頭說：「我也沒見過。山西和直隸差不多，吃的也都是麥子、高粱、包穀、紅薯等等，沒聽說他們還吃別的甚麼糧食呀！桑先生見多識廣，您看呢？」

桑治平已將一根細稈從泥土裏拔了出來，從頭到根部細細地驗看着。他想起十多年前也是從這條路上去藏山的。那時是夏天，一眼望去，桃河兩岸簡直是鮮花的世界。遠遠近近、密密匝匝地開放着紅的、紫的、白的、淺黃的各種顏色的花朵，流光溢彩，香氣襲人，一羣羣蜂蝶在花叢中忙忙碌碌地穿梭飛行，更給鮮花世界增添一派蓬勃生氣。桑治平遊歷大半個中國，還沒有見到過這等絢爛至極的美景。他懷疑自己走錯了路，如同武陵人誤入桃花源似的，踏進了人間仙境。登上藏山後，他眺望四野，竟然發現藏山腳下廣袤的土地上，一望無際地全是這種令人眼花繚亂的鮮花。他以羨慕不已的心情問當地人，答曰：「這是罌粟花，鴉片就是從這裏出來的。」

桑治平一聽「鴉片」二字，剛才滿腔的愉悦頓時煙消雲散，心緒一下子變得悲涼起來：這種害人的毒品，怎麼會如此光天化日之下大量種植？官府為何不禁止？後來，桑治平在山西許多地方都看到這種大片大片明亮絢麗的鮮花世界，他的心情再也高興不起來了。

他從種花人那兒知道，罌粟是兩年生的植物。先年九月播種，秋天發芽，越冬生長，第二年夏天開花，秋天結果。現在正當秋天發芽的那些罌粟苗拔稈生長的時節。如此看來，這必是罌粟無疑了。他臉色凝重地將這個判斷告訴張之洞。

張之洞聽後大吃一驚：「這麼好的河谷之地怎能種鴉片，這不是從老百姓的口中奪食嗎？」

他用憤怒的目光重新將四周打量了一遭，心情變得沉甸甸的。他突然覺得，壓在他肩上的「山西巡撫」這副擔子，將會是異常的沉重！攀登名山、憑弔古蹟的文人雅興，立時被當家人的責任感驅趕得一乾二淨。他斷然扭過身子：「不去藏山了，咱們去找幾個鄉民問一問！」

在重返通往太原府的官馬大道兩旁，張之洞又發現許多連片的罌粟苗，卻沒有看到多少越冬的麥苗。他不停地發出感歎：「不種莊稼種毒卉，這是怎麼回事嘛！」

前面人煙房屋漸漸多起來，馬道左側有一個石柱，上面刻着「蔭營鎮」三個大字。

張之洞對大根說：「你先走一步，到鎮上找家乾淨的小酒店。我們到那裏去吃午飯，順便跟店家聊一聊。」

一會兒，大根返回來說：「蔭營鎮上只有一家小酒店，又小又不乾淨，怎麼辦？」

張之洞說：「入鄉隨俗，乾淨不乾淨，不去管它了，只要有人聊一聊就行。」

三人來到酒家門口。沒有招牌，也沒有店名，惟一的標誌是門前插一根丈餘高的木杆，上面懸掛一塊寫着斗大「酒」字的布簾子。一個披着一身破舊羊皮袍的中年人在門口招呼。

張之洞對桑治平說：「這可應着陸放翁的一句詩了。」

「衣冠簡樸古風存。」桑治平笑着答。

「正是，正是。」

三人走進酒店，裏面擺着四張破舊發黑的白木桌子，旁邊有的有凳子，有的沒凳子。中年男子掏出一塊髒兮兮的抹布，放在一張較為完整的桌面上，一邊抹一邊滿臉堆笑地招呼：「客官請坐這裏。」同時順手將鄰桌的一條長凳子拉過來，給這張桌子湊上三條凳。

張之洞一行來到這張桌子邊。

大根問：「你這裏有甚麼東西好吃？」

「我的店雖小，但甚麼東西都有。」中年男子笑着說，「有牛肉、羊肉、雞肉，有饃，有餅，還有好酒：杏花村、汾河春、娘子酒都有。」

「娘子酒是甚麼酒？」大根好奇地問。

「這娘子酒是唐代傳下來的。據說是當年守娘子關的平陽公主釀造的。酒不烈，最適宜女人和不大會喝酒的人喝。客官要不要來兩斤嚐嚐？」

中年男子操一口濃厚的鼻音敍說着。張之洞見他口齒尚伶俐，心裏想：此人心裏看來尚明白，查訪，就得找這樣的人。便微笑着說：「你是店家嗎？」

「店是我開的。」

「貴姓？」

「小姓薛。」

張之洞笑道：「薛仁貴的後代了。」

攀。」

「不敢當。薛元帥雖是我們山西的大英雄，但我家世代貧窮，可能不是薛元帥的後代，不敢高

薛老闆笑着說，雖否認是薛仁貴的後代，但看得出他還是喜歡聽張之洞這句話的。

張之洞說：「打兩斤娘子酒，再炒四個菜，烙一斤半餅。」

薛老闆答應一聲後走進廚房。沒有多久，酒、菜、餅都上了桌。

張之洞說：「薛老闆，你跟我們坐坐，說說話，我請你喝酒。」

薛老闆忙推辭。

桑治平說：「這位張先生去太原城一家票號做事，第一次來山西，對這裏的事很感興趣。他請你喝酒，沒別的意思，只是想聽聽你說點當地的風俗習慣，隨便聊聊，不要客氣。」

薛老闆聽說是去票號做事的先生，暗想：這或許是個賺大錢的人，跟這種人聊天，說給鄉親們聽，也是件臉上光彩的事。他不再講客氣，又從一旁桌子邊拉過來一條凳。四方桌，剛好一人坐一方。

大根給大家斟好酒。張之洞嚐了嚐菜。四道菜，道道菜都是酸酸的，除開酸味外，幾乎辨不出別的味道。他想，山西人愛醋，真正不假。

張之洞和薛老闆漫無邊際地聊着天，作為一省的最高官員，他對山西的一切都有極大的興趣。

「你們蔭營鎮屬哪個縣？」

「屬平定縣。」

「縣太爺你們見過嗎？」

「您取笑了，我們怎麼可能見得到縣太爺？縣太爺在平定做了六年的縣令了，只到過我們蔭營鎮一次。」薛老闆回憶着，「那一天午後，我正在店裏收拾桌面，突聽得一陣『哐、哐』的鑼聲傳來，有人說，縣太爺來了。我趕緊出去看熱鬧。只見一隊握着明晃晃刀槍的兵丁走在前面，後面是八個敲銅鑼的衙役。再後面是四個舉牌子的大漢，大漢後面一頂大轎子，轎簾遮得嚴嚴實實的，別人說縣太爺就坐在裏面。轎子後面又是一隊兵丁。這一隊人馬直朝鎮上大財主韓家走去。說是韓家為接縣太爺，已做了五天五夜的準備。」

張之洞聽了這段演敘，心裏暗暗吃驚：一個七品銜的官，在京師真可謂芝麻綠豆一點兒大，想不到在地方做了個縣令，便如此鋪張排場，真是可怕，何況山西是這樣一個貧瘠之地！

張之洞又問：「老百姓的日子過得下去嗎？」

「唉！」未及答話，薛老闆長長地歎了一口氣，「張老爺您不知道，我們這裏的老百姓苦哇！」

薛老闆端起酒杯，慢慢地喝了一口娘子酒，手邊的筷子卻沒動。放下酒杯，他又歎了一口氣。

「光緒三年大旱，我們這裏方圓幾十里顆粒無收。四年，老天爺幫了點忙。五年、六年，連續兩年又旱，至今尚未恢復元氣。冬天沒有衣服穿，出不了門的，十家有五六家。春荒期間，出外討吃度日的，十家有二三家。勉勉強強，可以用雜糧野菜度日的，十家只有一二家。至於吃好穿好的，百家難有一家。我們蔭營鎮，也只有韓家富足。他家祖上有人做官，留下兩三百畝好地，現在又有人在太原衙門裏做事，有些頭臉，只有他家的日子好過。」

桑治平和大根聽後，心裏悶着氣。

張之洞面色凝重地問：「百姓生活苦，除天旱外，還有別的原因嗎？」

「除天旱外，官府的勒索也是一個大原因。差徭啦，攤派啦，一年到頭不斷，老百姓簡直沒有伸腰的時候。比如小店裏這些肉和餅等食物，附近老百姓是一年到頭都吃不上的。不瞞老爺說，我們自家人也吃不起，這都是為過往客官準備的。我就是靠這個小店，一家五口人才勉強過日子。」

「薛老闆，我們在蔭營鎮四處看到一大片一大片的黑色苗稈，請問那是甚麼莊稼！」張之洞沒有說出罌粟的名字，他希望從店家的嘴裏得到證實。

「張老爺，那哪是莊稼，那是罌粟苗。」薛老闆不用思索，便一口回答了，心裏想：這位老爺大概是從不出門的人，連罌粟苗都不認識！想到這裏，他覺得實在有必要再補充兩句，「這罌粟，就是用來熬鴉片膏的。您是有錢人，鴉片煙一定是吸過的。」

「我沒有吸過鴉片煙。」張之洞冷冷地說。

薛老闆見這位張老爺頓時沉下臉來，心裏有點不安，他不知自己剛才的話錯在哪裏，正思離開飯桌，一眼瞥見門外有兩個人正在朝酒店走來，便悄悄地說：「門外兩個人是我店裏的常客。那個矮胖子是專做鴉片生意的，另一個瘦長子是陽曲縣的師爺。他們倆今天結伴一起了，等下我招呼他們與您坐一桌，您正好和他們聊聊天。」

說話間，矮胖子和瘦長子進了門。薛老闆滿臉堆笑地迎上前去，把他們二人領到張之洞的桌子邊，異常熱情地介紹：「這是太原府票號裏的張老爺。」

矮胖子和瘦長子一齊抱拳：「久仰，久仰！」

張之洞對鴉片深惡痛絕，若在平時，他是決不會理睬這個做鴉片生意的矮胖子的，但現在為訪實情，不得不改變態度。於是站起來，伸出一隻手，做出一副江湖豪爽的氣概來，笑着說：「我們能在此處見面，也是緣份。我做東，請二位賞臉，在我這裏喝幾杯。」

轉過臉對薛老闆說：「你再打一斤汾河春，添兩盤牛羊肉來。」

矮胖子、瘦長子忙說：「張老爺太客氣了，這如何使得！」

大根坐到桑治平的身邊，把自己那一方坐位讓出來。客套一番後，鴉片販子和師爺都坐了下來。薛老闆也將酒和肉端了上來。

鴉片販子自我介紹：「敝人姓陳，是個生意人，只要有錢賺，甚麼生意都做。」

師爺也自我介紹：「敝人姓杜，在陽曲縣衙門混碗飯吃。請問張老爺在太原府哪家票號坐莊，敝人日後去太原，也好前去拜訪拜訪。」

杜師爺這句話把張之洞給噎了。他從沒去過太原，如何知道太原城裏有哪幾家票號？桑治平想起了那張燙金請柬，忙代為回答：「張老爺在泰裕票號幫忙。杜師爺到太原時，還請賞臉光臨。」

「哦！泰裕票號，那可是太原城裏的最大票號呀！」杜師爺笑得滿臉泛起數不清的皺紋。「我有幾年沒去太原城了。泰裕的孔老闆和我很熟，我們是老朋友。」

其實，這個杜師爺與泰裕票號的老闆孔繁崗連面都沒見過，只是聞其名而已，順手把這個大闊佬拉來做朋友，無非是在陌生人面前抬高自己的身份而已。

「鄙人一向在京師做事，這次受朋友之託去泰裕票號，連山西都還是第一次來哩。」張之洞怕杜師爺再來問他孔老闆及泰裕票號的事，遂先把情況說明白。

聽說張之洞還沒有過去太原，杜師爺放心大膽地吹噓了：「孔老闆是個仗義疏財的好漢子，和我最是投緣了。我每次到太原，他都要親自來客棧看我，請我上城裏最好的酒樓。你今後在孔老闆手下做事，他不會虧待你的。」

杜師爺滿滿地喝了一口汾河春，又夾了一大塊牛肉在嘴裏死勁地嚼着。大根看在眼裏，心裏想：這怕不是一個師爺，說不定是哪個師爺家混白食吃的餓鬼。

張之洞問陳販子：「聽酒家說，你這幾年在山西做鴉片膏生意。請問你，這山西種植鴉片的情況如何？」

鴉片自明代輸入中國後，兩三百年來在中國經歷了一段曲折的過程。最初，鴉片是作為一種功能神奇的鎮痛藥進口的。稍後，一種鴉片與煙草混合吸食的方法傳了進來。這種混合品吸了後，遠比單獨吸煙草過癮。它能使人精神亢奮，情緒激發，一旦上癮後，則非吸不可，然長久吸食，人就慢慢變得乾枯黑瘦，神志頹靡。到後來，吸食鴉片煙泡的方法，在廣東被人無意間發明。這種鴉片煙泡比混合品效力更大，它使人吸後感覺更舒服，更容易上癮，毒害人也更厲害。吸鴉片者一個個骨瘦如柴，精神昏墮。英國商人見鴉片有大利可獲，便通過海船把鴉片大量運進中國。

中國的白銀源源不斷地外流，國人則一天天的虛弱頹廢，這個局面引起了有識之士的注意。他們預見到，長此下去，中國必定會亡國滅種。從嘉慶朝開始，朝廷屢有禁煙的上諭下達，但地方上不予理睬，禁煙令成為一紙空文。

真正認真執行禁煙命令，雷厲風行開展禁煙運動的，是著名的林則徐。他以欽差大臣的身份南下廣州，坐鎮禁煙第一線，與英國商人堅決鬥爭，並在虎門焚燒了英國煙商二百多萬斤鴉片。

虎門禁煙，大長中華民族的志氣，大滅英國奸商的威風，是一次中國人民自尊自重自強自立的偉大愛國壯舉。然而，此舉招來了英國的瘋狂報復。他們用鐵艦大炮逼得道光皇帝屈服，不僅嚴厲處分禁煙的英雄林則徐，還簽下屈辱的南京條約。從此，英國的鴉片又大量地向中國傾銷。

外國的鴉片不能禁止，便有人提出乾脆弛禁，對進口的鴉片索取高稅，並允許中國民間種植罌粟。一來以此抵制外國鴉片的大量傾銷，阻止白銀外流，二來國家課以重稅，增加國庫收入。那時，朝廷正與太平軍在江南激戰，軍餉極缺，只要能變出銀子來，甚麼事都可以做。這個建議立即被採納。朝廷公開向「洋藥」（外國進口的鴉片）和「土藥」（國內自產的鴉片）一齊收稅。於是，鴉片交易成為一種合法的買賣。國內開始大量種植罌粟，公開生產鴉片，其中尤以雲南、貴州、四川、山西、陝西等省為甚。

到了同治末年，太平軍和捻軍相繼撲滅，內地大規模的戰爭逐漸結束，軍餉的緊張程度略有緩解。於是，鴉片煙帶給社會的嚴重禍害，又引起朝野有識之士的憂慮，要求禁煙的奏疏紛紛遞進大內。朝廷再次禁煙。

世界上不管甚麼事情，倘若反覆折騰幾次，此事必定辦不好；也不管多麼大的人物，倘若他一而再地朝令夕改，此人必定沒有威信。

禁煙，這樣一場包含錯綜複雜的利害關係在內的全國性的大事，如此禁而弛、弛而禁，它如何會辦得好！身為九五之尊，出爾反爾，言而無信，他如何能樹立威信！因而，各地種罌粟的、熬製鴉片膏的，以及吸煙販煙的人，全然不把禁煙的命令放在眼裏，如同廢紙般地看待那些煌煌上諭。

陳販子便是對抗者之一。他並無半點顧忌地告訴張之洞：「山西全省各地都有種罌粟的。盂縣、平定一帶還不算最多，種植面積最大的在晉南曲沃、垣曲、運城那些地方。」

桑治平問：「據你看來，山西種植罌粟的土地有多少？」

陳販子摸了摸瓜皮帽說：「具體有多少畝地我也說不上，依我看，山西的好田好土總有一半種上罌粟苗了。」

這句話令張之洞大為吃驚，沉重的心緒又加重一分。他疑惑地問：「種這東西究竟有多大的獲利？」

「獲利大着哩！」一觸及到「獲利」二字，鴉片販子頓時來了神。「我這幾年在山西收購鴉片膏，按成色分上中下三等。上等一兩二錢銀子一斤，中等一兩，下等七錢。收成好，一畝地可收鴉片膏五十斤到六十斤，最不好的也有三十斤左右，通常可收四十多斤，也就是說可賣到四十多兩銀子。若不種罌粟而種莊稼的話，即使種麥子，又收成好，一年下來，也只能得到三四兩銀子。若種包穀、高粱等雜糧，則只有一二兩銀子的收入。罌粟苗是先年秋天下種，第二年秋天收穫，就按兩年計，一年也可收入二十多兩銀子，是種莊稼的六七倍。」

「怪不得都種這號東西，不種莊稼了。」大根恍然大悟。他舉起酒壺，一邊給陳販子斟酒，一邊問，「這東西怎麼變成了鴉片膏的？」

「這很簡單。」陳販子笑着說，「每年七八月間，罌粟花凋謝半個月後，就有一個個小青包出來。這就是罌粟果。每天晌午過後，用大鐵針將罌粟果刺三五個小孔，立即便有羊奶一樣的東西從果內流出來，凝結在果皮外。過一夜，到第二天早晨，用竹刀刮下來，放進陶盆裏，再陰乾，變成一塊塊的。成色好的是黃黑黃黑的，不好的是烏黑烏黑的。這主要與氣候土地有關。這就是鴉片了，但是生的。」

「有生的，就有熟的了。」大根好奇地問，「熟的鴉片又是怎麼製出來的呢？」

「有幾種辦法。」鴉片販子以一種行家的口氣説，「一種是煎熬。將生鴉片用木炭文火輕輕地煎，慢慢地熬。一種是發醇，像發麵一樣的，加一點酵母進去，讓生鴉片發開，再放到風口裏風乾。第三種是將生鴉片放進陶罐子裏，加進上好的山泉水，用火來煮。煮乾後，再加水接着煮，一連煮乾三次，就行了。這三種辦法，手法不同，目的一個，都是用來去掉生鴉片中的雜質和那一股不大好聞的生氣。熟鴉片是棕色的，頂好的熟鴉片有一種亮光光的感覺。熟鴉片燒成煙泡，吸起來，又醇又香，效力又大。」

大根從來沒有嚐過鴉片煙的味道，聽鴉片販子這麼説，禁不住問：「鴉片煙吸起來是個甚麼味道？」

「我來説給你聽。」杜師爺在一旁，如同聞到鴉片煙香，早就喉嚨癢癢的了，眼下沒有鴉片吸，説一説也可以解解渴，過過癮。「小兄弟，你聽我説。先點起小小的亮亮的煙燈，罩上透明的沒頂的燈罩，再將一小塊熟鴉片往瓷盆上一放，把一根長長的細細的煙匙往瓷盆上一擱，然後再懶懶地鬆鬆地往煙床上一躺，斜斜地彎彎地將煙匙挑起一粒黃豆大的鴉片膏，慢慢地耐煩地在煙罩邊烤。等鴉片膏漸漸地膨脹擴大，成了一個小泡的時候，再拖過一桿兩尺多長的煙筒來，將煙泡往煙鍋裏一放，再對着沒頂的燈罩上點燃，這就可以抽吸了。」

杜師爺的唾沫滿嘴湧出，他喝了一口酒，狠狠地將這些饞水壓進肚裏，繼續侃道：「吸一口，滿嘴噴香，渾身來勁。吸兩口，通體舒服，神清氣爽。吸三口，胸懷暢適，心境豁然。吸四口，眼前一片光明燦爛，景星慶雲。吸五口，靈魂出竅，升入天堂。那時天地間光彩輝煌，心臆間祥雲奔湧，一切煩惱都飛到爪哇國外，頃刻間便有飄飄然羽化登仙之感。世上一切樂趣，此時都不算樂趣了，惟有這吸食鴉片之樂，才是人間至樂。」

杜師爺嘴停了，但眼並沒有睜開。他這一番對人世間至樂的描繪，已讓他自己先出神入化，不能自拔了。

大根也聽得有點入迷了。他想：此刻若有可能的話，他一定會照着杜師爺所講的程序一步步去做，連續吸它五大口，親身領略飄飄然羽化登仙的樂趣。

張之洞鄙夷地望着黑瘦乾枯的陽曲縣師爺，心裏罵道：你們這批上癮入魔的鴉片鬼，看本撫台如何來收拾你們！

他強壓心中的惱怒，問：「杜師爺，鴉片煙如此之好，那你一定是常常吸了。陽曲縣衙門裏別的人吸嗎？聽說鴉片煙是夜晚吸，影響白天的公事嗎？」

杜師爺嘿嘿笑道：「不瞞張老爺說，鄙人只要手頭有點錢，便會送給那個煙燈去燒掉。陽曲縣從縣令到衙役，無人不吸。咱們的徐太爺，更是天天都要過過這個癮。他老人家舒服，吸煙的銀子自有人送上門來，不像我們這些人還要為此發愁。徐太爺每天上半夜喝酒打牌，下半夜吸煙聽曲，天亮時才上床睡覺，日上三竿還在夢中。午飯時才醒過來，每天也只有午後兩個時辰才辦點公事。也不知哪輩子積的德，不到四十歲的人便享福如此。我杜某人這一生，哪怕能過上一年這樣的日子，死了也心甘。」

陽曲縣師爺這幾句發自肺腑的讚歎，令張之洞的心冷到冰點。全省一半的好田土不種莊稼而種毒卉，已令他心痛氣悶，但那是愚民為了謀生而走的斜道，雖令人傷心，卻尚情有可原，而堂堂的陽曲縣官府，竟是讓這樣一批貪吸鴉片、貽誤公事、揮霍民脂、縱情享受的昏官混吏把持着，這怎麼不令人心摧膽裂、悲憤填膺！陽曲乃太原府首縣，在全省百餘個州縣中處於領袖地位。陽曲如此，偏遠之縣必更甚之。這樣一個破爛不堪的山西省，張香濤呀，看你這個巡撫如何當下去？你籌謀的宏圖大願能實現嗎？

張之洞這樣思來想去，眼前的酒肉再也無心吃了。杜師爺、陳販子還在興致十足地與大根、桑治平高聲談笑着，他卻一句也沒聽進去。

「我倒要去會一會這位徐太爺！」張之洞在心裏尋思着。

6 遭遇的第一個縣令便是鴉片鬼

離開蔭營鎮的第三天上午，張之洞一行來到陽曲縣城。

陽曲是座古老的縣城，位於山西省垣太原之北不到百里地，向為太原府首縣。張之洞見到的陽曲縣城，房屋老舊，街巷坎坷，市面蕭條，偶爾幾家半開半閉的店舖裏坐着一兩個夥計，形容猥瑣，目光呆滯。貨架上物品稀少，灰塵滿佈，那情景，就像是從來沒有人上門買過東西似的。時時可見低矮的屋檐下蜷臥着幾個衣衫破爛奄奄待斃的老人或小孩。乾冷刺骨的西北風迎面吹來，張之洞情不自禁地縮起脖子，從身上到心裏，他都有一種冰冷冰冷的感覺。

在一個比叫化子強不了多少的行人指點下，張之洞一行來到縣衙門。

縣衙門前有一棵年代久遠的大槐樹，樹根有一部分裸露在乾裂的地面上。張之洞突然想起兩句唐詩：「縣老槐根古，官清馬骨高。」前一句恰好與陽曲縣合轍，可惜官不清廉，馬骨大概也不會高了。這正應了「風物依舊，人不如昔」的老話。

已是巳正時分了，縣衙大堂的門仍然關得緊緊的，看來那個杜師爺沒說假話。一個身穿黑布棉襖的中年男人，正板起臉孔訓着身邊的白髮蒼蒼的老太婆：「給你說過幾遍了，你就在這裏候着，徐太爺有要事，還沒坐衙門哩！」

老太婆一臉的愁苦：「大哥，徐太爺還要多久才坐衙門？」

中年男人不耐煩地說：「我怎麼知道還要多久！或許一個時辰，或許兩個時辰，也或許今天就不坐衙門了。」

老太婆哀求道：「大哥，你行行好，請徐太爺出來坐衙門吧，我今天還要趕回去哩！」

「哼，哼，好大的口氣！」中年男人冷笑道，「你叫徐太爺出來，徐太爺就出來了？你今天趕不趕回去，與他老人家有甚麼關係。少囉嗦，還是老老實實在這兒候着吧！」

張之洞看在眼裏，心裏一股怒火早已憋不住了。他走過去，也不看那個吃衙門飯的人一眼，徑直問老太婆：「老人家，您為何要見徐太爺？」

老太婆見張之洞一行人都穿戴得整整齊齊，心裏尋思着一定是與衙門有關的人，便忙回答：「老爺，我是來向徐太爺告狀的呀！我一個孤老婆子，無兒無女，一年到頭，就靠餵幾隻雞、養幾頭羊換點糧食糊口。前些日子，鄉裏辦公事的人到我家，要我交六百文錢。我問交這錢做甚麼？那人說，這是上頭派的，按人頭出錢，收了錢去修路呀，架橋呀，還要辦飯款待省裏來的大人、府裏來的老爺呀。我說我一個孤老婆子，哪有這多錢出，上半年才出了四百文，這會子又要出六百文，我哪出得起？那人說，上頭要每人出八百文，看你是個孤老婆子，只出六百文。出不出？不出，牽頭羊去抵。我說我沒錢，他們就真把我的一頭母羊牽走了。老爺，你來幫我評評，世上有這個道理嗎？」

張之洞氣得鼓鼓的，心裏想：這幫子辦公事的人，怎麼這樣不通人性，把個孤老婆子的羊牽走，這不是要人家的命嗎？

他壓下火氣，和悅地問：「老人家，你說的都是實話嗎？」

老太婆馬上賭咒：「我說的都是實話，若有半句假話，明天出門就被馬踏死，車壓死！」

張之洞這才轉過臉來，冷冷地問那個中年男人：「你是縣衙裏甚麼人？」

這個中年男人在聽張之洞與老太婆的對話時，心裏就在想：這幾個人是做甚麼的？聽口音不是山西人，是過路客，還是來陽曲做買賣的商人？從他們三人是步行來看，必定不是做官或做大買賣的，何況衙門也沒有接到過有貴客往來要好好打點的滾單。中年男人斷定張之洞一行是幾個愛管閒事的過路客，又見他面孔冷淡，更覺得受到侮辱似的，遂狠狠地盯了張之洞一眼，說：「老子在衙門裏做甚麼，關你甚麼事？」

張之洞本是一個肝火旺烈又對個人尊嚴看得極重的人，往日裏，憑着才學和地位，人人都在他的面前客客氣氣的，今日身為三晉巡撫，山西省的各級官吏，近千萬百姓都在他的管轄之下，竟然有一個小小的縣衙役敢對他不恭，他不由得怒火中燒。

他一時忘記了自己的巡撫身份並未公開，拿出撫台大人的架子吼道：「你好大的膽子，敢在本部院面前這樣說話！快去，把徐時霖叫出來，我要教訓教訓他！」

原來這中年男子乃縣衙門裏的一個小班頭。縣衙門裏有三班：緝拿罪犯的叫快班，在衙門值班保衛的叫壯班，給犯人行刑的稱皂班。這男子是縣令徐時霖的一個遠房親戚，現在充任壯班頭目。

這壯班頭在衙門裏也混了幾年，見張之洞的口氣這樣大，直呼縣太爺的名字，又自稱本部院，心裏便生出幾分怯意來。他知道部院就是都察院，各省巡撫通常都掛個都察院左副都察使的空銜，所以巡撫也可以自稱本部院。照這樣說來，眼前的這人要麼是京師來的都察使，要麼是現任的巡撫。但他再盯着張之洞看了一眼後，立即便否定了剛才的想法：此人其貌不揚，棉帽布袍，沒有半點大官的氣派。他又看了桑治平和大根一眼，也看不出絲毫闊僕惡奴的模樣。他是甚麼人？是不是喝多了酒的醉漢？

壯班頭將適才的神態略為收斂一點，偏着頭說：「徐太爺現在有要事不能出來，我是衙門裏的班頭，你有甚麼事跟我說吧！」

一旁的大根早已不耐煩了：「不要囉嗦，把你們的太爺叫出來！」大根的一雙大眼睛鼓得圓圓的，頗有幾分兇相，壯班頭情不自禁地退了半步。

桑治平悄悄地對張之洞說：「到了太原後再說吧！」

桑治平的建議是有道理的。巡撫身份既未公開，受到冷遇可以理解；若辦公事，又顯然有許多不便之處，不如先到太原履行正式手續後再說。若是別人也許會這樣做，但張之洞嫉惡如仇，又急躁如火，明知此行只是實地調查，要辦事是要等到接過大印、王旗之後，但他不能容忍一個縣令廢弛公務，尤其不能容忍這種廢弛又是因吸食鴉片而引起的。手無寸權的時候，尚且要彈劾不法之徒，何況現在是實權在握？

他盯着壯班頭，以不容反駁的命令口氣說：「你去把徐時霖叫出來，我要和他當面說話！」

壯班頭見張之洞執意要見徐時霖，知道不是酒喝多了的醉客，而是來頭不小不好惹的硬角色。他不得不收起剛才的不恭，擠出幾絲笑容：「那你們就跟我來吧！」

張之洞回過頭想與老太婆打個招呼，卻不料老太婆早已嚇得溜走了。張之洞三人跟在壯班頭的後面，繞過大堂，來到二堂側邊的一間內客廳。壯班頭叫他們在這裏等候，自己一人走進了後院。

徐時霖天亮時才撤了煙燈睡覺，此時好夢正甜，壯班頭的打擾，他極不情願。本不想起來，聽壯班頭詳細敘說一通後，他的腦子才開始轉起來。

比起衙役來，徐時霖畢竟要聰明得多。他知道巡撫衛榮光已奉命外調，關於張之洞出任晉撫的諭旨，下達到太原也近一個月了。山西官場都在議論這個聲望滿天下的清流名士，傳說他的種種不同流俗的性情脾氣。身為太原府首縣的徐時霖，當然也很關心誰來做巡撫。對於山西的各級官員來說，此事的重要性，甚至要超過誰在北京登基做皇帝。這正是那句俗話說的：「天高皇帝遠，不怕現官怕現管。」難道真的是張之洞來到陽曲？以他的名士習氣，輕車簡從赴任不是不可能的，但至少太原府裏會有這方面的傳聞呀，早兩天才從太原回來，為何就沒有聽到一點消息呢？

徐時霖滿腹狐疑地起床洗漱，懶懶地整頓衣冠鞋襪，足足磨蹭了兩刻來鐘，才蹣跚地來到會客室。見張之洞怒容滿面地端坐在那裏，他心裏忽然冒出一股畏懼感來，立即端正態度，走前一步，客客氣氣地對着張之洞洞三人作了一個揖，自我介紹：「鄙人乃陽曲縣縣令徐時霖，有失遠迎。」

見徐時霖的態度尚好，張之洞的怒氣減去了許多。他指了指旁邊的一把椅子，以主人的身份說：「你坐下吧！」

徐時霖愣了一下，心裏嘀咕：這是我的衙門，憑甚麼由你來指揮？但身子已不由自主地坐了下來。

「你既是這裏的縣令，我來問問你：大白天的，你為甚麼不坐堂理事？你吃着喝着民脂民膏，老百姓要找你訴苦求助，你為何躲着不見？朝廷將百里之地交給你，你為何如此漫不經心？」

一連串的追問，如同審訊犯官一樣的，將陽曲縣令弄得心虛氣喘，背上發毛。他竭力掩飾自己的不安，答道：「鄙人剛才與一個鄉紳在商討要事，未能坐堂。」

張之洞以威嚴淩厲的目光盯着徐時霖，見他睡意惺忪，眼圈發黑，神態倦怠，大怒道：「胡說！你分明是昨夜飲酒作樂，吸食鴉片，光天化日之時，仍在床上酣睡不起。你不好好認錯，還在本部院面前撒謊，是何居心？」

壯班頭說過來人自稱「本部院」，此時又是一句「本部院」，徐縣令不免一驚，他顧不得當堂受責罵的羞辱，怯怯地問：「請問，您是……」

大根在一旁以宏亮的嗓音，無比自豪地代為回答：「新任巡撫張大人已來到陽曲縣兩個時辰了，你還不跪下迎接！」

果然是張之洞來了！怎麼一點兒消息都沒有？徐時霖不敢叫張之洞出示身份證明。倘若沒有錯，就憑這點便得罪了新來的巡撫，何況今日的處境本已狼狽。他急急離開椅子，走到張之洞面前，雙膝跪下：「卑職不知大人駕到，有眼不識泰山，請大人海涵！」

桑治平見徐時霖這副模樣，心裏冷笑不止。

「徐時霖，你身為縣令，吸食鴉片，犯了朝廷的禁令，你知不知道？」張之洞審視着跪在面前的陽曲縣正堂，也不叫他起來。

對吸食鴉片一事，徐時霖不敢承認，也不能否認，他只得連連叩頭。

張之洞又問：「陽曲縣有多少土地種鴉片，你知道嗎？」

徐時霖停止叩頭，答道：「陽曲縣有一百二十萬畝土地，約有半數好地種了鴉片。」

張之洞倒抽一口冷氣，又問道：「你近來是否下令叫老百姓按人頭交八百文錢？」

徐時霖急忙分辯：「大人，沒有八百文。太原府有令，按人頭每人交兩百文錢，以彌補辦公事的虧空。陽曲縣今年也虧空很多，卑職於是照太原府例，每人上交四百文錢，兩百文送府，兩百文存縣。大人明鑒，卑職並沒有叫百姓上交八百文呀！」

徐時霖似有滿腹委屈。這明擺着是下邊的人也在學上司的辦法，加倍辦理。上樑不正下樑歪。陽曲縣令便是這濫徵民稅的源頭！

「你是哪年到的山西，甚麼出身？」

「回稟大人，卑職八年前放的山西候補知縣，足足等了六年，前年才補的陽曲縣。卑職乃監生出身。」

監生得候補知縣，自然是大堆銀子起的作用。探花出身的張之洞，一向看不起非正途出身的官員。在他看來，真正有本事的人，自可通過考取舉人、進士來取得官職；若舉人、進士都考不起，便不是做官的料子，只能尋點別的小事去養家糊口。沒有做官的真本事，又偏要拿大堆銀子來買官做，這種人無非是想藉朝廷所給的權勢來盤剝百姓，謀取私利。此乃最為可恥。他知道這是當年與長毛作戰軍餉匱乏，朝廷不得已而採取的下策。此途一開，不知有多少貪劣之人藉以擠進官場。本已弊病叢生的官場，經此輩一攪，更不知又添多少弊病！即使長毛平定後就停止捐納一途，也已造成了無窮的禍害，何況十多年來並未停止，那些以高利借來大批銀子，擬補缺後掘地三尺還錢肥己之徒，還在源源不斷奔競於此途上，國家的吏治何能不壞？

張之洞早就想上一個大摺子，建議停止捐納，並全部清退捐納出身的縣令知府。只是此事牽涉面太廣，而朝廷也一定不會採納。朋友們都勸他不要挑起事端，他只得隱忍作罷。現在好了，山西的事可以由自己說了算。整飭吏治，就先從這批政績惡劣又是捐納出身的府縣開始！

見張之洞長久沉吟不語，徐時霖獻媚：「大人一路辛苦，請在陽曲休息兩天，容卑職再把詳情稟報。卑職立即去安排酒飯，為大人一行洗塵接風。」

徐時霖邊說邊站起，正要轉身出門，張之洞喝道：「你給我站住！」

徐時霖忙站住，兩隻腿禁不住輕輕搖晃起來。張之洞走到他的身邊，瞪起兩隻大眼嚴厲地訓道：「你在這裏老實呆着，本部院立即奏明朝廷，參掉你這個庸劣誤事的陽曲縣正堂！」

說罷，帶着桑治平、大根邁過門檻，揚長而去。客廳裏，徐時霖的兩條腿不停地抖動着，頭一陣發暈，幾乎要癱倒在地。

第二章 投石問路

1 得知周武王酒爵是徐時霖的禮品，張之洞頓生反感

張之洞接過大印、王旗，做起山西巡撫已經快一個月了。剛到太原那幾天的時候，他幾乎都在酒宴上打發了。先是即將離開山西去江南任江蘇巡撫的衞榮光請客。衞榮光是前任，關於山西的一切，張之洞都想向他請教，他請客自然非去不可。席上，衞榮光說的全是不着邊際的應酬話。飯後茶室裏兩人聊天，他也是東一句西一句，不得要領，張之洞很為失望。接着便是藩司葆庚請客。巡撫之下就是藩司了，今後天天要和此人打交道，他請客，能不去嗎？

圓頭圓腦的葆庚，殷勤得幾乎令張之洞難受。中午在趙氏酒樓設盛宴款待，他一個勁地挾菜斟酒，介紹山西的名酒名菜。葆庚是個美食家，說起這些來滔滔不絕，根本無張之洞插話的餘地。趙氏酒樓上的宴席剛剛結束，杏花塢的夜宴又開始了。酒酣耳熱之際汾河園的戲子又唱起了堂會。

葆庚拿起戲單硬要張之洞點戲，張之洞於此道不通，也無興趣，推託不掉，忽然想起京師皮黃有一齣戲叫《玉堂春》，說的就是山西的事。他隨手翻開戲單，果然上面有一折《蘇三起解》，便用手點了點：「就唱這個吧！」

「好，大人真是行家！」葆庚摸了摸油光水滑的下巴，笑瞇瞇地說，「到了山西，非聽這個戲不

可！」轉臉吩咐身邊的跟差傳令立即準備。

一會兒，一個滿身紅色囚服卻嬌滴滴的青年女子，被一個化妝成三花臉的矮胖老頭，用繩索牽着走了上來。那女子唱的是山西梆子調，雖然歌喉悽楚婉轉，張之洞卻聽不明白她在唱些甚麼。身旁的藩司則眼睛一動不動地盯着那個女囚犯，手掌輕輕地拍打着椅子，聽得入迷了。猛然間，藩司意識到，決不能只顧自己聽而冷淡了撫台大人，忙側過身笑着對張之洞說：「蘇三剛才這句『洪洞縣裏無好人』真是唱得好。洪洞縣裏的好人的確不多，那裏的民風至今還要比別的縣刁滑些。」

張之洞聽了這句話，覺得好笑，便說：「戲文裏的這句話，真的是事實嗎？」

「真的！」葆庚一臉正色地說，「洪洞縣裏的刁民，在山西省是出了名的。過段時期空閒了，我陪大人到洪洞縣去走走，大人自然就相信了。」

張之洞笑着說：「不怕葆翁見笑，我的祖上就是洪洞縣人！」

葆庚先是吃了一驚，隨後馬上滿臉堆笑地說：「大人這是指責我，講我這句話說得不對。」

「不是。」張之洞臉上沒有絲毫笑意，「我的祖上的確是洪洞縣人。先祖張本，永樂十五年，從洪洞縣遷到直隸。先住瀟縣，兩代後才遷居南皮。」

沒想到無意中的一句話竟然傷了撫台大人，葆庚嚇得頭上直冒冷汗，慌忙起身，雙手抱拳，對着張之洞直打躬：「冒犯了大人，罪過！罪過！我實在是不知道，還請大人寬恕才是。」

「坐下，坐下！」張之洞哈哈大笑，「葆大人不要在意。戲裏的事發生在明代嘉靖年間，那時我的祖上早已是南皮人了。洪洞縣的民風刁滑是那時開始的，與我張氏祖先無關。」

葆庚這才放下心來，一邊坐下，一邊大笑着，趁機衝淡剛才的窘迫。他實在捨不得眼前這個美麗的蘇三，兩隻小眼睛又重新將她盯得死死的。正在興味盎然時，葆庚突然聽到輕微的鼾聲。他轉眼一看，原來是張之洞已經睡着了。他不做聲，又去看蘇三。直到這折戲唱完，蘇三下去了，藩司才輕輕地拍了拍張之洞的肩膀。

張之洞睜開眼睛，說：「唱完了？」

「唱完了。」藩司說，「大人再點一曲吧。」

張之洞說：「不聽了，我要回去睡覺了。」

「好，不聽了，回家去吧。」葆庚傳令下去之後，又對張之洞說，「大人是喝多了點。我家有上百年的陳醋，我叫廚子為大人調一碗魚羹湯。今晚就委屈在寒舍裏歇息如何？」

張之洞忙說：「那不行，那不行！」

葆庚十分關切地說：「大人，如果寶眷一道來了，我自然不敢請大人這麼晚了還去寒舍。只因寶眷未同來，大人今夜傷了點酒，倘若夜裏不舒服，我如何擔當得起！所以請大人權且到寒舍住一晚，明天一早再回衙門，決不會耽誤公事。」

張之洞聽了這話，對葆庚的關懷備至頗為感動。他自己在這些方面很粗心，難得為別人想得這樣周到，但畢竟這麼晚去吵煩人家是不妥當的。

見張之洞尚在猶豫，葆庚輕輕地對他說：「大人，我請你去，還想請你幫我鑒定一樣古董。我對這門道不通，幕友說那是商紂王用過的酒器，我不太相信。大人是有名的鑒賞家，去幫我辨識一下如何？」

張之洞有好古的癖好，世間之物，凡沾上一個古字，他便有興趣。古字、古畫自不必說，即使是一塊年代久遠的破瓦片碎磚頭，他也視為珍寶。那年，他和潘祖蔭聊天，說起炎炎夏日，以何物消遣為妙的話題。兩人你一言、我一語：拓古銘，讀古碑，談古泉，論古印，用古硯，檢古書，樣樣離不開一個古字。聽說是商紂王用過的酒器，張之洞眼睛一亮，倦意立消：「好！到府上去看看。」

葆庚歡喜無盡，立刻傳令備轎。兩頂綠呢大轎被前呼後擁地抬進了藩司衙門。一進大門，張之洞便迫不及待地要葆庚把古董拿出來。

葆庚說：「大人稍坐一會兒，喝點魚醋羹吧！」

張之洞說：「不必太麻煩，我的酒已消了。」

「嚐嚐味吧！」葆庚說，「寒舍的魚醋羹不僅醒酒，而且味道奇佳。」

一會兒，僕人送來兩小碗湯。葆庚親自端了一碗遞給張之洞，然後自己也端了一碗。張之洞喝了一口，又鮮又酸，味道真正美極了。他連喝三口，只覺得滿肚子酒氣全部消去，精神頓時振作起來，猶如睡了一頓安穩覺剛剛醒來似的。他連連誇道：「好湯！好湯！」

葆庚說：「只要大人喜歡，我今後常常給大人送點去。」

張之洞忙說：「那太勞神了。今後我叫廚子到府上來學，只要你的廚子能把這手絕活傳給他就行了。」

葆庚說：「要是別人來學，我的廚子是絕不傳的，大人的廚子當然例外。」

喝過了湯，葆庚這才把古董拿出來，又特地吩咐多加幾根蠟燭，把客廳照得亮如白晝。張之洞接過古董細細地鑒賞。這古董大約有五六寸高，三隻腳托起一個魚肚式的容器，容器的一端高高翹起，如同雀兒的尾巴。另一端是一個斜斜的槽子，中間的一段肚子較大。在肚子與尾巴之間有兩根寸把高的小柱子。熟悉古代器物的人一看就知道這是古代一種名叫爵的酒器。

「這是爵。」張之洞指着古董對葆庚説，「是商代很流行的一種酒器，酒裝在中間的肚腹中，手提着這兩根小柱子，手一偏，酒就順着斜槽流入口中。」

葆庚興致十足地托起爵，照張之洞説的在嘴邊試了一下，説：「這樣喝酒真有意思，這爵肚腹大，怕可以裝下四兩酒。」

張之洞説：「這一種比較小的。大的爵，武將喝的，可以裝得下一斤多酒。」

葆庚説：「一爵酒還沒喝完，先就醉了。」

「不會醉。」張之洞以一種行家的口氣説，「那時候的酒都是果子釀造的，沒有現在的酒烈。王侯們一天到晚在酒池肉林中過日子，如果酒像現在的烈，那能喝得多少？」

「還是大人學問大。」葆庚笑着説，「我看戲時，常見台上古人喝酒，從晚上喝到第二日天亮，心裏納悶：怎麼有這大的酒量？聽大人這麼説，我心裏明白了，原來那時的酒是果子釀的。果子酒我也可以從早喝到晚，又從晚上喝到天亮的。」

張之洞再次從葆庚手裏接過爵，細細地研究起來。

葆庚説：「幕友説，這是商紂王用過的，大人看是不是？」

張之洞將爵上下左右仔細地看了幾遍，然後以堅定的口氣説：「這不是商代的，這是西周初期的。」

「大人從哪裏看得出不是商朝而是周朝的？」葆庚湊過去，一邊看爵一邊問。

「商周的差別在這裏。」張之洞用手指着爵表面上的紋飾說，「你看，這是條雙頭龍。從現代出土的商代爵上，還沒有見過這種紋飾。商代爵上的紋飾多為魚、龜、鳥、馬、夔、饕餮、虬、鳳等等。也有龍紋飾，但都是一個頭，沒有兩個頭的。只有周朝初期出土的爵，才開始出現雙頭龍紋飾。所以，這隻爵應是西周初期製造的。」

「大人的學問了不起！」葆庚從心底裏發出讚歎，稍後一會，他又說，「周在商之後，如此說來，這隻爵的價值就要低一些了。」

「不！恰恰相反，這隻爵的價值要比商爵高得多。」

「為何？」葆庚又喜又疑地問。

「商朝末期，風氣奢靡，從宮廷到各級官衙，都終日沉浸在酒色之中，終於害得商朝滅亡了。周武王鑒於此，在立國之初便大力禁酒，並禁止酒器的製造。故商代的酒器極多，而西周初期的酒器極少。物以稀為貴，故這隻爵的價值要比普通的商爵高得多。你這是哪裏來的？」

「這是去年陽曲縣令徐時霖送的。」葆庚誠懇地對張之洞說，「常言道，寶劍贈壯士。我不懂古董，徐時霖送給我，真是委屈了它，大人真正是個行家，這隻爵到大人手裏，可算是物歸其主了。大人，我送給您吧！」

徐時霖？張之洞聽了這個名字後，立即警覺起來。他想，徐時霖那樣一個極端瀆職的縣令，居然沒有受到一點處罰，是否就是靠送禮來討好上司呢？如此看來，這隻爵已不是一個普通的古董了，而是一個行賄受賄的物品。葆庚今夜把這送給我，說不定其背後的用心，與當時徐時霖送給他是一樣的。想到這裏，張之洞不覺心裏顫抖了一下。儘管他十分喜歡這隻極為罕見的周武王時期的酒爵，也深知這隻酒爵的價值，卻仍然毫不猶豫地做出決定：「葆方伯，謝謝你的好意，這隻爵你自己好好珍藏，我要回衙門去了。」

見張之洞陡然變了態度，葆庚大為驚奇，滿臉尷尬地說：「大人，夜深了，明早再回衙門吧！」

「起轎！」張之洞無視葆庚的尷尬，頭也不回地向大門走去。

回到衙門，張之洞心裏很久不能平靜。他由徐時霖想起陽曲縣，想起陽曲縣市面的蕭條，想起衙門前那個白髮蒼蒼、形同乞丐的老太婆。他又想起蔭營鎮的貧困，想起沿途的罌粟苗。山西的百姓這樣貧苦，山西的民生如此凋敝，作為一省之父母官，怎能一天到晚在酒肉歌舞中消磨呢？這能對得起太后、皇上的聖眷，對得起自己平生的抱負嗎？

第二天一早，張之洞傳下話來：不管是誰，不管他的面子有多大，所有的宴請一概不出席。話剛傳出去，臬司方濬益便氣喘吁吁地來到巡撫衙門，幾乎用哀求的口氣請撫台大人賞臉，因為酒席已定好，陪客的帖子已發出，戲園子裏的戲也早已點好。張之洞板起面孔，不鬆半句口。過會兒，山西陸路提督又急急忙忙地趕來。提督還沒坐穩，冀寧道道員王定安又來了。緊跟在他後面的是太原首富、泰裕錢莊的孔老闆也進來了。幾個人七嘴八舌，苦苦相求，無非一個內容：賞光吃飯、看戲。張之洞越聽越煩，越聽越氣。他刷地起身，鐵青着臉對着眾人說：「我張之洞來山西，是來吃飯看戲的，還是來效力辦事的？你們這樣喋喋不休，究竟是看得起鄙人，還是看不起鄙人？鄙人為人，從來是說一不二，絕不更改。諸位今後若是願意跟鄙人合作共事，現在就請打道回府，各自勤於國事；若是再留在這裏，鄙人就不客氣了。」

說罷，拂袖離開大堂，弄得這些極有臉面的大人物個個臉上無光，心頭沮喪，灰溜溜地退出巡撫衙門。

2 衛榮光向後任道出山西的弊端

張之洞每日天未明即起，半夜方睡，中午也不上床休息，實在累得不行了，則閉着眼睛躺在椅背上養一會兒神。他輪流在衙門裏召見山西各級官員，從兩司到道府，基本上都見到了。有的詳談一天不夠，則留在衙門過夜，第二天再談。有的談不到半個時辰，他便揮手打發走了。山西有八十多個縣，他不能在短時期裏召見所有的縣令，準備今後在巡視中再一一晤談。他沒日沒夜地查閱近幾年來的文書檔案。錢糧刑名，過去他一直生疏，現在不得不硬着頭皮鑽研，不放過每一個細節。他抽空到晉陽書院去拜訪山長石立人老先生，與他懇談了一個下午。又看望了在書院裏的莘莘學子。他還專程到太原城外去視察軍營，在軍營裏住了兩個晚上，看士兵們操練演習，與他們在一個大鍋子裏吃飯。他常常打扮成一個普通人的模樣，帶着大根在太原城裏的大街小巷蹓躂。餓了則隨便找一處小飯舖吃飯，渴了則就近到小戶人家討口水喝。趁着吃飯喝水的機會，他詢問百姓的日常生活，聽取他們對官府的議論。這期間他又打發桑治平到晉北一帶去實地查訪。近日，桑治平回到太原，將查訪所得一五一十地作了匯報。就這樣，二十餘天下來，張之洞對山西省的官場士林、民情世風有了一個大致的了解。

前任巡撫衛榮光本來在交卸印信之後，便應離開山西赴任，但因感染風寒，暫留太原治療。張之洞家眷未來，巡撫衙門後院依然讓衛榮光一家居住，只在前院東廂房撥出幾間來供他和桑治平、大根起居。一有空閒，張之洞便去後院走走，看看衛榮光，問一問病情，也隨便聊一聊瑣事。

這段時間裏，衛榮光眼見張之洞天天如此辛勞，而幾乎絲毫不顧及自身，心裏感慨良多。他是個在官場上混了幾十年的人，由知府做到巡撫，官場裏的一切，他都爛熟於心。越到晚年，官做得越大，他的行事越謹慎，膽子越小。年初，山西巡撫曾國荃升任陝甘總督，他也由山東藩司升為山西巡撫。巡撫乃封疆大吏，地方官做到這一步，也算到頂了。苦熬三十年，終於熬到今天，也不辜負此生了。初來太原赴任的衛榮光，有一種心滿意足的感覺。他自思年紀已近花甲，並無特殊的才幹，朝中又沒有過硬的靠山，今生的最大願望便是保住頭上這顆珊瑚起花紅頂子，再過幾年平安致仕，這一生就順順利利風風光光了，上可告慰列祖列宗，下可表率後世子孫。就這樣，衛榮光在山西十個月，面對着百病叢生的現狀，他既不思革故除舊，也不想創建佈新，他的治晉方略最高目標是保持平穩，不出亂子。對於以名士身份來到山西的張之洞，衛榮光並不抱信任的態度。三十年來，無論是京師中的名士，還是地方上的名士，衛榮光接觸的太多了，其中固然不乏名不虛傳者，但大多名不副實，有的甚至徒有虛名，百無一用。

冷眼觀察張之洞二十多天後，他發現張之洞與通常的名士還是大有不同。至少，他不赴宴席，不受禮品，天天起早摸黑勤於政事，便難能可貴。翰林出身的衛榮光，從小接受詩書禮儀的熏陶，畢竟在內心深處還有一股道義感和責任感。他決定在離太原之前，要把自己所知的山西情況跟張之洞詳詳細細地談一談。近幾天來，衛榮光已經基本痊癒，後天就要啟程南下了。這天晚上，他來到前院張之洞的房間，向這位比自己年輕十多歲的後任告別。衛榮光主動來拜訪，這還是第一次，張之洞十分欣喜地接待。寒暄客套一番後，衛榮光開始切入正題。

「張大人，二十多天來鄙人因生病未能協助你，眼見你天天一早忙到晚，無片刻休息，內心既佩服又深覺不安。」

張之洞聽了這話，心裏略覺驚訝。這些天裏生病是事實，但剛到太原那幾天，他身體好好的，也並沒有配合交卸之事。好幾次見面，張之洞剛一涉及山西的政務大事，他便含含糊糊的，語焉不詳，顯然是心存芥蒂。身為前任巡撫，衛榮光的這種態度，頗為難以理解。好在他任晉撫時間不長，插手的事也不多，具體事宜，張之洞盡可從衙門吏目那裏獲知。有些非要問衛榮光的事，他也不自己去問，而是打發有關人員去請示。兩任之間就這樣交接，雖有諸多不便，卻也沒誤大事。今夜，衛榮光主動來訪，並主動談起政事，莫非他的態度有些改變？作為前任，即使任期再短，再不管事，他的地位使得他必定比旁人要多掌握一些情況。張之洞是多麼迫切地盼望前任跟他坦誠交談啊！

張之洞雙手端起茶杯遞給衛榮光：「衛大人，請喝一口茶，權當我敬的一杯酒！」

衛榮光忙雙手接過，連說：「不敢當，不敢當。」說罷抿了一口。

「衛大人，您叫我張大人，我的確承受不起，您還是叫我香濤吧！」張之洞誠懇地說，「咸豐癸丑年，您進翰苑時，我張香濤不過是一剛中舉的少年，您名副其實是我的老前輩。」

張之洞此話不是客套。翰林是講究輩份的。這輩份不以年歲分，而以進翰林院的科別為區分。後一科的翰林例稱前一科的為前輩，對早兩科以上的人，則要稱老前輩。張之洞是同治癸亥科的翰林，比起衞榮光來，足足後了五科，叫衞榮光老前輩是理所當然的。

衞榮光聽了這話心裏高興，嘴上卻說：「你現在正是如日中天，我已成老朽，眼看就要日落西山了。」

「家賴長者，國仗老臣，何況衞大人不過五十多歲，朝廷依畀之日還長哩！」探花出身的張之洞不僅奏章詩文做得好，口才也極佳，隨隨便便的幾句話，都可以說得既得體又動聽。

「這些天裏，我總想請您多多賜教，見您身體違和，又不敢多打擾，每次都抱憾而返。現在您身體已痊癒，後天就要啟程離開太原，我真是依戀不捨。衞大人，您是知道的，我一來年輕，二來又初放外任，沒有一點從政經驗。我深恐有負太后、皇上重託，又怕不能為三晉百姓辦好事，對不起近千萬父老鄉親。我每天都有臨深履薄之感。衞大人，」張之洞說到這兒，雙手捧起衞榮光兩隻冰冷的手，以極為誠懇的態度說，「無論是有關山西的具體情況，還是如何做一個好的方面之員，在您的面前，我都不過是一個學子而已，請千萬不吝賜教！」

張之洞的態度令衞榮光頗為感動，他用自己的手將張之洞的雙手握了一下，表示領了這個後任的情。然後鬆開手，端起茶杯，慢慢地喝了一口。放下茶杯後，他緩緩地說：「你的這種心情我是能理解的，我也有這個責任將山西的有關情況對你說說，只是這段時期賤體一直不適，未能如願，今夜我們好好聊聊吧！」

「我洗耳恭聽。」張之洞把座椅向衞榮光的身邊移動了一下，以示自己的誠意。

「山西這個地方，十多年前，在長毛、捻子作亂的時候，號稱完富之地，其實根本不是這麼回事。我先後在湖北、山東做過司道，對這些省比較了解，山西比起湖北等省來，真是糟糕得很。」衛榮光操着帶有豫中口音的官腔敍述着。

張之洞點點頭說：「我來到此地儘管時間很短，也已感到壓力甚大，正如面對一團亂絲，不知從何理起才好。」

「香濤賢弟，」張之洞說得那樣誠懇，衛榮光不再以「張大人」相稱，稱呼的改變使張之洞覺得彼此的關係拉近了許多。「你來的時間不久，才看到一團亂絲。時間一久，你就會知道，此地不是一團亂絲，而是一灘爛泥，易於陷進而難於拔出，至於整治，則幾乎無望。」

「幾乎無望」這四個字，令張之洞心頭一顫。

「衛大人，您說說山西的問題主要有哪些？」

「山西的弊病第一在窮困。」衛榮光慢慢地說，「歷史上，山西原本是富強之地。戰國七雄，有三個國家是從晉國分出去的。直到隋末，太原仍是全國重鎮，故有李淵父子起兵反隋，造就了大唐王國。唐朝詩文繁榮，山西文人獨領風騷，便是明證。到宋代之後，國家重心南移，明代以後都城定在北京，三晉便逐漸冷落下來。除開外部原因之外，山西的被冷落是因為自己的貧困，而貧困首先又是因為山多地少、土地瘠薄的緣故。百姓貧苦，各級衙門稅收則少，稅收一少，則捐攤就多。這捐攤便成了山西的第二個問題。」

陽曲縣那個老太婆所訴的就是捐攤苦水，桑治平從晉北回來，也說老百姓最恨的就是官府的捐攤。張之洞皺着雙眉說：「第一是貧困，第二是捐攤。貧困多半是老天爺造成的，這捐攤則完全是官府所定。我們為何不可以免去捐攤，以蘇黎民？」

「賢弟啊，你有所不知。有的捐攤可免，有的捐攤則是難以免去的呀！」衛榮光歎了一口氣，端起茶杯。張之洞忙從火爐上提起瓦壺，親手給衛榮光斟滿。衛榮光喝了一口，接着說下去。

「山西有幾個大的捐攤，就沒有辦法免去，因為這是朝廷造成的。比如說，朝廷每年要山西解平鐵八萬餘斤、好鐵二十萬斤，這二十八萬斤鐵，包括腳費在內，朝廷只給一萬一千餘兩銀子，實際費用三萬九千餘兩。這一萬一千餘兩銀子是乾隆初期定的價，到現在已百年出頭了。百年裏，哪樣東西不是成倍的漲價，可朝廷給山西的鐵銀卻一文未增。山西是窮省，藩庫拿不出這麼多銀子，不攤到各州縣又怎麼辦呢？」

張之洞在心裏沉吟着：看來這的確是一件大事。每年兩萬八千兩銀子，對於山西來說，實在是一筆不小的數目。這些年來都是轉嫁到老百姓身上去了，讓老百姓來承受這筆沉重的負擔。戶部怎麼這樣不明事理呢？

體質仍然虛弱的衛榮光覺得身上有點冷，他將凳子向爐邊靠攏。張之洞猛然想起，隨身帶來的簡單行囊中有吳秋衣所送的四株靈芝，便從行囊裏拿出來送給衛榮光。

衛榮光仔細欣賞這四株碗口大閃着黑紅色光澤的靈芝，知道的確不是凡品。張之洞執意要把四株都送給他，他再三推託不成，最後只得接受兩株。

「衛大人，您剛才說的鐵捐，確實是一項大的捐攤。聽說還有一項絹捐，也是民憤極大的。」有這兩株靈芝草的效用，張之洞和衛榮光之間的談話氣氛變得更為融洽。

「是的。嘉慶時期開始，朝廷便每年向山西索貢綢絹一千二百疋。近十多年來，因為百姓生活苦，綢絹賣不起價，織造綢絹的作坊基本上都改了行，山西交不出這多綢絹，戶部則規定少交一疋絹，則用十兩銀子來抵，於是每年又多出這項費用。這一萬多兩銀子，也只得向各州縣攤去，這便是絹攤。」

衛榮光的精神比剛進門時強多了，他喝了一口茶後又說了起來：「還有一筆大費用，即每隔三年一次的文武鄉試，鄉試照例由陽曲縣承辦。辦一屆鄉試至少要三萬兩銀子，陽曲縣如何負擔得起，只得由巡撫衙門出面，向全省各州縣攤派，平均每年要一萬兩以上。這是幾項大的無法豁免的捐攤，還有其他形形色色、各州縣自定的捐攤，加起來有二三十項之多，這些銀錢往往都加在百姓頭上，百姓怎能負擔不重？又怎會不怨聲載道呢？」

「地裏收成這樣差，老百姓的銀錢從哪裏來呢？」張之洞面色憂鬱地發問。

「老百姓有甚麼辦法呢？他們只好不種莊稼而種罌粟。廢掉糧食而種毒卉，他們不是不知道如此不好，但種罌粟獲利是種莊稼的十倍，這叫做逼良為娼。」衛榮光氣憤地把手中的茶杯往茶几上狠狠地一放。

張之洞似乎突然明白了許多事理。那一天，踏進娘子關後所見到的罌粟苗，曾引起他極大的憤恨。他恨山西的農人，怎麼如此昧良心，不道德；他恨山西的州縣官吏，怎能如此公然容許小民犯禁違法！原來，「嗜利忘義」的背後有它一言難盡的苦衷！

接印還沒有幾天，他就準備下一道命令給各州縣：限令三天內全部鏟除罌粟苗。桑治平建議他暫緩下令，待把全省的情況摸清楚後再說。他接受了這個建議。現在看來，要鏟除罌粟，不是一紙命令就可以辦得到的事，若官府的捐攤不大加削減的話，強行鏟除罌粟也並非就是一件很好的事。

張之洞非常感激衛榮光的剖析：「衛大人，看來這廢莊稼而種毒卉，就是山西的第三大弊病了。」

「可以這樣說。」衛榮光點點頭，繼續他的話題。「此弊病所造成的後果極為嚴重。一是種罌粟雖可賺較大的利益，但畢竟不能果腹充飢，平常年景可以用銀錢去買糧食，到了饑荒年，都沒有了糧食，拿着錢也是空的，這就是前兩年山西乾旱而餓殍遍野的原因。二是山西大量種罌粟，造成土藥價大大低於洋藥價，遂使得吸食鴉片在山西泛濫成災。」

「我到太原這些日子以來，所接觸的人大都臉色青黑，身體乾瘦，可能都是吸多了鴉片煙的緣故。」

「香濤老弟啊，你還不知道，山西吸鴉片已到了令人驚恐的地步。我的一個幕友這樣估計過：鄉間十人約有四人吸，城市十人約有七人吸，至於吏、役、兵三種人，幾乎十人有十人吸。這個估計雖然有點誇大，但大致也差不多。鴉片煙一定要根除，不然的話，整個山西，從城市到鄉村，從官場到民間，很快都會爛掉。老弟，這個事要靠你來辦了。」

瞬時間，張之洞真有點頹然氣沮之感：早知道山西是這樣一個污濁之地，真不該來，在京師做個侍郎，不僅事情少多了，而且還可以免去與這多鴉片鬼打交道，眼不見心不煩呀！但很快，他便從沮喪中掙脱出來。他是個稟賦剛烈、好強好勝的人，轉念又想：當我張之洞把山西這個爛攤子整頓好後，太后、皇上、京師的友朋、天下官員們就可以看到我的本事了。想到這裏，他斬釘截鐵地說：「衛大人，您放心南下，我非要把鴉片在山西徹底根除不可！」

「好。到底是年輕有為，我已近老朽，這種話就說不出來。」

「衞大人，據說山西的藩庫有三十年沒有清查了。許多人都說那是一筆糊塗賬。我想在我手裏辦一下這件事，您給我指教指教吧！」

聽了張之洞這句話，衞榮光晦澀的目光一下子明亮起來。他不是一個糊塗人，當了十個月的晉撫，已看出山西一切弊病中的最大弊病，就出在這個財政混亂上。一個省的藩庫居然三十年不清，豈非咄咄怪事！賬目糊塗，豈不人為地造成給管理賬目人以貪污挪用的機會？剛上任時，衞榮光也想有所作為，也曾動過清理藩庫的念頭。但此念一出，便招致不少人的勸阻，第一個出來勸阻的人便是藩司葆庚。衞榮光心裏明白，葆庚做了多年藩司，親管藩庫。一旦清理起來，第一個便要碰着他，也會牽連到許多現任的官吏。說不定，還會牽涉到曾國荃的身上。那個功勳蓋世而又剛愎自用的曾老九，可不是一個好惹的人。以明哲保身為最高原則的衞榮光只在想過幾天後，便腦子冷靜下來，迅速打消了這個念頭。但衞榮光自身不是一個貪墨的人，眼見得一批國庫蠹蟲不得懲罰，他心裏也不甘，只要不傷害自己，他還是希望這些蠹蟲被抓出來。無論從律法道義上來說，還是從個人心志上來說，清除侵吞公款的貪官污吏，他總覺得快慰。那麼，就鼓勵眼前這位素以名節自律，不怕擔風險，敢於任事的後任者來幹吧！

「老弟，清理藩庫這件事，你是不是真的做？」衞榮光兩眼盯着張之洞。

「我真的要做！」張之洞的口氣堅決，沒有絲毫的猶豫。

衞榮光頗為滿意地點點頭：「若真的要做，就要一做到底。我比你癡長十多歲，在地方上混的時間也比你久，閱歷教給我一個書上沒有的知識。」

衞榮光說到這兒稍停了一下。張之洞趁機又把椅子向前移了一步，他知道這種閱歷得到的知識遠比書齋裏讀來的學問要可貴的多，一個字都不能漏掉！

「對於一個從政的官員來說，面對一件大事，在動手做之前，先要將各種可能出現的情況都考慮到。能做的話，則一做到底，不達目的，決不罷休；不能做的話，則乾脆不做。半途而廢，比起不做來，後果要更嚴重得多！」

這的確是經驗之言。張之洞雖然沒有這方面的經驗教訓，但冷眼旁觀政壇，他也見過有人就栽倒在這點上。今夜，由這個浮沉官場三十年的老前輩口中說出，其份量自然更重。

張之洞十分誠懇地說：「衞大人，您這話真正是金玉良言，我將終生銘記於心。」

「山西藩庫的賬目，三十年未清，我剛來太原時也很覺奇怪，也有過清一清的想法，但後來終於未動手，就是鑒於剛才講的這個原因。不怕老弟見笑，我身體不強健，耐不了繁劇，年歲大了，膽氣也越來越薄弱，深恐引起更大的麻煩，故敷敷衍衍地這樣過來了。老弟願意來做這件事，我是非常贊同的，只是我再次提醒你，此事一旦動手，就一定要硬着頭皮頂下去，今後會有很多預料不到的囉嗦事出來，你都先要有個準備。」

「衞大人，你放心。」張之洞離開椅子站起來，挺直在衞榮光的面前。「我張之洞才幹或許不大，但從來膽量大，骨頭硬，不怕妖風鬼火。為朝廷辦事，為百姓辦事，哪怕革職丟官也不在乎，即便把命墊在這裏，我也在所不惜。」

這番話，使得稟賦懦弱的衞榮光大為激動，過去他多次讀過張之洞那些風骨凜凜的奏疏，總想那不過是些豪言壯語而已，離實實在在的行動還差得遠哩！現在他彷彿看到了一個表裏如一、言行一致的真名士，一個一身正氣、大義凜然的國家幹臣。他不由得從心裏生發出敬佩之情來，也跟着站起，拍着張之洞的肩膀說：「賢弟，你有這樣的準備，那就甚麼都不用害怕了。站在你的面前，我自覺慚愧，我沒有為山西做點有益的事，我後天就要離開這裏了，今夜我願意為賢弟竭誠幫一點忙。」

張之洞忙握着衞榮光的手說：「衞大人，請坐下，坐下說。」

兩人一同坐下後，衞榮光頗為動情地說：「賢弟被擢升為晉撫，真正是太后、皇上的英明。自古說一道籬笆三個樁，一個好漢三個幫，賢弟欲幹此大事業，沒有人幫襯是不行的。山西官場儘管庸員多，能員少，但以我的十個月經歷，也發現幾個可以信賴的人。我以至誠公心給你推薦幾個，算是我這個前任對你所作的唯一幫助。」

張之洞聽了這句話，心裏太高興了。山西弊病如此多，固然是他憂愁的事，而更憂愁的是初來乍到，他對山西官吏的賢庸智愚不清楚，縣令以下的人幾乎還沒有見過面，且不去說，就是見過面的府道兩司，也還談不上有個甚麼評價。有的人面善心卻不一定善，有的人能言並不一定能幹，有的人又恰好相反。從來識人辨人是最棘手的事，也是最高深的學問。常言道「路遙知馬力，日久見人心」，說的是識人辨人要有一段長時間，但各種事情都需要立即着手辦，不允許有一個長時間讓你去從容做一番識辨工夫。這時若有人將自己長時間所積累的人才袋抖給你，這是一個多麼及時的饋贈！張之洞這段時間來，已從多處知道衞榮光大體上還算一個正派人，沒有結黨營私等方面的傳聞。今夜的長談，也使張之洞對他有一個較好的印象。應該說，他推薦的人是可以信任的。

張之洞滿臉笑容地說：「衞大人，你給我的這個幫助真正是雪中之炭。你慢慢說，我記一下。」

張之洞說罷，坐到案桌邊，握筆鋪紙，準備記錄。

衞榮光沉思良久，然後慢慢地說：「臬司方濬益，才能平平，但品行尚可。學政王可莊，人正直，學問好，山西士子多有讚譽者，但他從不願過問地方事情。關於山西興文辦學等事，可以放心讓他去做。地方上的事情，王可莊也可備諮詢。大同府同知馬丕瑤，此人廉惠剛明，辦事能幹。去年在永濟縣令任上，革除差錢數萬緡，早兩年在臨晉縣任上，辦理災情最為妥善。汾陽縣令方龍光，仁厚愛民，為政有方。朔州知州姚寬澄操守廉潔，政事勤明。交城縣知縣錫良，為官廉潔。萬泉縣知縣朱光綬廉潔慈祥。太原縣知縣薛元釗廉樸誠實。這六位都是可以相信的人。」

張之洞手不停筆地把衞榮光的話全部記錄下來。心裏想：過段時期親自到這幾個縣去走走看看。如果真是這樣的話，應盡早奏明朝廷，將他們破格提拔上來，委以重任。眼下清理藩庫，正需要人手，也可以從中調兩三個到太原來經辦此事。張之洞正在默想時，只見衞榮光重重拍了一下腦門，大聲地說；

「我真是糊塗了，有一個極重要的人物忘記說了！」

「哪一個？」張之洞放下手中的筆，起身朝衞榮光走過來。

「閻丹初閻敬銘老先生！」衞榮光不自覺地提高了嗓門。

「是的，閻丹老！」張之洞興奮地說，「我們山西還真的隱居着一位國之瑰寶哩！」

「閻老先生寓居山西十多年，光緒三年又奉旨視察山西賑務，對山西情況十分明瞭。過段時間有空了，你可以去晉南拜訪拜訪他。」

「他還在解州書院主講嗎？」

「還在那裏。」

「身體怎麼樣？」

「上個月，解州知府來太原，閒聊中說起過他。據知府說雖有點小毛病，但不礙事，身體還算健朗。」衞榮光說到這裏，起身說，「天不早了，我要回去睡覺了，你也早早安歇！」

張之洞緊握衞榮光的手說：「衞大人，謝謝您今夜的來訪。後天，我親自送您出城。」

送走衞榮光後，張之洞獨自面對着燈火，長久地思索着。

3 張之洞決定做出一兩件醒目的大事來

接連幾天，張之洞在處理完日常政務後，就和桑治平一起商談如何治理山西的問題。有時半夜醒來，他也會為此而再也不能安眠。他深深地體會到，比起當年做洗馬、學政來，巡撫身上的擔子要重十倍百倍以上。

經過近一個月的查訪、詢問，尤其在與衞榮光的懇談後，山西的情況，張之洞已是胸中有數了。衞榮光那夜歸納的貧困、捐攤、罌粟、藩庫的幾大弊病確實很嚴重。還有一個大問題，衞榮光沒有説到，張之洞是強烈感受到了，那就是山西官場的腐敗：貪污普遍、受賄成風、公事懈怠、唯務鑽營。好的官吏，除開衞榮光所開列的外，張之洞也聽説還有幾個，但在整個官場中，這些人只佔少數。正如衞榮光所説的，山西已是一個爛泥坑。究竟怎麼辦呢？張之洞苦惱着，焦慮着。

他想，首先應該把這些情況如實向太后、皇上稟報，要取得朝廷的諒解和支持。

罌粟要鏟除，這是毫無疑義的。但是幾十年來，對鴉片的禁弛，朝廷反反覆覆的，一會兒禁，一會兒弛，現在又居然公開徵稅。既已徵税，豈不意味着合法！若是有人據此抗拒鏟除罌粟呢？這是一場牽涉着許多人利益的大事，必須要請得聖旨，才能名正言順、大張旗鼓地在全省各地全面鋪開。

捐攤這件事更應該詳細奏明。因為這實際上是戶部的失職而強加給山西的額外負擔。豈有百年前核的價，一直沿用，不做絲毫調整的？山西幾乎不產絹綢了，為甚麼還要山西出這份貢品？山西是貧省，豈能以十兩銀子的高價來代替一疋絹綢，這不是勒索嗎？張之洞真不明白，這是戶部的那些老爺糊塗、不負責任，還是朝廷無錢，有意將負擔轉嫁各省？十兩銀子代一疋絹綢，究竟是戶部作出的決定，還是負責絹貢的官員想出的主意，以貪污中飽？三十多年前，曾國藩曾說過京官顢頇、外官貪劣的話。張之洞想，現在的情形應該合起來概括：京官顢頇又貪劣，外官貪劣又顢頇。今後無論是加補鐵捐的報銷，還是免去絹綢的進貢，都必須得到戶部的同意。此摺必須盡快擬。

清理庫款，此事尤其要上報。張之洞曾多次從久任地方大員的堂兄和姐夫那兒得到過做官的真傳：為官一任，必須要做一兩件醒目的大事。瑣瑣碎碎的小事，做得再多，付出的辛勞再大，到頭來似乎都值不得一提，年終朝廷考績時，那些雞毛蒜皮的事，自己都不好意思上報，而值得報的事又沒有，結果朝廷的考核只能是平平而已，擢升無望。只有集中力量做它一兩件大事出來，把它做得有聲有色，做得熠熠生輝，甚麼時候說起來都臉上有光，甚至在你離任多少年後，當地的百姓還記得起、數得出。這種政績最為重要，是擢升的最好憑據。張之洞將這種為官真傳牢記於心，深信這是十分有用的秘訣。張之萬和鹿傳霖仕途順遂、官運亨通，無疑得力於這個真傳的巧妙運用。年過不惑有着十多年仕途經歷的新巡撫知道，在禁罌粟和罷捐攤這兩件大事上，要做出滿意的成效來，將是十分不容易的。當年以道光爺那樣的英明和威勢，以林則徐那樣的剛強和睿智，鴉片都沒有禁得下來，到後來引起了土藥的全國泛濫，可見這種東西對世俗人的吸引之大。現在山西少說也有數十萬人在種，有上百萬人在吸，要想根除，談何容易，只不過盡其力而為之罷了。至於罷捐攤，朝廷支不支持還不知道。唯一可辦的大事，看來便只有這個清理庫款了。一個省的藩庫，三十年未清查，說起來駭人聽聞，查之於典冊，怕可能也無先例。自己動手來做這件事，已是引人矚目了，清理到最後，總會有一個結果出來，這個結果到底與實際情況吻合多少，誰會來核查呢？只要出以公心，不挾私慾，督促屬下認真去辦，就上可告慰朝廷，下可安撫百姓了。

真是山西歷屆前任留給我的一筆最好的仕宦資產，就看我來如何接收了！張之洞不覺興奮起來，多少日子來的焦慮不安為之一掃。

他安排原在衛榮光手下辦文案的三個幕僚，一人草擬一個題目。至於閻敬銘，他決定由自己來給太后親擬一道密摺。張之洞有一種預感，他覺得閻敬銘很快便會在中國政壇上飛黃騰達起來。離開京師那天上午陛辭的情景，又浮現在眼前——慈禧以清脆好聽的聲音跟張之洞像聊天似地說話，張之洞則以誠惶誠恐的心情、緊張卻又得體的語言回答着。慈禧說了一堆諸如「時事艱難，留心政務，若有所見，隨時奏明」等套話後，突然問：「閻敬銘這個人，你去年在摺子裏薦舉過他，你平時跟他有聯繫嗎？」

張之洞答：「臣沒有見過閻敬銘，也跟他從未有過聯繫，只是聽許多人說閻敬銘善於理財。」

慈禧又說：「閻敬銘這些年據說一直在山西解州書院，你去山西後，要仔細打聽一下此人。朝廷連下過幾次詔書，命他進京辦事，他都以年老多病為由推辭了。你細細去問問，看他究竟身體如何。」

「是。」張之洞答道，「臣到山西後一定去查訪此人。」

「閻敬銘能幹，先帝在日就稱讚過。同治初期那幾年，他在山東巡撫和工部侍郎任上也做得很好，為何突然就辭官不做了呢？你見到閻敬銘，問問他，若過去有些甚麼不痛快的事，十多年了，丟掉算了，朝廷還等他共度艱難哩！」

「是。」張之洞恭恭敬敬地說，「我一定將太后這番心意轉告給他。」

「張之洞，你現在是山西巡撫，閻敬銘在山西，能不能勸說他回到朝廷來，就看你的本事了。」

張之洞忙叩頭：「臣一定盡力勸說閻敬銘回朝廷為國家辦事。」

回到家裏，張之洞仔細琢磨着慈禧太后的話，深感慈禧對閻敬銘的眷顧之深、期望之切，這些年來似乎沒有人能比得上。閻敬銘過去以侍郎致仕，今年已六十五歲了，若復出，官銜應在侍郎之上。官宦世家出身的張之洞深知結納朝中大員的重要性。這次若由自己出面來說服閻敬銘復出，自然就與閻敬銘結下一層非一般的關係。何況張之洞和閻敬銘之間還有一層淵源，那就是他們有一個共同的恩人胡林翼。

張之洞隱隱記得，胡林翼在去世前曾有一封信給他，要他到武昌撫署來歷練一下，信中盛讚閻敬銘。張之洞忙把過去的舊信札找來，果然尋到了這封信，遂有意將這封信帶來山西。於是他親筆寫了一封信，連同這封信一起交給桑治平，請桑到解州去一趟，代他先去看望一下閻敬銘，轉達殷勤問候之意。

桑治平離開太原後，三個幕僚將奏稿送上來。張之洞一一細看，越看眉頭皺得越緊：三份奏稿都沒有將他的意圖說清楚，其中一份連文句都不通順。他氣得擲回去，命他們重新擬稿。第二天，三份稿子又送上來了。張之洞看後，還是沒有一份滿意的。他聲色俱厲地將三個自以為是的幕僚教訓了一頓，叫他們統統捲起鋪蓋走路。他歎了一口氣，心裏説道：這衞榮光怎麼用的這樣一批草包！必須聘幾個心地明白又文筆流暢的人來辦文案。張之洞第一個想起楊鋭。他提起筆來，給楊鋭寫了一封信。眼下這三個重要的摺子，只好自己動手了。

就在張之洞親自草擬這幾份關係山西千家萬戶利益的奏摺的日子裏，太原城藩司衙門後院，有幾個人也在心神不安地忙碌着。

4 王定安貢獻三條錦囊妙計

衛榮光離太原前一天，特為到藩司衙門與葆庚話別。談話之間，衛榮光說起張之洞有清理藩庫的念頭。葆庚聽了心裏暗吃一驚，送走衛榮光後，他將自己關在書房裏，呆呆地坐了一個多時辰。

正白旗出身的葆庚，是清初八大鐵帽子王之一豫親王多鐸的後裔。顯赫的家世，使得他在朝中有廣泛的奧援。正是憑着這種奧援，這些年來，才具平平的葆庚在官場上左右逢源。他不屑於從七品縣令做起，拿着一大堆白花花的銀子，一出手便捐了個候補道員。分發到省後，又是銀子幫他很快得實缺。葆庚毫無從政的經驗，也不耐煩案牘簿書，但他卻遷升順利。待到曾國荃到山西做巡撫的第二年，葆庚便從陝西按察使調升山西做布政使，成為一省方伯。葆庚憑的甚麼升官？他的本事就在於京師活動的能力。省裏有大事辦不了，需要朝廷出面解決的，派葆庚進京便十拿九穩。比如要戶部增撥銀子啦，減免稅收啦，要吏部在對本省道府一級官員的考績上客氣點啦，走王府的門子為某大員謀求調升啦等等，這些事葆庚都可以辦得順溜。葆庚抱着七分敬畏三分諂媚的心態，來到太原給曾國荃當藩司。他知道這個從戰火中打出來的曾老九脾氣暴躁，性格乖戾，且仗着戰功，甚麼人也不放在眼裏。葆庚像侍候老爺子一樣地伺候着曾國荃。曾國荃對滿人官員有一種偏見。在他看來，幾乎所有的滿人都是酒囊飯袋。帶兵做官，不是他們有本事，而是命好。對葆庚，他自然也是瞧不起的，但葆庚對他事事恭順殷勤，曾國荃找不出他的岔子，倒也相處得太平。

那時山西正是大旱，赤地千里，餓殍遍野，景況慘不忍睹，賑災之事繁重艱難。曾國荃面對這個局面，甚是焦慮。這時葆庚的能力發揮了作用。他到京師四處遊說，居然給山西帶來六十萬両銀子的賑災款。此舉，令曾國荃對他刮目相看，從那以後便對葆庚十分信任。十多年的征戰，讓曾國荃落下一身的病痛。來山西之前，他在湘鄉老家足足養了六年的病。六年鄉居，使他變得疏懶。病痛加上疏懶，又使得他對政事產生厭倦，於是乾脆把山西的事都交給了葆庚，另派一個心腹代表他和葆庚共事。

這個心腹名叫王定安，字鼎丞，湖北東湖人氏。他以秀才身份投曾國藩幕。後來曾國荃組建吉字營，曾國藩將王定安派到吉字營，協助曾國荃辦文書。王定安聰明能幹，文章寫得好，為曾國荃所器重。每打完一場大戰後，曾國荃照例都要保舉一大批人，許多與此毫無關係的人也有一份。這是曾國荃籠絡軍心人心的一個重要手段。所以，儘管他沒有乃兄的人格力量，卻有一大批哥兒們鐵着心跟他幹，其原因便在這裏。王定安也是其中沾光者之一。到了同治五年，曾國荃做湖北巡撫的時候，他的帽子上也有了一顆候補道員的藍色玻璃頂子。不久，曾國荃辭職回家養病，王定安也回到老家，二人常保持書信不斷。曾國荃復出任晉撫時，召王定安來山西。王定安接信即赴太原。曾國荃對這位跟隨十多年的老部下甚是眷顧。王定安來到山西不到半年，曾國荃便向朝廷保薦他補授冀寧道道員。王定安對曾國荃忠心耿耿，曾國荃也將他視為自己的貼心人。王定安文才好，辦事有方，但品行卻不好，貪財好貨。那時還有一個候補縣令，此人就是徐時霖。徐時霖候補好幾年沒撈到一個實缺，正是倒楣的時候。恰好他出嫁兩年的妹子新寡回娘家，徐時霖靈機一動，從妹子身上打起主意來。他知道葆庚好女色，家裏已有一妻一妾，還不滿足。於是將妹子打扮得妖妖豔豔的，作為待字閨女送給葆庚做了第三房姨太太，葆庚自然歡喜不已。很快，徐時霖便因此補了實缺，並以小舅子的身份成了葆庚的死黨。

朝廷救濟和各省協濟山西旱災的銀子共三百萬兩，曾國荃讓葆庚和王定安來經理。葆庚又把徐時霖拉了進來。這三個人抱成一團，利用這個好時機，大肆貪污挪用。對於他們的行徑，曾國荃時有所聞。這個曾老九自己便是一個不拘小節的人。當年打安慶打江寧時，他明裏暗裏不知運了多少船金銀財寶回湘鄉。對於湘軍部屬的不法行為，他也基本不過問。而今葆庚、王定安從救濟款裏弄點銀子，他同樣不計較。葆庚、王定安身為司道，如此貪污中飽而不受懲處，那些見錢眼開的官吏們便一個個都無所顧忌了。本已腐敗的山西官場，如今更加腐敗，更加黑暗。衛榮光膽小怕事，在山西呆的時間又短，葆庚、王定安所經營的事情，他不想也不敢去觸動，彼此倒也相安無事。現在張之洞揚言要來清理藩庫的賬目，該怎麼對付？

掌燈時分，應葆庚所招，王定安和徐時霖來到藩司衙門的小客廳。僕人送上茶點後，葆庚把門關緊，三人開始了密談。

「張之洞這個人，不知究竟是個甚麼角色？」浙江人徐時霖來北方多年了，但說起話來依然有很濃厚的南方口音。自從那天在陽曲縣突然遭遇之後，他對這個微服私訪的新巡撫是既恨又怕。張之洞臨走時扔下的那句話，這些日子來，時常在他的腦子裏浮現。他心裏一直忐忑不安，不知張之洞究竟奏明朝廷沒有。徐時霖知道，七品縣令這樣的芝麻小官，其好與壞，太后、皇上是不知道的，全憑巡撫一句話。

若張之洞真的要參他，當然是件很容易的事。他也曾問過葆庚。葆庚見張之洞來太原個把月了，並沒有甚麼動作，以他在官場上混了幾十年的經驗，估計張之洞只不過是一時惱火說說而已，不會真的就上奏。徐時霖見後來果然一點響動也沒有，覺得葆庚的分析不錯，張之洞原來也是一個雷聲大雨點小的人。可是，現在他竟要清理庫款了！他究竟是個只說不幹，還是個又說又幹的人呢？徐時霖心裏沒有準了。

「鼎丞，你是個才子，張之洞也是個才子。依你看，他這個才子究竟是個甚麼角色？」葆庚用肩膀撞了撞坐在一旁的王定安。

沉溺煙榻的王定安被鴉片薰得又黑又乾，加上個子矮小，整個兒就像一隻風乾的青蛙。他很怕冷，渾身上下讓名貴毛皮裹得緊緊的。進了葆庚暖和的小客廳後，他脫去外面的銀灰色狐皮大氅，身上還穿着兩件皮衣：裏面一件深紅色的火狐皮襖，外罩一件亮黑色貂皮坎肩。就這樣，他的兩隻雞爪似的手還是冷冷的。

他沉思一會兒，然後用尖尖細細的湖北腔輕輕地說：「張之洞這個人，我在同治八年見過一面，那時他在敝省做學政。有一次，我到經心書院去看一位老朋友，恰逢他來書院視察，並親自給書院學生講了一堂課。他講的是如何讀經。書院裏所有的教師都去聽講，我的那個朋友也把我拉去了。也好，聽聽吧，看看這位學台大人究竟有多大的學問。一個時辰聽下來，所有的教師都佩服，我也很佩服：這個學政名副其實。我後來給文正公寫信，還專門寫了這件事。文正公給別人的信裏說，近年張香濤在湖北做學政，輿情頗洽。文正公這話就是依據我的信說的。」

王定安說到這裏，有意停了下來，端起茶杯抿了一口，臉上露出自得的笑容。徐時霖恭維道：「此事足見王觀察在曾文正公心中的地位之高！」

「張香濤後來又到四川做學政。在那裏刻了兩部書：《輶軒語》和《書目答問》。這兩本書我都看過，的確寫得不錯。尤其是《書目答問》，我可以斷言，必定是一部傳世之作。」王定安以堅定的口氣下出這個判斷，與其說是讚揚張之洞的學問，不如說是在炫耀自己的鑒別力。「這幾年在京師，他參與了清流派，對上下內外大大小小的事都愛發表自己的意見，名聲自然很大。海內讀書人，幾乎無人不知張香濤。但雨生兄要問他究竟是個甚麼角色，也很難說。依我看，張香濤這個人，是一個學問文章都很好的文人。如果將他一直放在翰林院做學士，講經筵、衡詩文，他或許會是今日的紀河間阮儀徵。但現在放他出來做方面大員，怕不是合適的人選。」

「何以見得？」葆庚、徐時霖幾乎同時說出這句話。

「我當然有充分的根據。」王定安將一粒西洋進口的藥丸塞進嘴裏，鼓了兩下腮幫，將它吞了下去。

葆庚笑了笑說：「鼎丞又弄甚麼靈丹妙藥來了？」

王定安將剛放進皮坎肩口袋裏的一個小玻璃瓶拿出來，遞給葆庚，一邊說：「英國出的藥，名字古裏古怪的，我記不住，治頭腦眩暈最有效了。我方才覺得頭又有一點暈了，現在吞下一粒，過會兒就不暈了。」

「真的，有這樣的奇效？」徐時霖好奇地從葆庚手裏拿過去，打開瓶蓋，細細地看着裏面那些白色小藥丸說，「我太太也有這個毛病，發起來旋天轉地，吃了好多藥都不見效。你這藥是從哪裏來的？」

王定安說：「有個英國傳教士前幾天到太原來，既傳教又治病，隨身帶了很多洋藥丸子，吃了他藥的人都說管用。經一個朋友介紹，我去見了他。他給我看了病，並給了一小包藥丸，說吃了有用再來看。我要給他錢，他不要。我吃了三天他的藥，果然後來頭再也沒暈過。我於是去找他，謝謝他，向他要了三瓶。問他多少錢，他又不要。說這藥不能算價，你有錢就給一點，沒有錢就不給。我拿出一錠十兩銀子來問他夠不，他哈哈笑起來說：『足夠了，足夠了！』」

徐時霖疑惑地問：「你怎麼可以跟他對話，他會講中國話？」

「他到中國十多年了，中國話說得很流利，還可以捏着鼻子學山西土話，我都講不出。」王定安嘿嘿乾笑了兩下，露出一口黑黃色的牙齒，「你先從我這裏拿幾粒去。若有用，我陪你再去找他買。」

王定安從徐時霖手裏拿過小玻璃瓶來。徐時霖忙伸出雙手，王定安在他右手掌心倒出五六粒來，徐時霖趕緊從袖袋裏掏出一塊綢手巾來包好，連聲說：「謝謝，謝謝！」一邊把它放進左手袖袋裏。

葆庚說：「那個英國傳教士叫甚麼名字，多大年紀了？」

「叫李提摩太。」王定安說，「洋人的年紀我拿不準，大概不會超過四十歲吧！」

「你頭現在不暈了吧？」徐時霖急於驗證這藥的效力。

「不暈了！」

「這洋人的東西就是好！」徐時霖說時，又用右手摸了摸左手袖袋，生怕剛才沒放穩妥。

葆庚說：「還是言歸正傳，說說你的根據吧。」

「自古以來的名士，從東漢的太學生到前明的東林、復社，沒有幾個能辦成大事的。」興許是洋藥丸子的作用，王定安的中氣明顯比剛才足了，說話的聲音也大了許多。「這些人，多半志大才疏、眼高手低，發起議論來則海闊天空、頭頭是道，真正讓他們做起實事來卻又束手無策，一點辦法也沒有了。講起別人來求全責備、刻薄挖苦，但自己立身處世，更加卑鄙。當年文正公和九帥就最討厭這樣的人。你們聽說過李元度嗎？」

徐時霖搖搖頭說：「沒聽說過。」

「我聽過說。」葆庚摘去頭上的黑呢瓜皮帽，抓了抓光禿禿的頭頂。「好像也是中興時期的一個有點名氣的將領。」

「甚麼名氣？打敗仗的名氣罷了。」王定安有過多年跟隨曾國藩、曾國荃兄弟的經歷，這是一段他引以自傲和傲人的歷史。過去曾國荃做巡撫時，太原城裏除開一個九帥外，他並不把包括兩司在內的其他人放在眼裏。待到衞榮光來做巡撫時，他是連一人之下的感覺都沒有了。葆庚雖是藩司，王定安一向對他不大尊重，反駁他的話是常事。「這李元度就是一個典型的名士派，說大話，寫文章，是再沒有人能超過他了。真正打起仗來，一點本事都沒有。他在文正公面前許下重諾，要守住徽州府。但沒幾天，把座徽州府給丟了，還臨陣脫逃，二十多天後才到祁門去見文正公。文正公氣得要殺掉他，李少荃他們拚命擔保，才沒丟腦袋。後來他想投奔我們九帥，九帥硬是不要。」

王定安講起這段掌故來，精神煥發。其實，說張之洞是完全用不着把李元度拉來作靶子的，王定安之所以要扯得這麼遠，無非在葆庚、徐時霖面前炫耀一下他的那段光榮歷史罷了。果然，三十多歲的縣令徐時霖立即被鎮住了，五十多歲的布政使葆庚也感到在他面前突然矮了一截似的。

徐時霖以請教的口吻問：「照您剛才的意思，張之洞就是李元度那樣的人了？」

「我看差不多。」王定安端起茶杯來，喝了一口茶說，「甚至還會比李元度不如。」

葆庚問：「這話怎講？」

「李元度從沒有上奏章彈劾過人。他人緣好，出事後，祁門兩江總督幕府的人幾乎都出來保他。像李少荃那樣的人，是通常不大說別人好話的，居然寧願辭職也不肯起草罷免李元度的奏稿。張香濤過去做清流派，得罪的人很多，大家都盯着他，巴不得他倒楣。一旦出事，除了他的清流朋友外，哪個有實力的人肯替他說話？」

葆庚摸着油光光的下巴說：「鼎丞說得有道理。依我看，說不定放他到山西來做巡撫，便是有人設好的一個圈套。恨他的人，在京師拿不到他的把柄，就放他到山西來，知道他這個人好大喜功，必定會爭出風頭，到他栽跟頭時，就好降服他了。」

葆庚說到這裏，停了一下，拿起他放在桌上的瓜帽，仔細看了看，輕輕地對着它吹了一口氣，然後伸了一下懶腰，慢悠悠地說：「可惜呀，張香濤還蒙在鼓裏，做他的好夢哩！」

聽了葆庚這句話，又加之個把月過去了，並未見張之洞對他採取甚麼舉措，徐時霖大大地鬆了一口氣。小客廳裏的炭火燒得很旺，他將身上棉長袍解開，輕鬆地笑着說：「看來我是過慮了，我們過去做的事還是可以繼續做下去！」

王定安打了一個呵欠，以一種老謀深算的口氣說：「據說張香濤脾氣倔、膽子大，太后對他聖眷頗隆，還是防着點好。」

葆庚點點頭說：「怎麼防着？你出點主意。」

王定安又長長地打了一個呵欠，說：「葆翁，我實在熬不住了。你這裏有福壽膏嗎？」福壽膏是煙客對鴉片的昵稱。說了個把時辰的話了，王定安這個大煙鬼支撐不住了。葆庚的煙癮也發作了。他站起來說：「我這裏有剛買來的真正的公班土，跟我到煙室裏去吧。」

清廷對鴉片煙時禁時弛，但明文上對官吏吸鴉片還是一貫禁止的。葆庚的煙室造得很隱密。他將徐姨太寬大的臥室隔成兩個部分。前部分放一張終年掛着蚊帳的深紅色雕花大床，以及徐氏的梳妝台、衣櫃等物件，後部分則是他的煙室。裏面有一張寬大的煙床，床上墊着厚厚的棉被，上面鋪着一床特製的新疆毛毯，豪華氣派，鬆軟舒坦。煙床上擺着一個矮矮的梨木鑲貝煙几，上面放着精緻的煙槍、煙燈等一應用品。這前後兩部分中間用一道薄磚牆隔開，雕花大床放在牆邊，將大半個牆給遮住了。剩下的小半邊牆只開一道門，門前放着一座西洋進口的大玻璃穿衣鏡，剛好把門嚴嚴實實地擋住。姨太太的臥房，除開兩個貼身丫鬟外，誰也不能進去。即使偶爾闖進去了，也看不出半點破綻。葆庚便在這個煙室裏，每天由徐氏或徐氏的丫鬟服侍着，抽它一兩次大煙，過一個鐘頭如仙如佛的癮。這段時期徐氏回家坐月子去了，臥房裏空着，葆庚便帶着王定安、徐時霖穿過徐氏的臥室，繞過穿衣鏡，來到神仙窟。

「葆翁，你真會享福。」王定安看着佈置得奢侈耀眼的煙室，情不自已地發出感慨，「與你相比，我那抽煙的地方簡直就是農家的灶房了。」

聽了這句讚美的話，葆庚心裏很高興，說：「你沒見過京師王府裏的煙室哩，若跟他們比起來，我這又是灶房了。」

徐時霖更是對他這個妹婿的福份垂涎三尺，心裏盤算着：回家後一定要跟還在娘家做客的妹子商量下，要她悄悄地把葆庚的煙具帶幾件回來才好。

「鼎丞，你和我躺在床上抽。雨生，你是自己人，我就不客氣了，叫丫鬟給你安排一個躺椅，把煙具放在茶几上，你就躺在椅子上抽吧！」葆庚一邊調擺，一邊吩咐丫鬟們做準備。

一切安排妥當，王定安煙癮大發，已經不可按捺了。他趕緊脱鞋，躺在煙几的左側，一個丫鬟忙過來給他燒煙泡。煙几的右側，葆庚慢慢吞吞寬衣解帶，也有一個丫鬟在服侍着。徐時霖則不忙着抽，他一件一件地把玩着那些精巧昂貴的煙具。隨着煙燈的小火苗閃爍跳躍，時明時暗，一陣陣醉人的奇香從煙槍裏飄出。小小的藩台衙門煙室，頓時成了西方極樂世界。王定安一連猛吸幾口，貪婪地將飄出的香氣吞進喉管，布施於五臟六腑，再將它壓下丹田，周身上下疲倦頓失，活力復蘇。

「葆翁！」王定安心中有一種飄飄欲仙的感覺，説起話來變得親切多了。「你這是真正的公班土，而且是上等的。哪裏弄來的，價格如何？」

「是不錯吧！」葆庚徐徐地説，「泰裕莊的孔老闆送的，他死也不肯收錢。」

「那還不是羊毛出在羊身上！」今天若不是跟着王定安來，徐時霖是享受不到這種洋藥之味的。他對妹婿有點不滿，拋出了這句頗為刻薄但極中要害的話。

「你的鬼點子多，出個主意吧！」葆庚頭枕在小棉墊上，斜起眼睛望了一眼對面躺着的王定安。

王定安瞇着雙眼，全身心地都在享受上等公班土給他帶來的樂趣。好半天，待這口煙完全在他的胸膛肚腹裏消解之後，他才睜開兩隻小眼睛，慢吞吞地説：「我送你三條錦囊妙計。」

「不是只送我，」葆庚打斷王定安的話。「你要知道，真的查起來，你的麻煩事比我還多。」

王定安不服氣地說：「我的銀子，都是乾乾淨淨的，不怕查。」

「真的嗎？」葆庚冷笑道，「鼎丞，真人面前不說假話。你就不要在我面前說這種漂亮話了，這種漂亮話留着日後在張之洞面前去說吧！」

「好啦，好啦！」徐時霖打圓場，「王觀察，把你的三條錦囊妙計亮出來吧！」

王定安畢竟心虛，見葆庚認起真來，便嘿嘿乾笑兩聲說：「葆翁，我這句話沒有別的意思。因為是要你出面去辦，你是藩司，他第一個要和你商量，我和雨生還差了一截。」

徐時霖忙說：「那我就差得更遠了！」

葆庚一向都要仰仗王定安，何況現在他們共坐一條船，當然要和衷共濟，於是也笑着說：「剛才說玩的，你可別計較。」

王定安又重重地吸了一個大煙泡後，不慌不忙地亮出他的錦囊妙計來：「首先，你還是用對待衞榮光的老法子對付他。告訴他這藩庫清不得，三十年沒清了，巡撫也不知換了多少個，歷屆巡撫都當得好好的，該升官的照升官，該調肥缺的照舊調，從沒有哪一任巡撫因此有甚麼掛礙。一旦清理，則會挑起許多事端來，反而不美。說得他打消這個念頭，不再惹是生非，那就一切都沒事了。此乃上上之策。」

「這當然最好。」葆庚坐起來，摸了摸頸脖子說，「聽說張之洞這個人倔強得很，他想幹甚麼就幹甚麼，只怕不能像衞榮光那樣，幾句話就對付了。」

徐時霖也坐起來，說：「有人說張之洞兇狠得很，怕不是衞榮光那種人。」

王定安仍躺着不動，他上上下下地摩挲那桿雕龍描鳳的大煙槍，慢條斯理地說：「若說服不了，則用第二計。你就對他說，藩庫是藩司管的事，不勞你張大人直接操心。這事就交給我吧，我保證把藩庫賬目清理得熨熨貼貼。」

「對！」徐時霖拍了拍自己的大腿，興奮地說，「這是一條妙計。我們自己來辦，那還不甚麼都好說！」

「這主意好是好，不過，」葆庚穿起鞋子，下了煙榻，在房間裏走了幾步，「只是前天張之洞對我說，鏟除罌粟，播種莊稼，是件迫不及待的事，必須督促各州縣盡快做好這件事。他要我來督促。」

「你答應了？」王定安問。

「我能不答應嗎？」葆庚顯出一種無可奈何的神態來。

徐時霖說：「張之洞叫你去禁煙，是不是他已知道了這個秘密。」說罷，用手指了指茶几上的煙燈。

「知道這個不礙事，太原城裏有幾家衙門沒有這個？」王定安也坐起來，伸出一隻黑瘦乾枯的手，慢慢地摸捻着下巴上那幾根鼠鬚。「怕就怕在他知道了那個。」

「哪個？」葆庚的心猛地跳了一下，他已猜中八九分了。

「救災款的事。」王定安陰暗的臉上露出一絲隱約可見的冷笑。「張之洞這是調虎離山，有意不讓你插手清理藩庫的事。說不定他已從別的甚麼地方聽到了風聲。若這樣，事情就麻煩了。」

王定安所說的正是葆庚所猜的，他的心裏一下子涼了半截。

光緒三年，布政使葆庚主持山西的賑災事宜。除開朝廷的救濟款和各省的協濟款外，還有大量個人拿出的款項，這筆款子，美其名曰捐款，其實是買功牌款，賣頂子款。這正是當年曾國藩用於籌餉的一個行之有效的方法。

那時，太平軍打進湖南，圍攻長沙八十餘天，朝廷嚇壞了，趕忙下令要正在家守制的曾國藩組建鄉勇，與太平軍對抗。但朝廷拿不出錢來，令地方自籌解決。湖南藩庫也拿不出錢來，要曾國藩自行解決。曾國藩知道一些富裕的商人紳士手裏有錢，但他們不會白白地拿出來，他們要跟朝廷做交易，即用錢來買功名、買官銜。於是向朝廷討了幾百張空白功牌，依捐款的多少，發給不同軍功品級的牌子。有的捐款很多，便給他一個候補知縣、候補知府的官銜。鄉勇招募之初，就靠這個辦法解決了軍餉。後來，曾國荃招募吉字營，也用這個辦法。來到山西做巡撫，面對急需銀子救災的局面，曾國荃又起用這個法寶。向朝廷申請了兩百張空白功牌，全部交給葆庚來處理。朝廷的救濟款和各省的協濟款，都是用公文交代的，蒙混不得，只有這筆為數不小的捐款容易混水摸魚。葆庚、王定安都在裏面做了手腳。若把這筆款子清理明白，他們做的事就會露餡。身為藩司的葆庚就將承擔主要的責任。葆庚如何不慌？

「八成是張之洞聽到有人講救濟款的壞話了。他叫我去督促鏟除罌粟，是想支開我。聽衞靜瀾說，張之洞他是要親自辦這件事。」

徐時霖插話：「他這是要急於立功。」

「鼎丞，你不是有三條妙計嗎，這條看來也不行了，把第三條拿出來吧！」葆庚像遇難者求救似地向王定安呼喊着。

王定安離開煙榻，背着雙手在屋子裏走動着，好半天才開口：「第二條計策是中策，雖比不得上策，但也不失為一條良策。這一條也不行，那就只有出下策了。」

「下策就下策吧，你倒是說出來給我們聽聽呀！」葆庚的語氣裏夾有三分惶恐。

「這下策乃是一條古老的計謀。如果辦得好，成效也不可估量。」王定安停了下來，兩隻小眼睛盯着葆庚說，「學漢元帝的辦法，和親！」

「和親？」葆庚一時還沒有弄明白。

「我知道王觀察的意思了。」徐時霖的悟性比葆庚來得快些，「咱們好比漢元帝，張之洞好比單于，將一個王昭君來親善彼此之間的關係。」

徐時霖話剛一出口，立刻想到自己送妹子給葆庚，不正是一條和親之計嗎？

「你是說用美人計來籠絡張之洞喔！」葆庚終於弄明白了。他突然高興地說，「聽說張之洞來山西前，剛死了老婆，給他一個美人，那真是雪中送炭！」

王定安不理睬他們郎舅的闡釋，獨自一人邁着方步，嘴裏喃喃地背誦着王安石的《明妃曲》：「明妃初出漢宮時，淚濕春風鬢腳垂。低回顧影無顏色，尚得君王不自持。歸來卻怪丹青手，入眼平生幾曾有。意態由來畫不成，當時枉殺毛延壽。這詩寫得太好了，千古詠明妃之作無出半山之右者。」

望着王定安這一副雅興十足的神態，葆翁又犯難起來。他皺着眉頭，自言自語：「這計策好是好，只是上哪兒去找一個王昭君呢？」

「這我就不管了。葆庚，這出主意是我，辦事就靠你跟雨生了。叫雨生去找吧！他有的是經驗。」王定安詭譎地望了一眼徐時霖，徐時霖的臉色頓時十分不自在起來。「你們兩郎舅好好合計合計。天色不早了，我要回家了。」

王定安拿起銀狐披風，走出藩司衙門的絕密煙室。

5 解州書院裏藏臥着一位四朝大老

位於山西最南部的解州，是一座年代久遠的小城。它處在山西、河南、陝西三省交界之地。出解州城南門走七八十里，便來到黃河邊。

傳說這一段的黃河中有一個小小的島嶼，當年為人類補天的女媧，便葬在此島上。到了唐玄宗天寶年間，在一個大雨晦冥的日子裏，此島連同島上女媧墓突然失蹤了。八年後的一個夜晚，黃河上出現了難得一見的風雨雷電。第二天早上，人們驚訝地發現，女媧墓冒了出來。墓上長着兩棵丈餘高的大柳樹，墓下是一塊巨大的石頭，當地百姓叫此石為風陵堆。女媧娘娘本是受人敬仰的女神，再加上沉而復出的傳奇，更提高了她在人們心目中的地位。黃河上往來的船夫艄公，路過此處，都要到風陵堆上去叩拜女媧墓，請求這位黃河不能淹沒的神靈保平安。風陵堆的南岸便是自古以來有名的險關——潼關。從潼關往西南約走六十里，便到了西嶽華山。而潼關的對面渡口，就是風陵渡。三國時期，曹操西征韓遂，由潼關渡河，由風陵渡上岸。至今當地百姓還可以指着岸邊石頭上的痕跡，告訴你這是當年那位叱咤風雲的魏武皇帝所留下的馬蹄印。順着這段黃河向東走約一百五十里，就到了靈寶。安史之亂時，唐肅宗不顧老子玄宗的尊嚴，擅自即位於此。若再回到風陵渡口，往北走大約五十里地，有一處古老的寺院，叫做普救寺。這普救寺不以誦經唸佛出名，它的名聲得力於一段旖旎豔麗的風流故事。

寓居普救寺的窮秀才張生，愛上了路過蒲州借住此寺的宰相之女崔鶯鶯。張生和崔鶯鶯破除門第觀念，彼此愛慕，卻不料老夫人不同意。後來張生靠朋友的力量，打退了圍寺的強盜，才使得老夫人勉強同意。這一愛情故事總算有了個令人歡喜的結局。後來董解元、王實甫將這段傳奇搬上舞台，數百年來在民間流傳不衰，使得普救寺名聲遠播。一座原本以斬斷情緣為修行目的的寺院，卻仗着一段情緣而傳名於世，也真是有趣的事情。

這便是解州城四周的人文地理。悠久燦爛的文明史，釀造這一帶濃鬱的黃河文化氣氛。因此，小小的解州城歷來文風較盛。這裏有一座興建於前明嘉靖年間的書院，聚集着附近三省的優秀學子，向來以學風淳厚而享譽遠近。解州書院這十來年，更是為士人們所仰慕。因為這段時期它的主講不是平凡之輩，乃赫赫有名的大人物閻敬銘。

閻敬銘不是山西人，他是陝西朝邑人。朝邑位於晉陝兩省的交接之處，離解州城不過百五六十里遠。閻敬銘中式之前，曾在解州書院苦讀過五年。這五年為閻敬銘打下了學問根基，也使得閻敬銘對解州書院終生懷有感恩之情。

道光二十五年，三十歲的閻敬銘熬過二十多年的寒窗，終於中進士入翰苑，釋褐而踏上仕途。翰林院散館時，閻敬銘因試卷上錯了一個字，沒有留館而改分戶部。翰林院清高又空閒，易於遷升，幾乎是所有讀書人嚮往之地。大家都為閻敬銘惋惜，但他本人卻不感到怎麼遺憾。出身耕讀之家的閻敬銘是個刻苦務實的人。戶部主管全國財政，直接關係到國計民生，比起翰苑的吟詩作賦來，對國家的貢獻更為實在，也更能歷練人。閻敬銘進入戶部後，全副身心投入部務之中。他精細練達，又抱負高遠，很快便在戶部嶄露頭角，成為部裏幹員。但閻敬銘性格剛直耿介，朝中又無靠山，儘管才幹出眾，品格脫俗，卻在積資升為主事之後，便再也上不去了。直到咸豐九年，眼看着一個個無德無才的後來者越他而過，四十三歲的閻敬銘仍然只是一個六品主事，心中甚是憤鬱不平。這時，他遇到了一個知己，此人便是胡林翼。

當時，胡林翼身為湖北巡撫，正和曾國藩密切配合，統率湘軍，經營長江兩岸的戰事。半年前，湘軍慘遭三河之役的失敗，軍隊元氣至今並未恢復。曾國藩以兵部侍郎空銜客寄江西，軍事蹇滯，湘軍正在艱難時期。東征湘軍的糧餉，只能靠胡林翼所管轄的湖北，設在武昌的湘軍後路糧台任務繁難，責任重大，卻缺乏一個能幹的人來管理。胡林翼在與戶部打交道的過程中，得知閻敬銘的精明能幹，便上奏請求調閻敬銘來武昌管理湘軍糧台事。在戶部鬱鬱不得志的閻敬銘一直關注着南方的兵事，私心早已對曾國藩、胡林翼仰慕不已。他渴望着能結識這兩位大人物，從他們那裏學到治國辦事的真才實學。他也知道，此時從軍固然充滿着危險，但也同樣充滿着機遇，與其在戶部久抑不伸，不如到軍營中去闖一闖。軍營正當用人之際，自己的能力可以得到充分的展佈。倘若機遇好，說不定很快便可以出人頭地。

就這樣，閻敬銘毫不猶豫地捨棄舒適悠閒的京師生活，隻身來到兵凶戰危之地的武昌城。正六品銜的主事與正二品銜的巡撫之間相差得太遠了，何況這位巡撫還是一個戰功卓著的軍事統帥。閻敬銘懷着侷促的心情，第一次拜見胡林翼，孰知大出意料之外。這位身子瘦弱的湘人，一點沒有封疆大吏的架子，其謙和平易，完全出於一片天性。閻敬銘想起戶部以及京師其他衙門裏的那些大人老爺來。他們胸無半點實學，卻架子大得很。同一個衙門裏，則是官大一級壓死人。那種沉悶刻板、暮氣深重的衙門作風，與眼下這裏的銳意進取、奮發有為的景象簡直有十萬八千里之差。閻敬銘在這裏看到了自己的事業所在，也看到了真正的人生價值所在。

在湘軍的後路糧台做了三個月的協理之後，胡林翼便將總理一職交給了他。不久，又趁着前線一次勝仗的機會，在奏章裏大為表彰閻敬銘調度糧餉的功勞，將他保舉為員外郎。有如此投緣相契、知人善任的上司，有如此足以讓自己施展才幹的空間，真是人生的幸運！閻敬銘慶幸自己遭逢了難得的好機遇。他竭盡才智，調遣各路糧餉，盡量保障前方源源不斷的供給。他忠於職守、廉潔奉公，手頭日過千萬兩銀子，卻兩袖清風，一塵不染。胡林翼敬重閻敬銘的德才兼備，與他推心置腹，兩人成為肝膽相照的摯友。隨着胡林翼的不斷保舉，閻敬銘從員外郎升為道員。

咸豐十年底，曾國荃圍攻安慶。到了緊急關頭，胡林翼親率部隊移營太湖協助。太平軍趁着武昌空虛之際，欲解安慶之危，施行圍魏救趙之計。李秀成、陳玉成率領二十萬人馬，沿長江南北兵分兩路向西進軍。北岸陳玉成兵行迅速，由英山進湖北，長驅直入，奪取孝感、黃陂，兵鋒直指武漢三鎮。武昌城裏既無主帥，又無兵馬，一時間驚慌失措，亂成一團。各大衙門大門緊閉，官員紛紛外逃，湘軍後路糧台的人員，也幾乎逃亡一空。唯有閻敬銘臨危不亂，堅守糧台，將一根蔴繩置於案頭，心裏作好準備：若太平軍攻入糧台，則懸樑自盡。後來，因為種種原因，南岸李秀成的部隊並沒有按原計劃進行，陳玉成也便放棄了進入武漢的打算。武昌城的各大衙門虛驚一場。當那些逃走的糧台官員又重新回來辦事的時候，面對着閻敬銘，真是又敬服又羞慚。胡林翼為此特地上疏朝廷，稱讚閻敬銘理財既為湖北第一，操守血性更是並世難得，宜堪大用，請擢升為湖北按察使。那時胡林翼乃朝廷南天柱石，咸豐帝依畀甚深，於是諭旨下達：閻敬銘補授湖北臬司。

來到湖北不到兩年，便從一個微不足道的小京官，升到負責一省的司法大吏，並讓皇上和各省都知道自己是一個濟世幹才，閻敬銘怎能不欣慰萬分！而之所以有這一切，完全是因為胡林翼的賞識、重用和提拔。他心裏對胡林翼有說不盡的感激和崇敬。他要傾盡全力襄助胡林翼，完成底定江南、中興天下的大業。

不料，胡林翼因勞累過度，肺病大作，終於不起，年未五十而撒手人寰。閻敬銘傷痛不已。他既為自己頓折良師益友而傷心，更為國家頓失擎天樑柱而痛心。繼任的巡撫嚴樹森蕭規曹隨，一本胡林翼的成法治理湖北，支援東征湘軍，並更為仰仗閻敬銘。不久，閻敬銘署理湖北布政使。

第二年，閻敬銘署理山東巡撫。同治三年，實授魯撫。那時，山東正是朝廷與捻軍交戰的重要戰場，閻敬銘名為巡撫，實為帶兵的將領。他晝夜在軍營操勞，早年的風濕病復發。同治六年，年僅四十八歲的閻敬銘便辭去巡撫，回原籍朝邑養病。同治八年復出，只做了兩個月的工部侍郎，便又辭職回鄉。之後，朝廷多次命他出山，他均以病未痊癒為託辭不應詔。

光緒三年，山西大旱，朝廷命他協助曾國荃在山西賑災。賑災是救民水火的大事，何況曾國荃為多年的戰友，閻敬銘不便再推辭。辦了半年的賑務，民心初定之後，他便又離開官場。這幾年，朝廷又兩次要他進京，他兩次都推辭了。閻敬銘年未及知命而位居方面，也可以算是官場中的得志者，為何一再不奉詔，甘居山野老於林泉呢，難道真的是疾病的原因嗎？當然不是！

病痛這東西是人人都不想有的，但有時，它又能給人帶來某些用途，尤其是政壇上的人物，常常要借用它來玩點把戲，使點障眼法。古往今來，凡政界人物所謂的因病不能任職的話，絕大部分是另有原因不便明說，於是，或自己用來做託辭，或別人用來遮掩視聽。這也可算是人類文明史上的一大創造吧！

那麼，閻敬銘不便明說的原因究竟是甚麼呢？一言以蔽之，即失望。最先使他失望的是江寧城攻下後，湘軍將士和他們最高領導集團的表現。

同治三年，曾國荃率領的吉字營在圍攻三年之後，終於把太平天國的都城打下來了，隨之而來的便是發瘋一般的燒殺、搶掠。一座錦繡般的古都被焚燒殆盡，太平天國集聚的無數金銀財寶被洗劫一空。閻敬銘面對着這極不情願看到的現實，心裏痛苦不堪。多少年來，湘軍不是高喊着勤王室、衞孔孟的口號，聲稱自己是正義之師嗎，為何這時野獸般發洩心裏的仇恨，強盜般打家劫舍？這只能使他想到，他們原本便是衝着江寧城裏的財富而來的，所有動聽的宣言都是欺世盜名的謊話。而自己，身為糧台總理，多年來苦心經營，為他們提供充份的糧餉，實際上只是為他們能有今日提供保障罷了。

接着使他失望的，是山東的剿捻戰場。過去閻敬銘在湖北做的是軍需後勤之事，到山東後才親自執掌兵權，了解到前線的真相。捻軍是烏合之眾，如果朝廷的軍隊精誠合作，共同對敵，捻軍原本很快可以撲滅。但朝廷部署在山東省的四支部隊：當地綠營、淮軍、湘軍和蒙古馬隊，卻彼此牽制，互不買賬。只是爭功爭餉，保存實力，並不衝鋒陷陣。使得一支人數並不多的捻軍，在山東境內東竄西突，所向無敵。閻敬銘身為山東巡撫，卻不能協調這四支各有主帥的人馬，他有時氣得吐血也無濟於事。直到他引疾歸里，山東軍事仍無進展。他不明白，拿着高俸的將領和吃着餉糧的兵勇，為何對朝廷如此不忠不誠？

第三個令他失望的是工部的狀況。十多年前在戶部，閻敬銘只是一個小小的主事，部裏的機密要務他無權涉及。做了工部右侍郎後，他才知道工部糟糕透頂。漢尚書其實對部務一竅不通，他的興趣只在研究三禮。一月之中有半月不來部視事，窩在家中著書立說。他不明白，朝廷為甚麼調這樣的人來掌工部。既然熱衷於學術，何不成全他，讓他在翰林院做個內閣學士呢？滿尚書是個宗室，不學無術，頭上頂子靠的是祖宗的福蔭染紅的。此人是個美食家，提到京師各大餐館的菜肴特色來兩眼發亮，聽到部屬談起正事來則兩眼無神。閻敬銘也不明白，朝廷為何安排這樣一個人來掌工部。他家裏有的是幾代人花不完的銀子，何不讓他在家吃吃喝喝，做一個清閒自在的公子王孫，要他在工部衙門當差，受這份罪做甚麼？工部的權力實際上掌握在其他三個侍郎手裏。他們每興建一項工程，則向朝廷多報三到五成的費用。發到各省，則又減去三至五成的銀子，然後還要勒令承辦工程的商家給他們送回扣、打紅包。他們就這樣貪污中飽，富得流油。閻敬銘看不慣這一套，既不收紅包，又不接回扣。這樣一來，閻敬銘便成為他們的障礙。三個侍郎聯名上章，說閻敬銘疾病纏身，神智昏倦，工部事繁，不能勝任，不如調到禮部去，清閒舒服，人地相宜。閻敬銘知道他們的用心，便乾脆順水推舟，藉病辭職。他已深為厭惡這個齷齪卑污的官場了，決心布衣終世，再不為官。

閻敬銘以侍郎之身回到朝邑，立刻驚動方圓數百里的官府士紳。陝西、山西、河南三省仰慕的、巴結的、借重的，紛紛前來拜訪，並邀請他出來為地方做點事。閻敬銘一概拒絕。只有當解州書院八十歲的老山長谷實穗先生親來看望，請他主講書院時，他卻不能推辭了。一來，谷老先生當年在解州書院，曾親自教過閻敬銘五年的書。閻敬銘之所以能中進士、點翰林，谷老先生悉心培育之功不可沒。老先生的面子，豈能不給？二來，解州書院乃閻敬銘的發祥之地，恩情深重，不容他不回報。三來，閻敬銘也想從解州書院裏挑選幾個可資造就的學子，着意栽培，將來為國家培養幾個人才出來，也是晚年所作的一樁大好事。就這樣，從閻敬銘回來的第二年，便出任解州書院的主講，直到今天。

流年如水，十五六個春秋就這麼過去了。閻敬銘以山水風光自娛，教書育人為樂，日子過得無拘無束、瀟灑自如。同治七年，以曾國荃、鄭敦謹為首編輯的胡文忠公遺集雕板告蕆，胡家特為送給閻敬銘一套。他讀故人遺墨，如與故人對話。十多年間，手中這部胡文忠公遺集他不知讀了多少遍，愈讀愈對胡林翼欽佩不已，愈讀愈對胡林翼的事業後繼無人遺憾不已。他有心在解州書院尋求一個英才來傳遞胡氏薪火，但至今也沒有看出一棵苗子來。這天他剛從書院下課回家，喝了一口茶，正想拿起胡文忠公遺集中的《讀史兵略》再瀏覽瀏覽，忽聽得外面傳來一句洪亮的異鄉口音：「請問，閻老先生是住在這裏嗎？」

閻敬銘忙放下手中的書，大步向門外走去。

6 敢參葆庚王定安，看來張香濤不是書呆子

閻敬銘走出門外，看到眼前站着一位四十開外的中年人。此人穿着一身黑色緊身衣褲，背上背着一個黑色行囊，與行囊並列的是一把黑柄長劍，面孔黧黑，五官端正，左手牽着一匹鬃毛黑亮的戰馬，那馬正悠閒地低頭吃着牆邊的野草。閻敬銘心裏誇道：十多年沒見到如此英武挺拔的人物了，這是哪來的脫下戰袍的將軍？他臉上露出讚許的笑容，說：「我就是閻敬銘。請問足下尊姓大名？從哪裏來？」

那人一聽，忙丟開韁繩，雙手抱拳深深一揖說：「您就是閻丹老，剛才多有冒犯。敝人從太原府來，名叫桑治平，奉張撫台之命，特來拜謁您。」

桑治平說罷，抬起頭來將閻敬銘認真地看了一眼。如果不是本人自報家門，他簡直不能相信，面前站立的這位，就是曾經做過山東巡撫、工部侍郎的大官員，就是那個受胡林翼器重、被慈禧太后簡記於心，朝廷多次徵召的中興名臣。桑治平不覺又細細地看了一下：滿臉粗糙的皮膚，上面有許多條刀刻劍剁般的皺紋，頭髮快白完了，鬍鬚雜亂，好像從未修整過似的。背微微有點駝，已是仲春時光了，身上還穿着厚厚的粗布黑棉袍，顯得臃腫。渾身上下，純是一個北方老農的神態，找不到半點卿貳大臣的氣概。

「桑先生，請進屋裏說話吧！」閻敬銘操着濃厚的陝西口音招呼着，這聲音如同從水缸裏發出的一樣，甕聲甕氣的。

這是一座極為普通的晉南農舍，就座落在解州書院的旁邊。進了大門後，閻敬銘將桑治平請進了他的書房。這書房也很簡陋：一個白木板做成的書架，零零散散地擺着幾十本書，桌椅板凳也都沒有上漆，唯一顯眼的是正中牆壁上掛着一副裝裱精緻的對聯：萬頃煙波鷗世界，九天風露鶴精神。上聯右上角寫着一行小字：書滌丈舊聯以贈丹初兄。下聯左下角也有一行小字：益陽胡林翼於武昌節署。

剛坐下，一個六十餘歲、布衣布履滿頭白髮的老太太，雙手端了一個粗泥大碗走了出來。閻敬銘說：「這是賤內。請桑先生喝茶。」

桑治平心裏一驚，忙站起身來。他懷着一股複雜的心情，恭恭敬敬地接下這碗茶，雙手捧着，似覺有千斤之重。閻敬銘坐在一旁說：「坐吧，坐吧。解州偏窮，沒有好茶葉，請將就喝點。」

桑治平望着碗中粗大的葉片和黑黃黑黃的茶水，舉起碗來喝了一大口。茶水苦澀，而他心裏則充滿甘甜。桑治平足跡遍南北，結交半天下，第一次遇上這樣一位奇人。胸中藏着經天緯地的大才，外表卻如木訥無文的耕夫；雖出入玉堂金馬之門，久坐虎皮交椅，如今卻怡然自得於竹籬茅舍之中；曾執掌生死大印，調度銀錢千千萬萬，如今卻四壁蕭然、家無長物；曾前呼後擁、八面威風，指揮過千軍萬馬，如今卻心如古井，寂然與一個白髮老嫗共度晚年。是青少年時期的長期艱苦，養成了這種見苦不苦的脾性，還是歷經富貴繁華後的返璞歸真？是天性如此，還是大智大慧？不管是出自於何種原由，十多年這樣過來，歲月豈不將他的生命與這一切融為一體了，他還能拋得開、離得了嗎？他還願意重返官場、再肩大任嗎？

望着桑治平這樣大口地喝茶，閻敬銘想他一定是餓了：「老妻正在為你煮飯，是不是先吃兩個冷山藥蛋充充飢？」說着就要起身去拿。

「不用，不用！」桑治平忙說，「肚子不餓，我是喜歡這種泥碗泡出的粗茶水，本色本味，最是宜人。」

「桑先生從太原府來，卻不嫌老朽這裏的簡陋，真是難得！」

彷彿他從來沒有出過解州城，一輩子未見過世面；彷彿他從來就是一個種田人，一輩子沒享過福。這句話說得如此自然，如此順口，令桑治平心裏感慨不已！他放下行囊，從裏面取出一個大信封來，雙手遞了過去：「丹老，這是張撫台給您的信。」

「老朽與張撫台向無交往，他怎會想起給我送信來呢？」閻敬銘邊說邊接過信封，從中抽出一封信來，他瞇着兩隻眼睛看着：

丹老前輩大人閣下：

二十年前，之洞正欲束裝就道，遵恩師之命赴武昌，拜在老前輩帳下，求治國真學問，詎料凶耗傳來，恩師仙逝，萬般無奈，只好止步。從此關山暌違，不得親炙。至今思之，尚痛悔萬分。

老前輩建不世功業，孚海內人望，而急流勇退，隱身晉南。對老前輩而言，慕前賢之風，志節可嘉；對國家而言，老成閒置，大匠歇手，誠為絕大憾事也！

兩年前，之洞應詔薦舉天下人才，即以老前輩為當今第一英傑上奏。客歲冬，奉命承乏三晉，臨行陛辭時，太后殷殷垂詢，數次問起老前輩，命之洞打聽消息，若身體尚可，務望來京輔助朝政。綸音親切，令下臣感慨萬分。今特囑友人桑治平前來拜謁，敬問起居。之洞初到山西，雜事叢集，待稍清眉目後，便南下解州，立雪程門，請教治晉方略。託桑君順帶二十年前恩師給之洞親筆信函一封。恩師當年對老前輩之讚美，皆已獲驗證，而「入閣拜相」之期望，也即在眼前。老前輩定不會長與漁樵為伴，而令友人九泉之下於不安。晚之洞叩首

閻敬銘看完信後，嘴角邊微微露出笑容。他抬起頭來，正與桑治平凝視他的目光打了個照面。桑治平的目光明淨而深邃，友善而堅毅，使閻敬銘心頭一亮：此人不是凡俗之輩！

「張撫台信上說，有胡文忠公二十年前給他的信一封，託桑先生帶來，可否給老朽一看。」

「這封信是特為給您帶來的。」桑治平又從行囊中拿出一塊長約八寸寬約五寸的小木板來。他用手一壓，一塊木板分為兩片，裏面平平整整地壓着幾張信箋。桑治平將信箋取下，恭送給閻敬銘。

閻敬銘的雙手在黑布棉袍上擦了兩下，臉色端凝地接過信箋，說：「你稍坐一下，我去拿副眼鏡來。」一會兒，閻敬銘從隔壁房裏拿了一副眼鏡出來。桑治平看那眼鏡十分陳舊，一隻腳已不見，代之以一根蔴繩。閻敬銘將老花眼鏡戴上。再次捧起信箋時，桑治平見他的雙手微微顫抖，兩片乾瘦的嘴唇似在抽動。此情此景，與剛才看張之洞的信迥然不同。桑治平哪裏能夠體會得到，這位厚貌深顏的老者

此時的心情啊！

閻敬銘面對這封胡林翼的親筆信，就如同見到了去世多年的老朋友。他在心裏默誦着胡林翼信上的文字，就如同聽到老朋友在說話。二十年前武昌城，在巡撫衙門裏，在糧台衙門裏，他們就這樣面對面坐着，商量軍國大事，部署東征戰略，談論詩詞文章，也敍說家庭瑣事人情世故。那輕輕的、娓娓動聽的益陽官話裏，充滿了多少智者的思索，仁者的友情啊！

正如張之洞所說的，這封信是胡林翼寫給正在南皮原籍溫習功課，準備明年春闈的張之洞的。胡林翼在信上對他昔日的弟子說，趁着現在有空，不如南下到武昌住段時間。書固然要讀，但不能鑽在書堆裏不問世事，博取功名不是讀書的最終目的，最終目的是經世濟民。以你現在的學問，明年的會試高中如探囊取物，倒是治國辦事的真才實學，是要考慮的大事。明年中式之後，或進翰林院，或任百里侯，則再沒有歷練的時間了，此時是你一生中最為難得的時光。

閻敬銘邊讀邊點頭，深知胡林翼這番告誡弟子的話，是真正的閱歷之言。閻敬銘自己三十中進士，比起那些二十幾歲便金榜題名的人來說，他的功名不能算早達。然而正是發皇較遲，才有充分的時間讓他做幕僚，做賬房先生，從而練就實際的治事能力。後來一到戶部，就能獨當一面。對於各省報上來的賬目，哪些是誠實的，哪些是摻了假的，他一眼就可看出七八分來。閻敬銘將信再看下去，接下來胡林翼就說到了他。

老友信上說：糧台總理閻丹初先生乃當今賢能之士，理財本領湖北第一，天下少有。東征湘軍能足餉足糧，全靠此人大才籌運，這是真正的濟世大學問。林翼自是遠不能及，環顧今日宇內大吏名宦，亦鮮有及者。此等學問非書齋可求得，須從歷練中來。賢弟日後要做社稷之才，不可無此學問。丹初先生才華出眾而篤實謹恪，前途不可限量。今日在武昌做臬司，明日或調他省做藩司，後日再升為巡撫，都是意料中事。過幾年拜相入閣，也必是題中應有之義。此時來武昌，憑林翼薄面，尚可勉收你為入室弟子。再過些日子，或外擢或內升，那時林翼鞭長莫及矣。常言道：機不可失，時不再來，賢契接信後即可整裝南下，林翼在黃鶴樓畔翹首盼望也！

「藩司」「巡撫」「入閣拜相」這些話，胡林翼當年從來沒有當面說起過。信上寫的，是他對千里以外的弟子的預言。二十年過去了，藩司、巡撫，這些預見已成事實，如此說來，「入閣拜相」也將會成為現實？一時間，年過花甲的閻敬銘心裏熱了起來。哪一個讀書人不巴望自己有入閣拜相的一天，何況做過大員、胸負奇才的閻敬銘！他之所以盛年歸田，是因為出於對世事的失望，也因此而使得對自己的前途失望。胡林翼二十年前的這封信，喚回閻敬銘消逝已久的熱情。其實，這些年來，解州書院主講的心靈深處，何嘗就真的淡漠了一切，就真的對宦海官場心如死灰？平生大志未得充分展佈的隱隱之憾，常常在一覺早醒、中宵月夜之時，在一人獨酌、醺醺微醉之際，像一隻嘴角尖利的小蟲鑽在他的胸腔，撕咬着他那顆清高而孤獨的心。但是，一旦晨曦初現，或醉意清除的時候，他便很快釋然了。朝廷雖說數度徵召，但也沒言明授予何職。閻敬銘知道自己性格耿介，隻身孤影，朝中向無奧援，授職也不過巡撫、侍郎而已。與其再失望，不如不出山。閻敬銘的內心深處，就這樣反反覆覆地波動着。而外表則一如黃河岸邊之老農，日觀濁浪排空，夜聽驚濤裂岸，於世事人生似乎渾然兩忘。人們都說，胡林翼識人有過人之處，如此看來，入閣拜相，或許不是空泛之談，今生還可能有一番非常作為？

正在閻敬銘這樣思來想去的時候，他的老妻已把晚飯做好了。於是，他把胡林翼這封信鄭重交還給桑治平。然後，陪着桑治平喝了幾杯紅薯釀成的甜酒，歡歡暢暢地吃了一頓晉南農家飯菜。飯後，他又陪着桑治平在解州書院前前後後走了一圈，興致濃厚地講述書院的掌故人物。直到太陽西沉，山風漸冷時，他們才又回到那間簡陋的書房喝茶敍話。

在太原時，張之洞和桑治平就閻敬銘的事商量了好久。桑治平認為，從種種跡象看來，閻敬銘此番若願意入京，朝廷必加重用，職位將在侍郎之上。張之洞同意他的這種分析，説若能促成閻敬銘出山，則功莫大焉！桑治平説，是的，此舉可一石三鳥！對太后來説，可謂不負聖命。朝廷多次徵詔而不能成的事，這次能辦成，可獲太后嘉許。此為一鳥。對你來説，經此番接觸，閻敬銘心中將存感激，今後可望成為朝中的得力內助。此為二鳥。對閻敬銘本人來説，平生大才可望得到充份展佈，不至於老死於解州書院而抱恨終天。此為三鳥。張之洞笑着説，這話説得好。你這次去解州，相機行事，務必要請動他。就這樣，桑治平銜命來到解州書院。

「我原以為桑先生是撫台衙門裏的人員，讀了香濤的信後，方知足下乃他的朋友。請問足下，是原本就住在太原，還是這次與香濤一道從北京來晉的呢？」

胡林翼的信拉近了閻敬銘和張之洞之間的距離。在他的意識中，似乎有一種把張之洞視為自己弟子的感覺，他不再用「張撫台」這樣嚴肅而疏遠的官銜，而改用「香濤」這樣較為隨便親切的字號來稱呼張之洞。桑治平聽了後，也覺得他與眼前這位古怪老人的距離拉近了許多。

「丹老，」桑治平以一種晚輩兼學子的態度答道，「我原是香濤的族兄子青制台的畫友。這些年來子青制台致仕回南皮，我一直飄零江湖，承蒙香濤看得起，去年隨他來山西，做點小事。」

「喔！足下原來是張子青先生的畫友，失敬，失敬！」閻敬銘兩眼射出喜悅的亮光來，與剛才昏花的眼神大不一樣。桑治平暗暗吃驚，心想：這樣的眼光大概才是前糧台總理的本色。

「我那年在山東做巡撫時，他在清江浦做漕運總督，我們時常有聯絡。他工餘常愛繪畫，畫得也很好。不想一晃就是二十年過去了，他比我大幾歲，快七十歲了吧，身體還好嗎？」

「今年整七十。年已古稀，身上有點毛病是自然的，不過還算硬朗。」桑治平心想，正好藉張之萬做文章，燒熱閻敬銘冷卻已久的心。「去年春上，子青制台蒙醇王之招來到京師，我特為由古北口趕到城裏，與老制台見面。我們之間有多年沒見面了，這次老制台跟我說了很多心裏話。」

「是啊，故人相見，總是有很多話要說的，都說了些甚麼呢？」閻敬銘邊說着，邊將身子挪過去了點，臉上顯出安詳的笑容，彷彿一個老農正在閒散地與鄰里說年景、話桑麻。桑治平也將身子傾斜過去，做出一副隨便談心的神態。

「老制台說，醇王想請他出山再做點事。他說，歸田六七來年了，且年紀一大把，還能做甚麼事。醇王說，國家還靠老臣掌舵。近來與太后談起這樁事，太后也深有同感，正尋思着起用一批文宗爺拔擢的中興勳宿哩。老制台親口對我說，醇王講，太后在提到中興勳宿時，扳着指頭一個個地數，其中就數到了他，還有在衡陽老家養病的彭玉麟。彭玉麟之後，太后就數到您。太后說，在老家養病的還有一個閻敬銘，當年湘軍東征，多虧了他辦軍需。」

其實，張之萬根本就沒有說過這番話，這純粹是桑治平的臨時編造。這幾句編造，讓閻敬銘聽得心裏熱呼呼的。

「太后如此眷顧，老臣感恩不盡。只是年邁體弱，加之這些年來閒雲野鶴似地懶散慣了，也不能為太后做點甚麼了。子青先生呢？他願意出山嗎？」

這話正問到點子上來了，桑治平忙說：「老制台說，從個人來講，我實在是不想再出來做事了。說做官吧，我已做到總督，也不負平生志向，不辱祖宗了。要說做事吧，我這大把年紀，還能做得了甚麼呢？這些年來自由自在，舒服得很。何況官場經歷得久了，內中的黑暗污濁太多，實在令我失望。何必還要再混進去揹黑鍋、受委屈呢？」

「子青先生是個明理人，他說的是這麼回事。」閻敬銘忍不住插了一句話。

「不過，老制台又說，若從朝廷方面來說，既然太后和醇王還看得起我這一匹老馬，希望我再為國家負一點重，我也沒有理由推辭。我能優遊林泉，安度晚年，還不是朝廷的賞賜？從小讀聖賢書，明的就是為君王分憂、為國家效力的大道理，到老來怎麼能背棄呢？」

閻敬銘默默地聽着，頭不自覺地點了兩下。

桑治平繼續說：「我笑着對老制台說，太后、醇王請您出山，即使從個人來說也有必要。做官做到總督，當然是巍巍然高哉，但並沒有到頂。自古說，入閣拜相才是人臣之極，現擺着可以做極品之官，為何不做？老制台也笑了，說，你憑甚麼說『極品』的話。我說，老制台年過七十，又是從總督任上致仕的，若不是入閣拜相，您如何肯再出山呢？這一點，太后、醇王會想到的。老制台說，您說得也是。真讓我入閣拜相，我當然是會出山的。不說為個人，也不說為國家，就是為了祖宗也要拚一下老命呀。

我南皮張家真的出了一個宰相，這可是上光祖宗之德，下勵子孫之志的大好事呀！說罷，我們都哈哈大笑起來。」

閻敬銘也禁不住笑起來。他覺得面前這個桑治平是個頗有情趣的人，初見面時的陌生感，隨着他這一番富有感染力的談話，已經消失殆盡，彼此之間彷彿是老相識似的。

「南皮張家的祖墳很好，出了個狀元總督張子青，又出了個探花巡撫張香濤。今後再出一個宰相，那可真正不得了啦！拚一下老命，值！」

桑治平聽出閻敬銘話裏的弦外之音，忙笑着說：「是呀，我是沒這個命。若有這個命，哪怕是一百歲，也要去做，做一天宰相也是宰相呀！」

「對！對！你這話說得很有意思。」閻敬銘樂呵呵地，又問，「張香濤來山西三個多月了吧，他在忙些甚麼哩？」

桑治平注意到，閻敬銘眼神中關注的色彩明顯地增強了。這句話，顯然不是泛泛之問。他斂容答道：「張撫台久蓄大志，但一直徘徊在翰苑學官之間，不得展佈，他一直引以為憾。這次聖恩眷顧，得以外放山西巡撫，平生志向能有施展之地，他極為感激太后、皇上，立志要把山西治理好，報朝廷知遇之恩，伸自己久抑之懷。」

閻敬銘插話說：「張香濤志向很大，他是把山西作為初試牛刀之地，我讀過他到山西後的謝恩摺，內中兩句話我還記得，道是：身為疆吏，固猶是瞻念九重之心；職限方隅，不敢忘經營八表之略。歷來出任疆吏的人都不敢說這種話，只有他張香濤才說得出，今後怕要作為名言傳下去了。」

桑治平聽了這話，心裏想：這老先生一直都在看邸報，看來不是那種徹底洗手不幹的人，再次出山應是可能的事情。只是，他的邸報從哪裏得來？桑治平說：「您真是巨眼識人。我願意跟他從京師到太原，就是看中他這種胸懷海內的氣概。張撫台來晉後，做了許多公私查訪，目前把三晉情況基本摸清楚了。」

「山西複雜，是得多聽聽輿情。」閻敬銘望着桑治平問，「新官上任三把火。張香濤的三把火準備燒哪裏呀？」

「張撫台第一要鏟除罌粟。他說，這種毒卉與民爭利，最是可恨。」

「他算是把山西這個弊病看到了。」閻敬銘插話，「愚民圖眼前之利，沒有長遠打算。鴉片只能提一時之神，不能養生活命。前幾年大旱，災情雖說很嚴重，但也不至於到那種地步，餓死兩百多萬人，一個主要原因是沒有糧食。農民不種田，拿着賣鴉片的錢去買糧食吃。天一旱，遠近都無糧，你有錢上哪買去？許多地方一家家的餓死，櫃子裏卻存着不少錢，這就是種鴉片的下場。不徹底鏟除罌粟，三晉無治理之望。」

閻敬銘的這幾句話乾淨利落，說到了實處。桑治平頻頻點頭，心裏想，當年做糧台總理的時候，說起話來一定是這種氣勢。

「張撫台說第二要整飭吏治。山西官場風氣很壞，懶散不負責，正氣不伸。這尚在其次，最壞的就是差徭繁重、盤剝百姓、貪污受賄、中飽漁利，整個官場就是一個寡廉鮮恥、人慾橫流的淵藪，必須把這個風氣扭轉過來。」

「唉！」閻敬銘重重地歎了一口氣，桑治平忙把話停住，瞪着雙眼聆聽他的下文。「我常對人說，山西官場遲早會爛掉。冰凍三尺，非一日之寒。此種腐敗，由來已久，在山西做巡撫不是在京師做清流派，一道奏疏上去，或是幾個名人集會發表一道宣言就可以起作用，此中盤根錯節，牽一髮而動全身。要整飭，不是一件容易的事。」

「您說得很對！」桑治平說，「張撫台也知道此中的複雜。他說官場的疲沓不振，可以說自古皆然，各省皆然，只是眼前山西更嚴重罷了。丹老，您或許對張撫台的為人尚不十分清楚。他雖然手無縛雞之力，膽氣卻大得很，不怕得罪人，不怕擔風險，他說山西官場非來個天崩地裂不足以震動。而眼下正有一件大事，只要敢碰，且一碰到底，就能天崩地裂。這件事就是清理積壓三十年的庫款。」

「三十年了，這要牽涉到多少個山西巡撫和藩司，他張香濤就不怕惹這個麻煩嗎？」

「不怕！」桑治平堅定地回答，「張撫台說，決不是這三十年內所有的巡撫和藩司都有問題，牽涉到哪個人的頭上就是哪個人，決不含糊。」

閻敬銘望着桑治平那種不容置疑的神態，頭輕輕地點了兩下。山西的情況他是很清楚的，這幾年吏治腐敗的根源之所在，他早就心裏有數。作為一個正派廉潔的前大吏，閻敬銘對山西官場這種卑污貪婪的局面，是恨之入骨的。無奈這些年來歷屆巡撫，都不是除貪拒賄的人：鮑源深本人就是見錢眼開，曾國荃居功賣老不管事，衞榮光膽小畏縮又體弱。現在來了個張之洞，年富力強，又新擢巡撫，應該有一股英銳之氣。但張之洞長年為詞臣學官，不諳政事，其名聲靠的是清議文章。從來清流都是書呆子氣十足，或眼高手低，或閉門造車，或只唱高調而不懂轉圜，大都不是辦事的料子。他要測試一下張之洞的深淺，也要看這位桑先生——張之洞的高參的辦事能力。

「聽桑先生剛才所説，的確可見張香濤的勇氣志量，這兩把火都燒到要害了。不過，我倒要請教一下，不知張香濤和足下談過沒有。」閻敬銘稍停一下，説，「晉人廢莊稼種罌粟已久，驟然鏟除，一則損害他們眼前之利，二則補種莊稼的種子從何來？」

桑治平立即答道：「張撫台已經慮及到了。先對農人曉以大義，勸其自行鏟除。若再三勸告不聽，則採取強硬手段，務必鏟除而後止。這是硬的一面。另外，凡改種莊稼的農戶，州縣發給種子和部分農具。秋收只收半税，以彌補虧損。」

「喔！」閻敬銘摸着乾癟的下巴，沉吟片刻又問，「官場貪污受賄，固然是官吏利慾之心重的緣故，不知香濤想過沒有，官吏們尤其是府州縣中的吏員，俸祿低薄，且多年來形成了許多陋規。如過年過節，下屬必須向上司貢獻年禮節禮，平素也有各種名目的禮要送，這些也都是促使他們貪污受賄的原因。此弊不除，官風何以正？」

猶如審問似的，閻敬銘以嚴厲的口氣説完這一段話後，便兩眼緊緊地盯着桑治平。

這一問，問得很尖鋭，而且張之洞還沒有具體來籌辦這件大事，並沒有和桑治平商討過。但官場這個弊病，桑治平以自己的閱歷也看到了。不但地方上，京師官場這個毛病也很嚴重，各個部衙門的小官吏們，如果單靠衙門的俸祿過日子，那日子其實是相當清苦的。不要説在百姓面前抖不起威風，就連比一間雜貨店的小老闆都不如。現在別人叫你辦事，只要你開口，銀子就到了手裏。這樣的口，為何不開？還有許多人情願送錢送禮到家裏。這樣的財貨，為何要拒絕？即使自己想清廉，家人也不答應呀！

桑治平常常想，要根絕官場的貪污受賄，光靠道德約束和律令儆戒是不夠的。提高薪俸，讓小官小吏們的日子過得比老百姓優裕，對大部分人的貪心是可以起着消弭作用的。其實，「厚俸養廉」這句老話，古已行之。可惜，當今廟堂之士們都忘記了這條古訓。桑治平年輕時就想過，有朝一日自己有了一番實權的話，一定要在所轄之地將「厚俸養廉」這一古法恢復。眼見得今生無望手握實權了，不如勸說張之洞，假他之手來恢復。這其實也是對他整飭山西吏治的一個很好的贊畫。

想到這裏，桑治平以很高興的口氣答道：「張撫台也想到這一層了，並已定了新的規矩。新規矩一方面全面禁止官場各種饋送上司水禮之風，他自己帶頭持身節儉，拒收一切名目的禮物。新規矩的另外一面，酌情提高各級官吏衙門的養廉費，讓他們能憑自己的俸祿過上體面日子。」

「免一半的稅收，發放種子，提高養廉費，收入減少而支出增加。張香濤想沒想過，山西是窮省，這筆銀子從哪裏出？」

桑治平毫不遲疑地回答：「正因為如此，張撫台要清理庫款。另外，他還風聞前兩年，有一筆為數不小的賑災銀子被人侵吞挪用，要藉此機會追回來。」

「主持賑災的是藩司葆庚和冀寧道王定安，他們都是山西的大員，碰到他們的頭上是會出大麻煩的。」閻敬銘半瞇着眼睛，端起桌上的黑泥茶碗。

「張撫台說，不管是兩司還是道府，都照查不迴避，該賠的賠，該參的參！」

閻敬銘一邊吹着碗中的茶葉片，一邊慢條斯理地說：「葆庚可是黃帶子，朝中之人多着哩！王定安是曾九帥的紅人，曾九帥那人的脾氣最是不好。」

桑治平不假思索地說：「張撫台已做好了準備，一清到底。只要葆庚、王定安真的侵吞挪用善後局的賑災款，不怕他們的後台有多硬，照參不誤，大不了丟掉一頂烏紗帽而已！」

「好！有風骨！」閻敬銘刷地站起身來，將粗泥茶碗往幾茶几上重重一放，兩眼直射桑治平。「對這些貪官污吏就要這樣，要使出強硬的手段來。我對你說句實話，在山西只要參倒了葆庚、王定安，整飭吏治就算做到了實處。張香濤敢參葆庚、王定安，就不是書呆子。文忠公有眼力，收了這樣一個好弟子。當年文忠公在武昌節署簽押房裏懸掛着一副他手擬並親筆書寫的對聯，湖北官吏們人見人讚。我今天把它寫出來，轉交給張香濤吧！」

桑治平見閻敬銘的情緒這樣好，甚是高興：「那太好了，我代張撫台謝謝您！」

閻敬銘走到書桌邊，拿起兩長條現成的宣紙來，桑治平忙着給他磨墨。閻敬銘飽蘸濃墨，挺直腰桿，懸起右臂，端神運氣。然後，一揮而就寫出兩行字來：以霹靂手段，顯菩薩心腸。

「好！」桑治平不覺失聲叫起來。

閻敬銘沒有停筆，在上聯右上角寫了一行小字：胡文忠公舊聯，錄之以贈香濤賢契。又在下聯左下角寫着：閻敬銘壬午仲春書於解州書院。

桑治平說：「丹老，您這份禮物太重了。張撫台必定會將它懸掛於撫署簽押房，激勵自己並告誡各衙門的官吏們。」

「你回去告訴張香濤，胡文忠公是個有真正大學問大本事的人，要他好好研讀乃師留下的文字。同治年間，曾國荃、鄭敦謹主持編輯胡文忠公遺集。胡家刷印了三百部分發給親朋友好，不知香濤手裏有沒有這部書。若沒有，我這裏有一部，送給他。」

桑治平說：「丹老的忠告，我一定會告訴張撫台的。張撫台說您是理財高手，山西貧瘠，銀両匱乏，如何開發財源，他想請您為他贊畫贊畫。」

「山西這個地方，說窮它窮，說富它也富，就看當家的有沒有本事造福。我沒有理由不支持他。你回去告訴他，天氣暖和時，我到太原去住段日子，幫他謀畫謀畫。」

「那就這樣說定了。」桑治平望着這位已絕跡政壇多年的中興之臣，心中充滿着喜悅。既然願意去太原幫助張之洞，那麼在張之洞的勸說下接受朝廷的徵召，也將是有可能的。此次解州之行的目的算是達到了。「丹老，初夏時分，我專程來解州書院接您。」

「行！行！」

晤談了大半天，桑治平這才看到閻敬銘的臉上流露出歡愉的笑容來。